전쟁은 끝나지 않았다!

6·25, 잊으면 다시 찾아온다!

하나님께서
세우시고
하나님이
지키시는 나라
자유대한민국

과거는 흘러가지 않는다.
과거는 절대 죽지 않는다.

74년 전 그때, 수많은 나라의 꽃다운 젊은이들이
이 땅의 자유민주주의 수호를 위해 청춘의 끓는 피를
언어도 문화도 통하지 않는 이곳, 동토의 땅에 묻었습니다.

74년이 지난 지금, 전장의 옷깃에 흩뿌려진 피의 내음은
아직도 생생하기만 한데 우리는 그들을 잊고 있습니다.

그들이 피 흘리며 싸우고, 숨을 토하며 이슬처럼 스러져갔던
동족상잔의 비극 6·25전쟁, 까마득한 옛 전장으로만 기억되고 있습니다.

좌파 종·친북 세력들이 찬양하는 김일성, 김정일, 김정은의 인민들은
굶주림과 핍박에 시달리고 있는데 양심의 거리낌 없이
이 땅에서 배부르게 잘 먹고 잘살면서
6.25전쟁은 북침이라고 천인공노할 망언을 하며
주적을 주적이라 말을 못 하게 하고 있습니다.

6·25 전쟁, 가정이 아닌 현실입니다.
세월이 아무리 흐른다 해도
그때의 피비린내는 지워지지 않은 채
동족 간의 피의 교훈으로 살아 있을 것입니다.
6·25! 잊으면 다시 옵니다.
그 대가는 역사의 교훈을 잊은
우리의 몫이 될 것입니다.

형제의 상

6·25전쟁 당시 각각 한국군과 인민군으로 적이 되어 만나게 된 형제의 비극을 작품으로 재현한 것이다. 전쟁의 소용돌이 속에서 형인 박규철 소위는 한국군 제8사단 제16연대 소속으로, 동생인 박용철 하사는 북한군 제8사단 제83연대 소속으로 참전하게 되었다. 치악고개 전투에서 만난 형제는 서로를 알아보고, 서로에게 겨눈 총을 거두고 얼싸안았다. '동족상잔의 비극' 이라는 6·25전쟁의 비극을 상징하는 조형물로, 서로 한 덩어리가 되어 얼싸 안고 있는 형제의 모습에서 화해, 사랑, 용서의 의미를 엿볼 수 있다.

6 · 25전쟁을 기리며

세월 흐른 6.25
잊지는 말자고 부르던
노래가사마저 가물거리고
풍요가 주는 마취제와 사상의 폭력 때문에
조국의 땅과 도시들은 몽롱하다.

하늘은 포성에 쪼개지고
땅에는 죽음이 즐비하여
조국 산천은 초토화.
희망마저 누어버렸던 이 땅!

절망을 장착한 포성소리에
꽃잎들이 바람에 찢기고
넋 잃은 사람들의 표정
국토가 적시도록 통한의 눈물만 흘리던
역사의 한을 어찌 잊으려 하는가?

잊고자 하면 불망의 가사가 더욱 크게 들리는
두 동강난 땅과 이데올로기의 행패,
동서남북 분열의 통증이 가져온
신음소리
피 토하듯 울부짖는 함성을
이제 우리 외면해서는 안 된다는
강철 같은 마음 소유하자!

세계 속에 타오르는 불꽃
인류의 으뜸 속에 있는 조국,
오늘의 빛난 역사를 세우기까지,
무량의 기도와 고통의 즙을 마시며
인고의 세월과 그 길이를
반 쪽 난 영토를 희망으로 일구어주신
가려한 선진들의 유훈의 역사는
마침내 번영의 의복을 입혀 주셨나니

망각이야말로
생명의 손실이며 죽음이라는 교훈을 삼아
오래전에 훼손된 기억과
의식의 심층에 자리 잡은
아프고 시린 추억들을 캐내어 수리하고
오늘의 조국을 희망으로 옷을 갈아입혀
세계로 세계로 펼쳐내자.

그러나 잊지는 말자.
잊으면 반복되는 역사를 추방하고
염원의 평화 통일 만들어내자!

김철안 목사

CONTENTS

불행한 역사는 잊으면 반드시 다시 찾아온다.

지구상에서 영원히 사라질 뻔한 나라 자유대한민국!

6.25전쟁이 발발 한지 70년이 훌쩍 넘다보니, 이제는 역사의 한 페이지쯤으로만 인식되고 있어 심히 우려스럽다. 우리가 어릴 때는 6.25가 안보교육의 핵심이었는데 요즘에는 '잊어버리자 6.25'가 되어가고 있다. "과거를 기억하지 못하면 과거를 반복하게 마련이다."라는 조지 산탸야나의 경구가 아니더라도 우리민족이 절대, 기억해야 할 역사가 있다면 바로, 동족상잔의 비극인 6.25전쟁이다.

지난 세기 중반에 발발한 6.25전쟁(한국전쟁)은 핵무기만 제한되었을 뿐 제3차 대전이나 다름이 없었다. 인류역사상 한 국가에서 벌어진 전쟁에 20여 개국에서 파견한 200만에 가까운 병력이 함께 치른 전쟁도 흔치 않다. 당시 세계의 독립국 93개국 중 60개국이 남한에 병력이나 군수물자를 제공했고, 소련과 중국이 북한에 공군 및 지상군을 체코슬로바키아, 헝가리, 폴란드, 루마니아는 의료지원을 했다. 몽고와 동독도 추가 원조를 했다.

전선의 포화는 멎었다지만 3년간의 전쟁으로 우리 민족의 인명피해는 너무나 컸다. 현재 밝혀진 것만 국군 약 62만, 유엔군 약 200만, 전쟁미망인 약 30만, 전쟁고아 약 10만, 이산가족 약 1,000만 등 당시 남한 인구 3,000만 명의 절반이 넘는 1,900여만 명이 돌이킬 수 없는 엄청난 피해를 보았다. 상처뿐인 6.25전쟁의 실상이다. 6.25전쟁은 우리 민족사뿐만 아니라 세계사를 굽이지게 틀어놓은 국제적인 대환란이었다.

휴전선은 분단 79주년, 6.25전쟁 발발74주년이 되도록

철의 장막이 되어 남북을 가로막고 있다.

전쟁은 끝났다지만, 아직 끝나지 않은 전쟁,

한恨 맺힌 동족상잔의 비극 6.25전쟁은 지금도 진행 중이다.

우리 민족은 북괴 김일성(본명 김성주)의 남침 야욕으로 인하여 같은 민족끼리 철천지원수가 되어, 무려 3년 1개월 2일(1950. 6. 25.~1953. 7. 27. 1,129일) 동안 한반도라는 좁은 공간 안에서 피비린내 나는 6.25전쟁을 치러야만 했다. 아름다운 산하는 졸지에 초토화되었고, 남은 것이라고는 긴 한숨과 고통의 눈물, 폐허가 된 도시와 공장, 굶주림, 실의와 좌절 등, 수많은 사상자와 이산가족의 아픔만을 남겼다.

다시 그어진 휴전선은 분단 79주년, 6.25전쟁 발발 74주년이 되도록 철의 장막이 되어 남북을 가로막고 있다. 전쟁은 끝났다지만, 아직 끝나지 않은 전쟁, 한恨 맺힌 동족상잔의 비극 6.25전쟁은 지금도 진행 중이다.

지금, 우리민족에게 있어서 가장 중요한 것이 있다면 이 나라의 희망인 미래 동량들이다. 우리는 이들에게 올바르고 정확한 역사의식과 철저한 국가관과 애국심을 심어줘야 한다. 그런데 애석하게도 작금의 교단은 오래전부터 학생들에게 좌 편향된 교육과 부정적 이념(사상)을 주입하는 주사파 계열의 전교조 세력들로 인하여 꾸준히 역사의 진실이 거짓, 폄훼, 평가, 날조, 왜곡되어왔다.

그런 무리들에 의해서 선동과 가스라이팅을 당해온 실로 적지 않은 청소년들과 젊은이들이 그들의 망상 된 가르침에 속아 북괴 김일성이 주도한 6.25남침전쟁을 그 반대인 북침전쟁으로 알고 있음에 적이 놀라지 않을 수가 없다. 심지어 지난 정권 때는 고등학교 교실 안에 북괴의 인공기가 부착되어 있었으며, 광화문 광장에서는 인공기가 펄럭거리기도 했다. 뿐만 아니다. 국기인 태극기가 그들의 선동에 쇠뇌된 청년에 의해 많은 사람들이 보는 가운데 불태워지기까지 하는 수모를 겪기도 했다.

이제부터라도 좌, 편향된 이념, 사상들이 더 이상 이 나라와 아이들의 정체성

> 우리는 동시대나, 후세대에 6.25전쟁의 잔학성과 참상이 주는
> 교훈을 결코 외면하게하거나 잊게 해서는 안 된다.
> 누군가가 나서서라도 6.25전쟁에 대한 전후세대의 왜곡된 역사 인식을 바로잡아주고,
> 사실에 근거하여 정확하고 명명백백하게 그 진위를 널리 알려야 할 의무가 있다.

과 정신건강을 해치지 못하도록 적극적인 관심과 노력만이 차세대 국가 주인공들을 바로 세우고 지키는 일임을 상기해야 할 것이다. 현실의 불행하고도 위태로운 안보세대(전후 2,3세대)를 바라보니 미래의 국가 안위가 심히 걱정이 된다.

우리는 동시대나, 후세대에 6.25전쟁의 잔학성과 참상이 주는 교훈을 결코 외면케 하거나, 잊게 해서는 안 된다. 누군가가 나서서라도 6.25전쟁에 대한 전후세대의 왜곡된 역사 인식을 바로잡아주고, 사실에 근거하여 정확하고 명명백백한 그 진위를 널리 알려야 할 의무가 있다. 우리는 민족끼리 지옥을 방불케 하는 피비린내 나는 사변을 3년간이나 치렀다. 다시는 동족상잔의 비극인 제2의 6.25전쟁이 발발하지 않도록 국가 안보의 빈틈을 줘서는 안 될 것이다.

휴전선은 아직도 한반도를 가로지르며 선명하게 그어져 있고 우리는 항상 북핵의 위험을 머리 위에 얹은 채 살아가고 있다는 것을 한시라도 잊어서는 안 된다. 정의가 없는 힘은 폭력이지만, 힘이 없는 정의는 무능함임을 우리는 지난 정권을 통해서 혹독한 경험을 했다. 다시 한번 조지산탸야냐의 경구를 되새겨 본다. "과거를 기억하지 못하면 과거를 반복하게 마련이다"

고정양 목사
6.25역사기억연대 대표
독립유공자 후손

우리의 다짐

엄마 손에 끌려가는 아이처럼
분단의 슬픔 서러워
가슴에 철조망 친 사람들
이렇게 긴 이별이라면
잊을 수도 있을 텐데

더욱 생생히 가슴을 찢고
살아나는 피의 대물림
유월이면 재발하는 오래된 속앓이
충성하며 총칼을 들이댔던 유월이
눈앞에 와서 지난 것을 잊자 해도
잊힌 것은 핏자국과 가난뿐이지만
사람들은 이제 화해를 원한다

그래서 우리는 기도하는 것
이해와 용서로 과거를
회복하는 것을 바라나니
통일의 깃발을 펄럭이는 동포들이여

일어나라 녹슨 철조망과
달리고 싶은 철마를 따라
우리 마음도 오직 통일을 향해 달려가자
푸른 하늘과 예쁜 꽃이 만발한
산야를 두루 다니며

사랑과 믿음으로
갈라진 조국의 허리를
질끈 동여맬 수 있을 때까지

자유는 공짜로 얻어지는 것이 아니다.

내가 초등학교 2학년 때 6.25전쟁이 발발했다.
열 살 때 피난민 대열에 끼어 천신만고 끝에 포항에서 울산 방어진까지
그 먼 길을 걸어서 갔다.
수많은 피난민 대열에 끼어 3개월 동안 포탄이 비 오듯이 터지는 전쟁터에서
하나님의 은혜 가운데 살아남았다.
비록 어린 나이였지만 동족끼리의 전쟁이란 얼마나 비참하며,
공산주의 침략과 사상(이념)이 얼마나 공포 스러운 것인지를 알게 되었다.

이번에 '6.25역사기억연대'의 안보도서 '창과방패2'가 도서로 발간된다고 하니 기쁘기가 한량없다. 이 일을 추진하고 있는 고정양 목사는 이미 오래전부터 남달리 여러 방면의 애국 운동에 앞장섰던 분이다. 특히 그는 해당 관련 분야의 여러, 다양한 자료를 꼼꼼하게 챙기며 수집해서 자유대한민국의 건국이념과 정체성을 분명히 밝히고 한국교회를 깨우는 데 부단한 노력을 해왔다.

지금 우리 대한민국은 불행하게도 오랫동안 전교조와 그들에게 세뇌된 자들의 선전, 선동으로 인하여 대한민국의 건국이념과 6.25전쟁 역사의 정체성이 애매모호해졌으며 참으로 혼란스러워졌다. 특히, 학교에서는 6.25전쟁에 대한 언급을 잘 안 하다 보니 중, 고등학생 중에는

6.25전쟁이 북침이라고 아는 아이들과 6.25전쟁의 역사성에 대해서 확실하게 알지 못하는 젊은 부모 세대들이 제법 많은 편이다.

그러다 보니 가정에서 자녀들에게 6.25 전쟁에 대하여 자세하게 교육하거나 6.25전쟁에 대해서 어떻게 교훈해야 할지 지식이 부족한 것도 사실이다. 이런 때일수록 역사인식에 대한 명확하고도 정확한 공교육만이 자라나는 후세대들들에게 절대 필요한 것이며 이를 관장하고 있는 교육감 자신의 역사 인식과 정체성에 따라서 공교육의 흐름이 소용돌이칠 수도 있다.

6.25전쟁이 이제 불행하게도 잊힌 전쟁이 되어가고 있다. 북한 공산당의 불법

남침으로 인하여 6.25전쟁이 일어난 지 어언 73년이라는 긴 시간이 흘렀다. 그때 그 전쟁을 경험한 사람들은 거의 세상을 떠났다. 오늘의 어른 세대와 젊은이들과 학생들은 6.25전쟁의 참상과 잔학함을 전혀 모른다.

북한 공산집단은 간첩들과 '종북, 좌파' 세력들을 앞장세워 끊임없이 '6.25 전쟁은 김일성의 북한 공산군의 남침으로 일어난 것이 아니라, 미군이 중심이 되어 북한을 침략했다고' 거짓 선전을 했었다. 그래서 그 당시, 6.25의 전쟁의 상황을 잘 모르는 젊은이들은 그 선동적인 말에 속아서, 미국은 침략자요, 북한은 정통의 나라인 것처럼 세뇌당한 사람들이 많았다. 그동안 각급 학교는 '전교조'라는 조직에 가담한 교사들이 줄기차고 노골적인 6.25전쟁에 대한 거짓 사건을 마치 진실인 것처럼 꾸며 청소년들에게 교육하고 있었다.

생각해 보자. 6.25전쟁이 일어나자, 유엔은 즉각 16개국을 한국에 파견했고, 그 외에도 수 십 개국의 나라가 직, 간접으로 대한민국을 도왔다. 이것은 자유 대한민국을 사랑하는 전 세계인이 북한 공산당의 불법 침략(남침)을 규탄하고, 자유 대한민국을 지키기 위함이었다. 전 세계의 수많은 젊은이가 이 땅의 평화를 위해서 고귀한 피를 흘리며 싸웠다.

내가 초등학교 2학년 때 6.25전쟁이 발발했다. 열 살 때 피난민 대열에 끼어 천신만고 끝에 포항에서 울산 방어진까지 그 먼 길을 걸어서 갔다. 수많은 피난민 대열에 끼어 3개월 동안 포탄이 비 오듯이 터지는 전쟁터에서 하나님의 은혜 가운데 살아남았다. 비록 어린 나이였지만 동족끼리의 전쟁이란 얼마나 비참하며, 공산주의 침략과 사상(이념)이 얼마나 공포 스러운 것인지를 알게 되었다.

이번에 6.25전쟁을 겪지 못한 청소년, 젊은 세대, 또한 어른 세대에 이르기까지 이해도를 높이기 위해 만화와 당시 전황사진들을 함께 볼 수 있는 6.25전쟁의 진실을 밝힌 책이 나온다고 하니 기쁘기 그지없다. 아무쪼록 이 책은 어린 학생들과 젊은이, 어른 세대들에게 6.25전쟁의 의미와 우리가 가져야 할, 반공 노선을 확실히 상기시키고, 자유대한민국을 바로 세우는 데 도움이 되었으면 하는 마음에 강력히 추천을 드린다.

정성구 박사
6.25역사기억연대 대표고문
전 총신대, 대신대 총장

평화를 원하거든 전쟁을 대비하라!

1950년~1953년 7월 27일 휴전까지의 1,129일 동안
우리 할아버지, 아버지, 형, 동생, 누나, 언니가 국군으로, 학도병으로, 여성 의용군으로
전장을 누비며 목숨을 초개와 같이 버리며 지켜낸 자유 대한민국이다.

러시아와 우크라이나 전(戰)에 이어 이스라엘과 팔레스타인 무장 정파 하마스 간 무력 충돌로 수천 명의 사상자와 수만 명의 난민들이 발생하면서 국제사회의 관심이 쏠리고 있다. 전쟁이 얼마나 참혹하고 무서운지를 다시 한 번 상기시키고 있다. 74년 전 대한민국에서 벌어진 6.25 전쟁의 잔혹했던 참상이 주마등처럼 떠오른다. 우리가 용서는 하되 결코 잊어서는 안 될 6.25 전쟁이 올해로써 74주년이 되는 해이기도 하지만, 한반도는 휴전 상태 그대로 머물러 있다.

우리의 전쟁은 아직 끝나지 않았다. 6.25 전쟁은 강대국들의 이권 다툼과 그로 인한 이념 갈등이 도화선이 되어 시작되었다. 그 때문에 동족상잔의 비극인 6.25 전쟁은 김일성의 '침략전쟁'이며 동시에 '이념전쟁'을 내포한 전쟁이라고도 할 수 있다. 일본이 패망하면서 우리대한민국은 어부지리 격으로 일본으로부터의 해방이 되었지만, 당시 완전한 자주독립을 하지 못한 불안정한 국가였다. 이런 와중에 이념적으로 좌, 우가 심하게 대립하는 양상을 띠게 되었다.

한반도의 지리적 강점을 노렸던 강대국인 미국과 소련이 대한민국의 완전한 독립을 도와준다는 명목 하에 실질적인 정치 개입을 시작했고, 이에 따라 삼팔선三八線은 일본 제국의 항복 직후인 1945년 8월~9월 사이, 광복을 맞이한 조선에 미군과 소련군이 진주, 한반도를 분할 통치하기 위해 북위 38도 위선을 기준으로 한 경계선이 설정되었다. 한반도는 南과 北으로 갈라지면서 미국(南) 과 소련(北)의 군정 통치를 받게 되었다.

그 후 남한은 자체적으로 선거를 통해 대통령을 선출하고 독립된 국가를 이루었다. 그러나 (舊)소련이 점령했던 북한은 아직도 공산독재에 집착하는 잔학한 김 씨 세습정권에 의해 지구상에서 가장 가난하고 자유가 없는 인권이 유린, 박탈당하는 참혹한 나라가 되었다. 3년간에 걸친 6.25 전쟁에서 수많은 부상자와 사망자가

발생했고 헤아릴 수 없는 규모의 재산 피해가 속출했으며 혼잡한 피난 행렬과 수많은 인파 속에서 아이들이 부모를 잃는 일도 비일비재했다. 또한, 6.25 전쟁으로 천만 이산가족이 발생하는 생이별의 아픔을 겪어야만 했다.

지금은 이름조차 잃어버린 월남,(베트남) 러시아 - 우크라이나, 이스라엘 - 팔레스타인 사태를 지켜보며 자유민주주의 대한민국을 지키기 위한 국민의 결집된 '항전의지'가 얼마나 중요한지 깨달아야만 한다.

햇살 좋은 날의 소풍, 따뜻한 가정, 따뜻한 잠자리, 천진난만한 아이들의 웃음소리, 사랑스러운 연인들의 만남, 친구들과의 수다, 그리고 마냥 평화롭기만 한 날들, 오늘 우리가 누리는 이 모든 일상 속의 평화는 과연 어디서 왔는지 단, 한 번이라도 생각해 봤는지 묻고 싶다. 1950년~1953년 7월 27일 휴전까지의 1,129일 동안 우리 할아버지, 아버지, 형, 동생, 누나, 언니가 국군으로, 학도병으로, 여성 의용군 등으로 전장을 누비며 목숨을 초개와 같이 버리며 지켜낸 자유 대한민국이다.

그뿐만 아니다. 이방인들로서 자유대한민국을 수호한 16개국 UN군 참전용사들의 피의 희생이 있었기 때문이다. 이런데도 실로 안타까운 것은 이와 같은 전쟁영웅들이 정치적으로 악용돼 민족의 반역자로 둔갑하거나 더 나아가 북한군이 영웅으로 칭송받는 어처구니없는 일이 왕왕 돌출되고 있다는 것이다.

다시는 우리 한반도에서 전쟁이 일어나지 않도록 우리 모두 한마음 한뜻이 되어 하나님께서 주신 금수강산 자유 대한민국을 굳건히 지켜 나가야만 한다. 다시는 6·25 전쟁과 같은 제2의 동족상잔의 비극을 허용해서는 안 된다. 결코 방심해서는 안 된다. 평화는 힘이 있을 때만이 유지될 수 있다. 이 같은 위기 상황에서 때를 맞춰, 청소년과 젊은 세대, 기성세대에 이르기까지 우리에게 '잊혀진 전쟁 6.25'를 다시 상기시키며 쉽게 이해할 수 있도록 이렇게 만화로 제작하여 적재적소에 배포하는 것은 시기적으로 아주 적절하다고 본다.

모쪼록 이 도서를 통해서 이 땅의 평화가 어디에서 왔는지 기억하고 감사하는 계기가 되며 더 많은 사람들에게 6.25전쟁의 역사적 사실이 올바르게 알려지기를 바란다.

정서영 목사
(사)한국기독교총연합회
대표회장

아직도 진행형인 6.25전쟁, 잊지 말아야

한반도뿐만 아니라 아시아와 전 세계의 평화에 도전하고 있는 북한은
한 번도 자신의 죄과를 인정하지도 참회하지도 않았습니다.
오히려 가공할 핵무기로 우리를 위협하고 있습니다.
언젠가 저들이 자신의 죄가를 참회하고, 우리도 용서할 날이 있기를 바랍니다.
그러나 그날까지 우리는 더욱 투철한 국가안보 의식으로 무장해야 할 것입니다.

최근 북한은 연일 탄도미사일을 발사하며 우리가 살고 있는 한반도뿐만 아니라 지구촌의 평화를 위협하고 있습니다. 이는 아직도 6.25 전쟁이 끝나지 않았음을 보여주는 단적인 사례입니다. 그러나 안타까운 것은 우리 국민의 다수가 이 냉엄한 현실을 망각하거나 외면하고 있다는 사실입니다. 국가안보에는 남녀노소 구별이 없습니다. 군인과 민간인이 따로일 수 없습니다. 휴일이 없고 아침저녁이 없습니다. 6.25 전쟁은 우리 군인들이 외출하거나 휴식하고 있던 주일(일요일), 새벽 미명에 북의 기습적인 도발로 일어났습니다.

6.25 전쟁은 남녀노소, 군민(軍民)을 막론하고 언제나 깨어있는 불침번으로 나라를 지켜야 한다는 너무나 값지고 뼈아픈 교훈을 우리에게 주었습니다. 그뿐 아니라 우리는 결코 이 역사적 비극을 잊지 말아야 하며, 우리의 망각과 안보

불감증은 언제든지 더 큰 재앙을 가져올 수 있다는 사실입니다. 이런 점에서 6.25는 70년 전의 사건이 아니라 현재진행형인 오늘의 사건입니다. 그러기에 우리는 낡은 경구(警句) 같지만 언제나 새롭게 "잊지 말자 6.25!"를 가슴에 새겨야 합니다.

이처럼 중요한 때에 애국 단체인 '6.25 역사기억연대'에서 지난해 <창과 방패>라는 6.25 전쟁에 대한 방대한 자료집을 출간하여 우리나라 각급 학교와 군목, 군선교사들에게 보급하여 국가안보 의식 강화에 일조하고 있습니다. 그런데 이번에는 전 국민이 누구나 손쉽게 읽을 수 있도록 간편한 개정판을 출판하여 더욱 반갑습니다. 특히 이번에 나온 책은 군에서 전역하여 가정과 사회로 복귀하는 예비역 장병과 삶의 현장을 지키는 직장인들이 읽고 6.25에 대한 역사지식을 배워 널리 확산할 수 있도록 배려했

다는 점에서 더욱 기대가 큽니다.

"과오를 용서는 하되 결코 잊지 않는다."
라는 말이 있습니다. 인류 역사상 이 경
구를 구체적으로 실천하는 민족이 바로 이
스라엘입니다. 유대인들은 2차 세계대
전 당시 전범국가인 독일 히틀러의 만행
으로 수백 만 명이 고귀한 목숨을 잃었
습니다. 인류 역사상 가장 끔직한 희생
을 치른 민족이지만, 진정으로 참회하는
독일을 용서하면서 세계인의 양심을 향
하여 이 경구를 던졌습니다. 그 결과, 독
일은 지금도 기회 있을 때마다 지난날의
과오를 사죄하고 있으며, 이스라엘은 용
서의 미덕과 함께 기억의 무서움을 보이
며 양국이 화해하여 새 역사를 쓰고 있
습니다.

그런데, 지구촌 마지막 분단국인 우리의
실상은 어떻습니까? 한반도뿐만 아니라
아시아와 전 세계의 평화에 도전하고 있
는 북한은 한 번도 자신의 죄과를 인정
하지도 참회하지도 않았습니다. 오히려
가공할 핵무기로 우리를 위협하고 있습
니다. 언젠가 저들이 자신의 죄가를 참
회하고, 우리도 용서할 날이 있기를 바
랍니다. 그러나 그날까지 우리는 더욱
투철한 국가안보 의식으로 무장해야 할
것입니다. 우리가 스스로 경성하고 겸비
하여 나라를 굳건히 지킬 때, 역사의 주

권자이신 하나님께서 이 땅을 보우하실
줄 믿습니다. 하나님의 특별한 은총을
받은 자랑스러운 대한민국을 길이 후손
들에게 아름답게 물려주어야 할 책임이
오늘을 사는 우리들에게 있습니다.

이런 점에서 대외적으로는 더욱 굳건한
한미동맹과 자유 우방과의 연대, 그리고
안으로는 역사기억 교육을 통한 국민단
합은 핵보다 더 강력한 무기가 될 것입
니다. 이 책이 널리 보급되어야 할 이유
가 여기에 있습니다.

김진영 장로
(사)한미자유안보정책센터(KAFSP)회장
전 육군참모총장

용서는 하되 잊지는 말아야 할 6.25전쟁

나는 중학교 때 6.25전쟁을 겪었고, 월남전에도 참전했었다.
그때의 처참했던 기억들은 아직도 생생하기만 하다.
결코 방심해서는 안 된다. 평화는 힘이 있을 때만 유지될 수 있다.
작금과 같은 안보 위기 상황에서 6.25역사기억연대에서 잊혀 가는
6.25 전쟁과 관련한 '특집 본'을 마련한 것은, 시기적절하고
매우 고무적인 일이 아닐 수가 없다.

6.25전쟁(사변) 용서는 하되 잊지는 말자" 올해는 6.25전쟁 발발 74주년이 되는 해이며, 전후 우리 한반도는 계속 휴전 중이다. 전쟁이 끝난 것이 아니다. 잠시도 마음을 놓을 수가 없다. 그런대도, 참 안타까운 것은 요즘 세대들은 주적을 우리 머리맡에 두고도 위기의식을 전혀 느끼지 않고 있다는 점이다.

수많은 젊은이들의 피와 목숨값으로 지켜낸 우리 자유 대한민국이 불행하게도 국가의 건국이념과 정체성 자체가 뿌리째 흔들리다 못해 뽑히기 일보 직전까지 와있다. 70년대까지만 해도 반공 교과서와 반공영화 등이 있어 전쟁의 무서움과 공산당이 어떤 것인가를 배우며 자랐다.

그러나 어느 틈엔가, 진보, 좌파들이 교육계까지 스며들면서 교과서도 이념 편향적으로 바뀌기 시작했다. '자유민주주의'에 '자유'가 빠진 '민주주의'로 바뀌었고, 버젓이 '인민'이라는 용어가 들어가 있다. 공산주의적 관점에서 계급적 의미를 강하게 내포하고 있는 '인민'이라는 용어를 우리 자유 대한민국의 교과서에서 민주주의와 연관 지어 사용한다는 것은 도저히 묵과할 수 없는 일이다.

황당한 것은 문재인 정부 때 국립중앙도서관이 1억 원 이상의 세금을 투입, 50건의 콘텐츠에 남한 정부가 민간인을 학살한 것처럼 묘사한 북한문서와, 6.25전쟁을 '북한군 훈련일'로 표현하고, '6.25 남침 부정' 등 역사 왜곡과 북한 미화 콘텐츠가 다수 제작된 것으로 밝혀지기도 했다. 앞서 대한민국 역사박물관도 '6.25전쟁은 북침'이라고 선전한 공산당 신문을 전시하다 파문이 일기도 했다.

서울 광화문에 있는 역사박물관 6.25 전쟁 코너는 이전부터 전시 내용에 대한 편향, 왜곡, 오류 논란이 이어졌었다. 특히 전교조가 교육계를 장악하면서부터 학교 현장에서는 6.25전쟁에 대한 제대로 된 교육이 이뤄지지 않는 등 학생들의 역사관에 혼선을 빚고 있다. 또한 북한을 주적으로 간주하지도 않고 평화통일, 종전선언을 외치며 전방부대마저 축소했다.

문제는 '진보'와 '개혁'이라는 선동적 구호에 환호하는 상당수 국민들은 지금도 종북, 좌파 핵심 세력에 의해 조정, 장악된 특정 정치 세력 집단에 지지를 보내며 명백한 반사회적 위법 행위에도 아랑곳하지 않고 오직 그들만이 '선(善)'이고 '희망'인 양 일관된 충성심을 보여주고 있다는 점이다.

나는 중학교 때 동족상잔의 비극인 6.25 전쟁을 겪었고, 월남전에도 참전했었다. 그때의 처참했던 기억들은 아직도 생생하기만 하다. 결코 방심해서는 안 된다. 평화는 힘이 있을 때만 유지될 수 있다. 작금과 같은 안보 위기 상황에서 6.25역사기억연대에서 잊혀 가는 6.25 전쟁과 관련한 특집 본 '창과방패'를 마련한 것은 시기적절하고, 매우 고무적인 일이 아닐 수가 없다.

이 책을 통해서 다시 한번 국가 안보에 대한 경각심과 6.25전쟁의 진실이 올바로 전해지기를 바란다. 다시는 이 땅에서 제2의 6·25전쟁의 비극을 허용해서는 안 될 것이다.

박환인 장로
6.25역사기억연대 상임고문
(사)6.25진실 알리기 본부 부총재겸 사무총장
제주방어사령관(역)
제2해병사단장(역)
해병대부사령관(역)

보훈의 가치

보훈의 가치는 절대적 가치이지 상황에 따라 변화는 것이 아니다. 그때, 그 누군가는 핏물을 마시고 동상으로 발이 잘리고, 참호 속에서 동사하며 죽음을 각오하고 전투에 임했다. 우리는 이런 숭고한 죽음을 잊지 말아야 한다. 그분들이 만들어 놓은 토대 위에서 자유 대한민국을 지켜냈고 아름다운 강산에서 후손들이 자유를 만끽하며 삶을 영위하고 있다. 그들에 대한 존경과 감사함을 후대에 길이길이 알려야 한다.

지, 이렇게 오래된 정전협정은 없다.

정전은 되었지만, 전쟁은 끝난 것은 아니다. 말 그대로 휴전상태일 뿐이다. 언제, 어느 때든지 제2의 6.25전쟁이 발발할 수 있다. 전쟁 전후 세대가 74년이 되고, 두 세대가 넘다 보니 6.25전쟁을 남의 일처럼 까마득히 잊고 분주하게 살아가고 있다. 우리 삶의 터전인 자유대한민국에 진정한 평화가 지속되기를 원한다면, 이 땅에서 전쟁이 끝났는지, 우리의 주적이 사라졌는지를 진지하게 돌이켜 봐야 한다.

**자유를 위해 목숨 바쳐 희생하며
피 값을 치르며 지켜주신 분들에 머리 숙여
진심으로 감사드립니다.**
- 백선엽 -

인류 역사는 전쟁의 역사이다. 전쟁은 인류의 역사와 밀접한 관계를 맺고 상생해 왔다. 언제든지 발발할 수 있는 전쟁을 대비하기 위해서는 한 치의 오차도 없이 철저하게 만반의 준비태세를 갖추고 있어야 혹시 모를 미래의 국가적 재앙에 담대하게 대처해 나갈 수가 있다.

전쟁이란 되돌릴 수 없는 국가의 존망이 달린 엄청난 사건이자 비극이다. 1953. 7. 27. 휴전, 결코 전쟁이 끝난 것이 아니다. 세계에서도 유례없는 최장기 정전체제에 이르고 있다. 아직 끝나지 않은 정전협정, 일정 기간 적대행위 금

**종전을 주장하는 붉은 세력들이
자유대한민국 요소요소에 진을 치고 있다.**

종전하게 되면 주한미군이 철수해야 하는 위험천만한 일이 발생한다. 베트남이 월맹과의 휴전 후 미군 철수 2년도 채 안 돼서 공산화가 됐다. 이루 말로 할 수 없는 대대적인 피의 숙청이 이뤄졌다. 애국 시민과 종교인, 우파 인사들 대부분이 피의 숙청을 당했다. 아이러니한 것은 북월맹 편을 들었던 남베트남 좌파 인사들까지 숙청을 단행했다. 공산주의 속성은 조금이라도 민주주의 맛본 사람들하고는 절대 함께하지 않는다. 그들은 혁명 과업을 이루기 위해서 잠시 필요한 땔감일 뿐이다.

Intelligencer Journal

1945년 8월 15일 수요일, 헤드라인!

일본 항복하다!

▲ 위 사진 제공 : 한국칼빈주의연구원장 정성구 박사

8.15 광복 제79주년을 맞으며

제2차 세계대전 第二次世界大戰, Second World War은
1939년 9월 1일부터 1945년 9월 2일까지 치러진,
인류 역사상 가장 많은 인명 피해와 재산 피해를 남긴
가장 파괴적인 전쟁이었다.

1. 제2차 세계대전(大戰)의 종결(終結)

제2차 세계대전 第二次世界大戰, Second
World War은 1939년 9월 1일부터 1945년 9
월 2일까지 치러진, 인류 역사상 가장 많은
인명 피해와 재산 피해를 남긴 가장 파괴적
인 전쟁이었다.

통상적으로 전쟁이 시작된 때는 1939년 9월
1일 새벽 4시 45분 아돌프 히틀러가 다스리
는 나치 독일군이 폴란드의 서쪽 국경을 침
공하고, 소비에트 사회주의 공화국 연방군
(CCCP, USSR)이 1939년 9월 17일 폴란드의
동쪽 국경을 침공한 때로 본다. 그러나 또 다
른 편에서는 1937년 7월 7일 일본 제국의 중
화민국 침략, 1939년 3월 나치 독일군의 프
라하 진주 등을 개전 일로 보기도 한다.

2차 세계대전은 1945년 8월 6일과 8월 9일,

▲ 해방을 환호하는 서울역 광장과
　 남대문로 일대의 인파

1944년 10월 맥아더 장군은, 필리핀의 레이테 만 전투에서 승리함으로 쫓겨났던 호주로부터 필리핀으로 귀환할 수 있었는데, 이는 미 해군과 호주 해군의 연합작전이 성공한 결과였었다. 일본은 이 전투에서 처음으로 가미카제神風特공대 돌격작전을 시행하였으며, 26척의 수상함을 잃는 패전을 겪어야만 하였다.

일본의 히로시마와 나가사키시에 미국의 원자폭탄 투하 이후 1945년 8월 15일 일본 제국이 무조건 항복하면서 사실상 끝이 났으며, 일본 제국이 항복 문서에 서명한 9월 2일에야 공식적으로 끝난 것으로 본다. 이 결과로 동아시아에서 일본의 식민지로 남아 있던 지역들이 독립하거나 모국으로 복귀하고, 그 외에도 여러 제국의 식민지가 독립하게 되었다.

제2차 세계대전의 전사자는 약 2,500만 명이고, 민간인 희생자도 약 3천만 명에 달했다. 전쟁 기간 중 일본 제국은 1937년 중국 침략 때 난징南京 등에서 대학살을 감행하여 겁탈과 방화를 일삼으며 수십만 명의 난징 시민을 무자비하게 살해하였고, 포로 학살 등 여러 전쟁 범죄를 저질렀다.

또한 나치 독일은 '인종 청소'라는 이유로 수백만 명 이상의 유대인과 집시를 학살하였다. 미국은 1945년 3월 10일 일본의 수도 도쿄東京와 그 주변 수도권 일대를 소이탄을 사용해 대규모로 폭격한 이른바 '도쿄 대공습'을 감행해 민간인 15만 명을 살상했고, 같은 해 8월 6일과 9일에 각각 히로시마와 나가사키에 원자 폭탄原子爆彈 공격을 감행하여 약 34만 명을 살상하였고, 영국 공군과 미국 육군항공대는 드레스덴 폭격과 뮌헨 공습을 감행하여 각각 20여만 명을 살상하는 등, 전쟁과는 상관없는 민간인들의 피해도 매우 심했었다.

전쟁은 크게 서부 유럽 전선, 동부 유럽 전선과 중일 전쟁, 태평양 전쟁으로 구분할 수 있다. 이외에도 아메리카, 오세아니아, 아프리카, 중동, 대서양 해역과 인도양 해역 등 기타 하위 전선도 2차 대전의 전역에 포함된다.

2. 연합국(聯合國)의 대 일본(對 日本) 전쟁(戰爭)의 종결(終結)

하와이 진주만에서의 1941년 12월 7일 (일요일) 새벽에 일어난 일본 제국 해군이 저지른 '진주만 기습작전'은 예상했던 것 이상으로 콧대 높은 미국 해군을 박살 낸 쾌거였었다고 일본 군인들은 자

1. 히로시마 우라늄-암호명 Little Boy 2. 나가사키 플루토늄-암호명 Fat Man
3. 히로시마 원폭 1945년 8월 8일

랑하며, 앞으로 태평양상에서의 모든 이익을 독차지할 것이라 호언장담하기에 부족함이 없었던 '대일본제국'의 빛나는 해상작전이었다.

중국대륙을 장중에 쥔 일본군은 남태평양을 석권하면서 필리핀에 있던 맥아더 장군을 호주로 내쫓아버렸고, '대동아공영'大東亞共榮을 부르짖으며 인도지나印度支那 일대를 석권하기에 이르렀다. 그러나 미국 해군은 1942년 6월에 침략군의 위세를 꺾고자 하여, 미드웨이 해전에서 진주만의 악몽을 씻을 수 있는 전과를 올리게 된다. 일본군은 정규 항공모함 5척과 경항공모함 2척, 수상기모함 2척 및 전함 11척, 중重 및 경輕 순양함 계 22척, 구축함 65척, 잠수함 22척 그리고

함재기(함재기)들 총 264기機의 막강한 세력을 보유하면서도 패배하고 말았다.

1944년 10월 맥아더 장군은, 필리핀의 레이테만 전투에서 승리함으로 쫓겨났던 호주로부터 필리핀으로 귀환할 수 있었는데, 이는 미 해군과 호주 해군의 연합작전이 성공한 결과였었다. 일본은 이 전투에서 처음으로 가미카제神風특공대 돌격작전을 시행하였으며, 26척의 수상함을 잃는 패전을 겪어야만 하였다.

미군은 점차 승세를 몰아 북으로 진격을 하면서 일본 본토에 다가오고 있었는데, 1945년 3월 유황도硫黃島 전투에서는 일본군의 피해율은 무려 96%, 20,933명 중 20,129명으로 일본군 거의 모두가 전

사한 소위 '옥쇄'玉碎 작전이었다.

미군 역시 전사자 6,821명, 부상자 21,865명으로 집계되었다. 미국은 1945년 8월 6일과 8월 9일 양일에 히로시마와 나가사키에 원자폭탄原子爆彈을 투하하였으며, 일왕日王은 8월 15일 정오에 방송을 통해 무조건 항복降服을 선언함으로써, 소위 대동아전쟁大東亞戰爭 -世界 第2次 大戰-은 종지부를 찍게 되었고, 우리 한민족(당시는 조선민족이라 불렀지만)은 36년간이라는 일제日帝의 압박과 통치에서 해방되어, 자유를 누리는 나라에서 살 수 있다고 믿어 기쁨의 백성으로 변하게 되었다.

3. 8.15 광복

그날이 오면 / 심 훈

그날이 오면 그날이 오며는
삼각산이 일어나
더덩실 춤이라도 추고 한강물이
뒤집혀 용솟음칠 그날이,
이 목숨이 끊기기 전에 와주기만
하량이면,
나는 밤하늘에 날으는 까마귀같이
종로의 인경人磬을 머리로 들이받아
울리오리다.
두개골은 깨어져 산산조각 나도

기뻐서 죽사오매
오히려 무슨 한이 남으오리까

그날이 와서 오오 그날이 와서
육조六曹 앞 넓은 길을
울며 뛰고 뒹굴어도
그래도 넘치는 기쁨에
가슴이 미어질 듯 하거든
드는 칼로 이 몸의 가죽이라도
벗겨서 커다란 북을 만들어 들쳐 메고는
여러분의 행렬에 앞장을 서오리다.
우렁찬 그 소리를 한 번이라도
듣기만 하면 그 자리에 거꾸러져도
눈을 감겠소이다.

백범 김구 선생의 글

나는 이 소식을 들을 때 희소식이라기보다 하늘이 무너지고 땅이 갈라지는 느낌이었다. 몇 년을 애써서 참전을 준비했다. 산동 반도에 미국의 잠수함을 배치하여 서안훈련소와 부양훈련소에서 훈련받은 청년들을 조직적, 계획적으로 각종 비밀무기와 무전기를 휴대시켜 본국으로 침투케 할 계획이었다. 국내 요소에서 각종 공작을 개시하여 인심을 선동하며, 무전으로 통지하여 비행기로 무기를 운반해서 사용하기로 미국 육군성과 긴밀한 합작을 이루었는데, 한 번도 실시하지 못하고 왜적이 항복한 것이다.

이제껏 해온 노력이 아깝고 앞일에 걱정이었다.

백범 김구(金九) 선생이 일본의 항복 당시 상황을 술회하며 쓴 글 중에서 -

4. '8.15'를 중심으로 한 역사적 사건들

가. 1945년 8월 7일

1945년 8월 7일 오후 4시 30분 모스크바의 크렘린궁宮. 일본의 히로시마에 신형 폭탄 원폭이 투하됐다는 소식을 들은 소련 스탈린은 일본에 대한 공격명령에 서명을 했다.

1945년 8월 8일 : 소련 대일본對日本 선전포고宣戰布告! 그는 부하들에게 힘주어 말했다. "전쟁의 열매는 힘으로 따지 않으면 확실히 맛볼 수 없다" 이틀이 지난 8월 9일 새벽 0시. 소만국경蘇滿國境에 진주해 있던 소련군이 일제히 국경을 넘어 만주로 쏟아져 들어왔다. 이 작전에는 소련군 157만 명과 화포. 박격포 2만 6,137문, 전차와 자주포 5,566량, 군용기 3,721대를 동원했다.

소련군의 진격은 만주에 그치지 않고 이틀 후에는 한반도 북단 동해안의 경흥, 함흥까지 밀고 내려왔다. 사할린 남부에도 소련 육군과 해군, 해병대가 국경선을 넘어 일본군을 공격했다. 소련군의 기습에 놀란 것은 공격을 당한 일본만이 아니었다.

원폭을 투하한 뒤 일본의 항복 소식만 기다리던 미국도 당황했고, 만주를 포함한 중국 전체를 통일하려던 장개석도 충격을 받았다. 다만 연안에서 일본군이 철수하면 장개석 정부와 일전을 벌이려던 모택동毛澤東과 소련군에 편입되어 한반도 진입을 준비하던 김일성(본명 金聖柱)의 88여단旅團만 회심의 미소를 지었다.

소련군은 만주를 북중국에서 고립시키고 한반도로 향하는 통로를 만들어 나갔다. 8월 15일 일왕日王이 항복 선언을 했으나 소련군과 관동군關東軍의 전투는 계속되었다. 동부 국경에 있던 후토우 요새에서 민간인을 포함한 1,900명이 옥쇄로 모두 죽은 26일에야 만주에서의 전투가 종식되었다.

만주를 점령한 소련군은 제일 먼저 관동군의 수뇌부와 '푸이 황제'를 비롯한 일본의 괴뢰국傀儡國 만주국滿洲國의 황족과 수뇌부를 연행해 전범재판戰犯裁判에 넘기면서 시베리아로 끌고 갔다. 이어 전리품戰利品이 된 공장 등 산업시설을

시계방향으로 1.1945년 8월 6일 피폭 후 히로시마 거리 2. 모택동과 스탈린 3. 싱가포르에서 영국군의 포로가 된 철창속의 일본
군 장교들 - 1945년 8월 4. 일본천황의 항복선언 (1945년 8월15일 라디오 방송)

뜯어내 기차에 싣고 소련으로 가져갔다.

포로로 잡힌 관동군 60만 명은 노동력
으로 활용하기 위해 시베리아로 끌려갔
다. 이 와중에 군기가 풀린 소련군은 도
처에서 약탈과 폭행, 강간을 일삼았다.
소련군의 군정軍政이 실시되자 중국 공
산당은 그 기회를 틈타 세력을 확대해
나갔다.

스탈린이 낮게 평가했던 모택동의 홍
군紅軍이 소련군의 점령이라는 특이한
정치 공간을 이용해 저변을 넓혀 나간

것이다. 일본이 패망한 후 만주에는 조
선인이 110만 명이나 남아 있었다. 일본
군이 떠나자 만주 각 지역에서 중국인에
의한 조선인 박해사건이 잇따랐다. 특히
조선인 비율이 낮은 마을이 괴뢰 만주국
의 패잔병이나 마적들의 집중적인 공격
대상이 되었다.

상황이 악화되자 조선인들은 생존을 위
해 주거지를 버리고 하얼빈, 목단강, 가
목사, 연길, 길림 등 좌익계열의 독립군
인 항일연군抗日聯軍이 장악하고 있는
도시로 몰려들었다. 이들은 자연스럽게

'반국민당, 친공산당'으로 기울어 중공군中共軍, 전 팔로군前 八路軍에 대거 입대入隊한다.

나. 8월 11일, 소련 군대 북한으로 진격, 소비에트화 준비 착수

소련은 6개월 전 '얄타회담'에서 미국과 체결한 결의에 근거해 8월 8일 '선전포고'와 동시에 대일전(對日戰)을 개시했다. 그리고 미국으로부터 무기와 장비를 지원받아 157만 명의 대군을 소·만 국경을 넘어 중국의 동북지역과 한반도로 진격시켰다. 소련군의 북한 진입은 8월 15일과 17일 사이에 급속히 이루어졌다.

소련 공군기는 함경도 웅진, 나진, 청진 등지에 폭격을 개시했고, 치스챠코프 대장이 이끄는 소련 극동 방면군 소속의 제25군이 동해 해상을 통해 청진, 흥남, 함흥, 원산 등지를 거쳐 24일에는 평양으로 진입했다. 소련은 1차 미·소 공동위원회가 결렬되자, 북한 임시정부 수립에 본격적으로 나섰다. 소련군정과의 긴밀한 협의를 거쳐 소위 북조선임시인민위원회(위원장 김일성, 전 소련군 대위)는 1946년 3월 토지개혁, 11월 3일 도·시·군 인민위원회 선거 등을 발 빠르게 추진해 나갔다.

- 그 이후 -

1947년 2월 북조선인민위원회 수립에 이어 1948년 2월 '인민군 창건' 단계에 이르면서 북한 지역에는 사실상 행정부와 군 조직이 완성되었고, 무력으로 통일하고자 하는 준비가 착착 이루어지기 시작하였다.

日王의 항복선언 안 믿어…
8월 15일 당일 서울은 쥐 죽은 듯
조용했다.

다음날이 되어서야 비로소 항복조항 내용대로 형무소에 있었던 죄수가 풀려나고서야 인정되기 시작했다.

그 때서야 경성(서울) 시민들은 어제 방송이 일왕의 항복방송인 줄 알게 되었고, 해방, 광복을 환호하기 시작했다.

일본군 대본영(日本軍 大本營)은 미국의 지시대로 항복 절차와 방법을 명시해 각 지역에 있는 일본군에게 하달했다. 두 점령군을 위한 경계선. 38선은 이렇게 처음 한반도에 나타났다. 1945년 8월 15일. 원자폭탄이 투하된 지 1주일 만에 일왕은 라디오 연설을 통해 항복을 선언했다.

제2차 대전의 완전한 종말. 일본의 패망으로 군국주의 망령은 역사 속에서 자취를 감추게 됐다.

한반도는 해방의 감격에 휩싸였다. 일본은 물러갔다. 다시 제 나라의 주인으로 살 수 있게 된 것이다. 그토록 염원하던 자주독립 국가를 세울 수 있게 된 한반도는 희망과 희열로 넘쳐났다. 그러나 한반도에는 해방과 함께 분단의 그림자가 드리워지고 있었다.

다. 8월 22일, 소련군 北韓(38도선 이북) 軍政 시작

북한으로 진출한 소련군 치스챠코프 대장은 1945년 8월 하순 평양에 군사령부를 설치했다. 그리고 북한 각지에서 현지 일본군의 항복을 받고 무장해제를 실시하면서 38도선 일대에 초소를 설치했다. 남북을 왕래하는 통행인에 대한 검문검색을 강화했고, 남북을 연결하는 주요 철도, 도로 및 통신도 차단했다.

그 후 치스챠코프는 본격적인 군정실시 기관으로 민정관리총국을 설치했다. 이 기관은 정치, 경제, 교육, 문화, 보건, 위생, 출판, 보도, 사법지도부 등 군정에 필요한 9개의 지도부가 있었으며 정치사령부의 통제를 받았다. 소련 군정당국은 원활한 군정실시를 위한 사전 정지작업으로 평양진입 후 초기 얼마간은 조만식 등 민족주의자들의 명망과 조직을 이용했다.

그들은 조만식이 위원장으로 있던 평안남도 인민정치위원회를 승인해 한국인이 주권을 행사하는 것처럼 보이도록 했지만, 결과적으로는 8월 24일부터 9월 말에 걸쳐 민족주의자들이 중심이 돼 자발적으로

일본군 대본영(日本軍 大本營)은 미국의 지시대로 항복 절차와 방법을 명시해 각 지역에 있는 일본군에게 하달했다. 두 점령군을 위한 경계선. 38선은 이렇게 처음 한반도에 나타났다. 1945년 8월 15일. 원자폭탄이 투하된 지 1주일 만에 일왕은 라디오 연설을 통해 항복을 선언했다.

▲1945년 8월 15일 해방의 기쁨을 누리고 있다.

조직한 각지 자위대, 치안유지위원회, 건국준비위원회 지부와 좌익계열의 보안대, 적위대 등의 각종 정치 군사단체들을 흡수 통합해 도별 인민위원회를 세웠다. 각 도별 인민위원회 위원장에는 한국인을 기용했다. 그러나 고문관에는 소련군 장교들을, 실권 있는 요직에는 소련계 한인들을 앉혔다.

그러므로 이 기구는 외관상 자주적으로 운영되는 것처럼 보였으나 실질적으로는 소련 군정당국에 지배되고 있었다. 따라서 각 도의 인민위원회는 시간이 경과함에 따라 민족진영 세력이 점차 배제되면서 주로 친소적 공산주의자들에 장악됐다.

각 도별 인민위원회는 행정기관, 경찰관서, 경제기구 등 구 일본의 모든 행정기관들을 접수하고 행정권을 인수했다. 그런 후 소련 군정당국은 10월 14일 평양에서 군중대회를 열고 소련군 대위 김일성을 북한주민 앞에 내세웠다.

또 11월 18일에는 5도 인민위원회를 통괄하는 5도 행정국을 설치하고 산업, 교통, 체신, 농림, 사법, 재정, 교육, 보건, 사법, 보안 등 10개국으로 된 행정체제를

▲ 미국 - 일본 항복 조인

정비했다. 이어서 김일성은 12월 중순 북조선 공산당 책임비서로 선정되면서 소련 군정 당국의 하수인으로서 북한의 최고 권력자로 부상했다.

소련 군정당국은 김일성 일파로 하여금 지주들의 토지를 몰수케 하고,(무상몰수 무상분배) 이를 농민들에게 분배해 주면서 일반 대중에게 공산주의에 대한 동경과 환상을 심어 주는 계급투쟁을 전개했다. 동시에 그들은 북한 내 국내파 공산주의 세력과 민족주의 세력을 포섭 혹은 흡수하는 노력도 기울였다.

그 과정에서 소련 군정에 협조하는 동조자는 포섭하고, 비협조자들에 대해서는 남한탈출을 묵인하거나, 혹은 구금하는 방법으로 숙청작업을 전개했다. 이렇게 소련 군정 당국은 불과 약 4개월 만에 김일성을 정점으로 한 북한 권력체제를 형성시켜 놓았다.

라. 9월 2일, 일본 항복 조인식, 東京 灣, 미 주리艦上

마. 9월 9일, 미군 南韓(38도선 이남) 軍 政 시작

▲1945년 9월 2일 도쿄, 미 미조리 함상에서 일본의 항복 승인을 서명하는 맥아더 미 극동사령관 (일본인의 '살아있는 신 (現神人)을 무릎 꿇린 점령군 총사령관 맥아더)

위. 1945년 9월 2일 도쿄, 미 미조리 함상에서 일본 대표가 항복문서에 서명하는 장면을 맥아더 미 극동사령관이 지켜보고 있다. 아래. 1945년 9월 9일 조선 총독, 항복문서에 서명.

1945년 9월 9일 오후 4시, 조선 총독부 제1회의실에서 아베 노부유키(阿部信行) 총독이 미 제24군단의 '존 하지' 중장과 제7함대 사령관 '킨케이드' 제독 등 미군 장성들이 지켜보는 가운데 항복문서에 서명을 했다. 이미 1주일 전 동경만에 정박한 미주리 함상에서 공식적인 항복 조인식이 있었지만, 이날 항복문서의 효력은 38선 이남에만 적용된다는 것이 달랐다.

오키나와에 주둔하고 있던 미군은 바로 전날인 9월 8일 인천을 통해 한반도에 상륙했던 터였다. 잠시 후, 총독부 앞뜰에서는 8월 15일 일왕의 항복 선언 뒤에도 23일간이나 게양되어 있던 일장기가 내려지고 성조기가 올라갔다.

한반도의 통치권이 일본 제국주의의 총독부에서 미군정으로 넘어가는 순간이었다. 일본인들의 한국 식민정책 최종 총독, 아베 노부유끼阿部信行는 1944년 제10대 마지막 조선 총독으로 취임하여 한국에서 전쟁 물자를 지원하기 위해 인력과 물자를 일본으로 착취해 갔다.

조선총독으로 부임 후 전쟁 수행을 위한 물적 · 인적 자원 수탈에 총력을 기울였다. 징병·징용 및 근로보국대의 기피자를 마구잡이로 색출했으며, 심지어는 여자 정신대 근무령을 공포해, 만 12세 이상 40세 미만의 여성에게 정신 근무령서를 발부했고, 이에 불응 시는 국가 총동원법에 의해 징역형을 내리기도 했다. 아베 노부유키는 미국이 우리나라에 들어오자 총독부에서 마지막으로 항복문서에 서명했다. 대한민국을 떠나면서 그때 남긴 아베 총독의 기막힌 말

"우리는 패했지만, 조선은 승리한 것이 아니다. 장담하건대, 조선민이 제정신을 차리고 찬란하고 위대했던 옛 조선의 영광을 되찾으려면 100년이라는 세월이 훨씬 걸릴 것이다. 우리 일본은 조선 사람에게 총과 대포보다 무서운 식민교육을 심어 놓았다. 결국은 서로 이간질하며 노예적 삶을 살 것이다. 보라! 실로 조선은 위대했고 찬란했지만, 현재 조선은 결국 식민교육의 노예로 전락할 것이다. 그리고 '아베 노부유키'는 다시 돌아온다."

일제는 강점기 중 식민정책植民政策:'징병'과 '징용', 창씨개 명 등 악정을 시행하였다. 그러나 일제 말엽, 제2차 세계대전이 일어나면서, 정국은 종국으로 치닫고 있었다. 젊은이들은 강제로 징병과 징용으로 잡혀 나가야 했다.

징병으로 간 사람들은 만주와 남양군도南洋群島 등으로 끌려갔다. 만주로 간 사

일제는 강점기 중 식민정책植民政策:'징병' 과 '징용', 창씨개 명 등 악정을 시행하였다. 그러나 일제 말엽, 제2차 세계대전이 일어나면서, 정국은 종국으로 치닫고 있었다. 젊은이들은 강제로 징병과 징용으로 잡혀 나가야 했다. 징병으로 간 사람들은 만주와 남양군도 등으로 끌려갔다.

람들은 장개석 군대로 도망쳤으며, 혹은 잘못되어 우리 독립군과 싸우는 기구한 운명에 부닥치는 사람들도 있었다. 남양군도南洋群島로 간 사람들은 미군과 싸웠다. 극도로 열악한 보급으로 연명할 뿐...., 아사 직전의 형태에서 싸웠던 것 같다. (강제징병 약 21만 명, 지원병 형식 43만여 명, 여자 정신대 약 20만 명, 소계 84만여 명,)징용은 군인이 아니라 노무자로 끌려가는 것이며, 각 전쟁용품을 생산하는 기업체, 광산 노무자, 군속軍屬; 군대에서 군을 보조하는 노무자)등으로 징집되어 갔다. 징용자들도 보급품이 열악해 겨우 생명을 연명하는 정도에서 극도의 강제노동에 시달렸다. (강제노력 동원은 주로 해외 탄광, 군수공장, 전선 노역 등 150만 명 이상으로 추산)

1910년 강제로 추진한 '한일합방' 이 래 한반도를 식민지로 삼은 일본의 국기 '일장기'는 당연히 1945년 8월 15일 찢기어 내려졌어야 했거늘, 미국 군대가 일본군이 항복을 하고, 무장해제를 할 때까지 기다려야 하는 기가 막히는 시간이 흘러갔다.

창씨개명創氏改名:1938경부터 …

동서고금을 다 털어 봐도 이런 처사는 우리나라가 처음 당하는 일이었다. 악랄한 일본은 한국 민족을 근본적으로, 뿌리부터 없애려는 계책으로 우리의 뿌리인 성姓을 없애고 우리식의 이름마저 자기들 일본식방식으로 강제 변경하였다.

물자 수탈 및 신사참배 강요:

제2차 세계대전 말기에 이르자 우리들 가정에 있는 모든 쇠붙이, 놋그릇 할 것 없이 수탈해 갔고, 초등학교 학생부터 민간인들까지 마초馬草받치기, 비행장 및 도로 건설 노력 동원 등 온갖 착취를 당하였다.

조선총독부, 국기 게양대에 일장기,

성조기 그리고 태극기

1910년 강제로 추진한 '한일합방' 이래 한반도를 식민지로 삼은 일본의 국기 '일장기'는 당연히 1945년 8월 15일 찢기어 내려졌어야 했거늘, 미국 군대가 일본군이 항복을 하고, 무장해제를 할 때까지 기다려야 하는 기가 막히는 시간이 흘러갔다.

1945년 9월 9일, 미군은 일본의 '조선총독'으로부터 정식으로 항복을 받았으며, 이에 따라 일장기는 하강했으며, 태극기 대신 미국의 국기인 성조기가 걸렸다.

글을 마치며 …

올해로 우리 민족이 해방된 지 79주년이 되는 해이다. 사실, 우리 힘으로는 일제의 억압과 수탈 속에서 광복의 기쁨을 맞이하기란 역부족이었다. 만약 해방이 되지 않았다면 우리 민족의 상황은 지금 어땠을까 하는, 만약이라는 경우의 수도 생각해 보곤 한다. 우리 민족의 찬란한 문화, 언어, 이름, 고유한 전통들은 다 말살되고 사라졌을 것이다.

해마다 우리는 광복절을 맞는다. 하나님께서는 1945년 8월 15일 우리에게 광복을 허락하셨다. 일제로부터의 광복이지만, 또한 이 민족이 지은 죄과로부터 회개시키기 위한 광복이었다. 돌이켜 보면, 하나님께서는 이 백성을 사랑하셔서 내버려 두지 아니하시고 일제 치하에서 고통하게 하시고, 회개토록 하시기 위해서 이 백성에게 살길을 열어주셨다.

그런데 우리는 지금 하나님의 은혜를 까마득히 잊어버리고 살고 있다. 아이러니하게도 교회 안에는 무속신앙인들과 미신이 가득하다. 광복 이후 우리 한국교회는 신사참배에 대한 회개는커녕 더 많은 죄를 범하고 있다. 급기야 하나님께서는 1950년 6·25동란이라는 채찍을 드셨고, 그 상처가 아물기도 전에 기독교는 맘몬의 사상에 사로잡혀 그때를 까마득히 잊어버리고 있다.

중세기 로마 교황청은 물질적으로 풍요했다. 그러나 실상은 아무것도 베풀 것이 없는 가장 가난한 집단이었다. 한국교회가 그랬다. 그동안 한국교회는 넘쳐나는 헌금으로 자기도취에 빠져있는 교회들이 비일비재했었다. 그 풍요의 그늘 한켠에는 배를 움켜쥐고 교회 월세, 생활비, 자녀 교육비 등으로 쥐엄 열매를 먹고 살아야 될 정도로 피폐해진 목회자(사역자)들이 얼마나 많이 있는가.

코비드 19의 강타로 한국교회는 휘청거렸다. 지금은 회복세를 보이고 있다고 하지만 한국교회 상황이 녹록지 않다. 더는 시간이 없을지도 모른다. 지금이 마지막 기회라고 생각하고 이 땅의 모든 교회와 기독교인들은 하나님 앞에 비통한 심령으로 무릎을 꿇어야 한다.

렸다. 지금은 회복세를 보이고 있다고 하지만 한국교회 상황이 녹록지 않다. 더는 시간이 없을지도 모른다. 지금이 마지막 기회라고 생각하고 이 땅의 모든 교회와 기독교인들은 하나님 앞에 비통한 심령으로 무릎을 꿇어야 한다.

중앙청中央廳에 국기國旗가 게양된 역사歷史들

1910년서부터 1945년까지 일장기가 올려졌으며, 온갖 약탈과 탄압의 역사가 이루어졌다. 해방, 1945년 8월 15일에 당연히 올려져야 할 태극기를 올리지 못하다가 해방 후 1945년 9월 9일에 태극기 대신 성조기가 게양되었으며, 미군 군정이 끝나고 대한민국 정부가 수립된 1948년 8월 15일에야 우리 국기인 태극기가 게양되었다.

다시 1950년 6월 25일 불법 남침한 북괴군의 서울 점령으로 태극기는 내려졌고 인천상륙작전과 수도권 수복작전에 따라 9월 28일 한국 해병대에 의해 다시 태극기가 게양되었으며, 미 영사관에는 성조기, 중앙청 다른 게양대에는 UN기도 게양되었었다.

그 후 1.4 후퇴에 따른 수도권의 포기에 의해 태극기는 다시 내려졌었으나 1951년 3월 15일 서울 재수복으로 또다시 태극기가 게양되는 어지러운 역사가 이어지는 시대였었다. 9. 28 수복작전 때, 중앙청 일대는 미 해병 제1사단 작전지역이었다.

좌. 1945년 9월 9일 '총독부' 광장 국기 게양대에 일본 국기가 내려지고 있고
우. 태극기 대신 성조기가 게양되고 있다.

일제 36년의 온갖 수탈과
1950년 6월 25일 북괴 김일성의 남침,
3년간의 전쟁으로
잿더미가 된 나라에서
지금은 경제대국, 군사강국!

모든 것이
하나님께서 주신
축복이란 것 외에는
어떤 말로도 설명이 안 된다.

자유대한민국의 근대화는
복음을 받아들이면서부터 시작되었다.

LANCASTER NEW ERA
1945년 8월 14일 화요일 헤드라인

"워싱턴에서는 일본의 항복선언이
빠른 시간내에
이루어질 것으로 예상한다!"

(사진 자료 제공: 한국칼빈주의연구원장 정성구 박사)

▲ 모택동을 만난 김일성

▲ 김일성이 1948년 9월 10일 북한 정권 수립 선포 이후 정부 정강을 발표하는 모습

▲ 스티코프 군정 사령관

▲ 1945년 미해군 미조리함 승전 축하비행

▲ 1945년 9월 9일 미군 서울 입성

▲ 1945년 10월 연합군 환영 현수막이 걸린 옛 화신백화점앞

▲ 빅토리 유럽 데이(V-E Day) 영국 런던 피카디리 앞에 운집한 인파 - 1945년

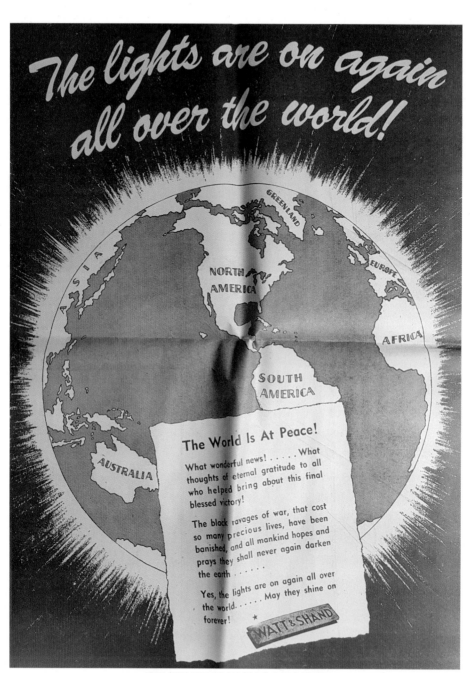

▲ 1945년 8월 15일, 일본의 항복 후에 실린 신문광고

▲ 1945년 8월 15일, 종전을 알리는 승리의 신문광고 (자료제공 : 한국칼빈주의연구원장 정성구 박사)

1948년 8월 15일
정부 수립 선포식

▲1948년 7월 24일 이승만 대통령 취임선서

좌. 8.15 해방을 맞아 서울 남산 국기게양대에 처음으로 태극기를 게양하는 모습
우. 1950년 9월 29일 중앙청에 걸린 UN깃발

1. 8.15해방 이전 (일본 제국주의 강점기)의 상황

가. 일본군의 '진주만 기습공격'

1941년 12월 8일(미국시간 12월 7일 일요일 새벽) 제국주의 일본의 해군은 태평양 가운데 있는 하와이 오하우섬의 진주만(眞珠灣, Pearl Harbor)을 기습 공격하였다. 미국 태평양 함대와 이를 지키는 공군과 해병대를 대상으로 감행하였다. 이 공격으로 12척의 미 해군 함선이 피해를 입거나 침몰했고, 188대의 비행기가 격추되거나 손상을 입었으며 2,403명의 군인사상자와 68명의 민간인 사망자가 발생했다. 루즈벨트 대통령은 12월 7일 이날을 치욕의 날로 선포했고, 그로부터 3일 뒤 미국 의회는 전쟁을 선포했으며, 미국인들은 일본이 본토로 쳐들어올 것을 대비해 전쟁 준비를 했고, 애국심에 군대에 자원하는 사람도 많아졌다고 한다.

나. 태평양 전쟁의 확대와 종결

1941년 12월 7일(하와이 시간) 07시(일요일): 소위 '대일본제국'의 해군 항공기들이 하와이 오하우 섬의 진주만에 있는 미국 태평양 함대를 기습적으로 공격을 가하였다. 일본 해군 연합함대는 항공모

1945년 10월 14일 평양 모란봉 운동장에서 개최된 '김일성 및 소련군 환영 시민대회'에서

함 6척, 전함 2척, 순양함 3척, 구축함 11척으로 이루어졌으며, 하와이 북쪽 440km 지점에서 어뢰를 탑재한 함재기 36대를 출격시켰다. 이에 따라 일요일 아침 잠들었던 미군들은 혼비백산하였고, 1차 공격에 전함 3척과 수많은 군함들이 격침되었으며, 제2차 공격에서도 전함 4척이 큰 손실을 입었다. 군인 사상자는 사망자 2,300명을 포함 3,400명에 달하였으며, 180여 대의 비행기가 파괴되었다. 미국 의회는 12월 8일(단 1명을 제외) 전원의 찬성으로 일본에 대한 전쟁을 선포하였다. 이로써 태평양에서도 세계 제2차 대전 전쟁이 불붙기 시작하였다.

일본은 1910년 우리 한국을 강제 합방하여 36년을 강점하여 왔으나, 이날을 계기로 하여 '대한'의 독립을 보장할 수밖에 없는 역사적 운명이 만들어지게 되었다.

미국은 이 날을 잊을 수 없는 'Remember Pearl Harbor'라고 하고 있지만, 우리 대한민국도 이날을 '8.15 해방을 오게 한 날'로서 '잊을 수 없는 날'로 기억되어야 하겠다. 이날로 미국은 팽창주의적, 군국주의적 일본과 일대 대결을 하기 시작한다.

진주만 공격 이후에 일본은 필리핀과 동남아시아 제국을 침탈하였으며, 현 인도네시아 지역 남태평양 일대를 점령하는 것 같았지만 반격을 준비한 미군 등 연합군의 공세로 미드웨이 해전을 비롯한 여러 해전에서의 승리로 미군들이 일본 본토에 접근하기 시작하였다. 유황도 및 오키나와를 공략한 미군은 드디어 일본 본토에 원자폭탄(原子爆彈)을 투하하기에 이른다.

1943년 11월 25일: 미국, 영국 및 중국의 3개 연합국이 이집트의 카이로에 5일간 모여, 일본에 대한 전략을 토의했다. 이 가운데는 '한국을 자유 독립 국가'로 승인할 결의도 있었다. 즉, 처음 있는 '국제적 독립국가 승인'이었다.

얄타 회담

1945년 2월 4일~11일: 미국(루즈벨트), 영국(처칠) 그리고 소련(스탈린)의 수뇌들이 얄타(현 우크라이나 영토)에 모여 나치 독일의 패전과 그 관리에 대하여 의견을 나누었다.

포츠담 선언

1945년 7월 26일: 연합국 세 수뇌인 미국(트루먼), 영국(처칠) 및 중국(장제스, 장개석)이 포츠담에 모여서 일본의 항복 권고와 제2차대전 이후의 일본에 대한 처리(處理) 문제를 논의하고, '포츠담 선언'으로 공포되었다, 그리고 소련 공산당 서기장 스탈린도 참전과 동시에 이 선언에 서명하였다. 선언의 요지는 "일본이 항복하지 않는다면, 즉각적이고 완전한 파멸"에 직면하게 될 것을 경고한 것이며, 그 내용은 모두 13개 항목으로 되어 있다.

제1항~제5항 – 서문. 일본의 무모한 군국주의자들이 세계인민과 일본 인민에 지은 죄를 뉘우치고 이 선언을 즉각 수락할 것을 요구.
제6항 – 군국주의 배제.
제7항 – 일본 영토의 보장 점령.
제8항 – 카이로선언의 실행과 일본영토의 한정.
제9항 – 일본 군대의 무장 해제.

제10항 – 전쟁범죄자의 처벌, 민주주의의 부활 강화, 언론 종교 사상의 자유 및 기본적 인권 존중의 확립.

제11항 – 군수산업의 금지와 평화산업 유지의 허가.

제12항 – 민주주의 정부 수립과 동시에 점령군의 철수.

제13항 – 일본군대의 무조건 항복

그러나 일본은 이 포츠담 선언을 묵살했으며, 이에 미국은 8월 6일 히로시마(廣島)에, 8월 9일 나가사키에 각기 1발씩의 원자폭탄을 투하하였고, 소련도 8월 8일 일본에 대한 선전포고와 함께 일본군에 대한 공격을 개시하였다.(8월 폭풍 작전) 참고로 소련은 애당초 일본과는 불가침조약을 체결한 바 있었다.

* 히로시마에 '리틀 보이' 투하.

2. 8.15해방과 38도선 설정으로 한반도 분할

가. 소련군의 만주, 한반도 침공

시계방향으로 1. 1945. 6. 8, 히로시마에 투하된 원폭 2. 일본, 무조건 항복 서명, 미주리함상 3. 38선 설정 때, 1945년 설정 4. 여기가 북위38도선입니다!

1945년 8월 7일 일본 히로시마에 신형폭탄이 투하됐다는 소식을 들은 스탈린 소련 수상은 일본에 대한 공격을 명령하였다. "전쟁의 열매는 힘으로 따지 않으면 확실히 맛볼 수 없다"라고 주위 부하들에게 이야기하면서, 8월 9일 새벽 0시 소만국경(蘇滿國境)에 진주해 있던 소련 붉은 군대는 일제히 국경을 넘어 만주로 쏟아져 들어갔다. 이 작전에는 소련군 157만 명과 화포, 박격포 26,137문, 전차와 자주포 5,566량, 군용기 3,721대를 동원했다. 소련군의 진격은 만주에 그치지 않고, 이틀 후에는 한반도 동해안의 경흥, 함흥까지 밀고 내려왔다.

만주를 점령한 소련군은, 만주를 북중국에서 고립시키고 한반도로 나가는 통로를 마련해 나갔다. 그리고 제일 먼저 일본 관동군 수뇌부와 푸이황제(皇帝)를 비롯한 일본의 괴뢰국 만주국(滿州國)의 황족과 수뇌부를 연행해 전범재판에 넘겼다. 이어 '전리품'이 된 공장 등 산업시설을 뜯어내 기차에 싣고 소련으로 가져갔다. 포로로 잡힌 관동군 60만 명은 노동력으로 활용하기 위해 시베리아로 끌고 갔다.

이 와중에 군기가 풀린 소련군은 도처에서 약탈과 강간을 일삼았다. 소련군의 군정(軍政)이 실시되자 '중국 공산당'은

UN기(旗)를 수령하는 맥아더 UN군 사령관

그 기회를 틈타 세력을 확대해 나아갔다. 일본군이 떠나자, 만주 각 지역에서 중국인에 의한 조선인 박해 사건이 잇따랐다. 특히 조선인 비율이 낮은 마을이 괴뢰만주국(傀儡滿州國)의 패잔병(敗殘兵)이나 마적(馬賊)들의 집중적인 공격 대상이 되었다. 상황이 악화되자 조선인들은 생존을 위해 주거지를 버리고 하얼빈, 목단강, 가목사, 연길, 길림 등 좌익계열의 독립군인 항일연군(抗日聯軍)이 장악하고 있는 도시로 몰려들었다. 이들은 자연스럽게 '반 국민당, 친 공산당(親共産黨)'으로 기울어 대거 그 군대에 입대하는 현상이 일어났다. (장차 조선인 민군 또는 중공군으로서 6.25전쟁에 참전하게 됨.)

나. 미국 '북위 38도선' 설정

소련의 진격에 당황한 미국은 한반도의 38선 분할을 결정했다. 1945년 8월 11일 미국의 국무부·해군부·육군부 3부 조정위원회(SWNCC)는 그동안의 미 육군부 3부 조정위원회(SWNCC)는 그동안의 미 육군부 제안들을 바탕으로 38선 이북은 소련군이, 이남은 미군이 일본군의 항복을 접수하도록 하는 '38선 분할' 초안을 기안했다. 38선 분할(안)이 최종 결정되기 전인 8월 12일에 이미 웅기·나진 등에 진주한 소련군도, 미국이 제안한 이 조항을 반대 없이 받아들였다. 이어 태평양 방면 연합군 최고사령관 더글러스 맥아더가 1945년 8월 15일 발표한 [일반명령 제1호]에서 "38도선 이북의 일본군의 항복은 소련이, 이남 일본군의 항복은 미군이 접수한다"고 선언하여, 38선이 공식적으로 기정사실화되었다.

트루먼은 38선 분할안에 대해 "한국에서 힘의 공백이 생겼을 때 실질적 해결

시계방향으로 1. 모스크바까지 가서 늙은 스탈린에 갖은 아양을 떠는 김일성   2.1950. 6. 18 6.25 전쟁 발발 일주일 전 의정부 북방 38 접경에서   3. UN안보리, 1950. 6. 27   4. 1950. 6. 29 맥아더 장군, 한국 시찰차, 오산비행장에 내려 기자회견

책으로 우리들에 의해 제안된 것"이라고 회고했다. 38선 확정은 별도의 미·소 간 비밀 협약에 의한 것이라기보다 '미·소 간 항복접수구획선'으로 제안된 미 육군부의 건의에 그 기원을 두고 있다고 할 수 있다. 그러나, 이는 단순히 군사작전의 구획설정을 위해 편의적으로 그어진 작전 구획선 이상의 의미를 갖는다. 38선은 전후 한반도에 단일 세력 진입을 막기 위한 신탁통치안, 제2차 세계대전 중 군사점령과 항복 접수를 일국에 맡길 수 없다는 구획선 안 등, 전후 처리 과정에 줄곧 내재된 미·소의 국제정치적 흥정과 이익이 작용한 결과이다.

에드워드 L. 로우니 장군의 증언

일본의 제2차 세계대전 공식 항복일(1945년 9월 2일) 직전 링컨 장군의 상관인 조지 마셜 장군은 남북 분단선 설정안을 건의토록 지시했다. 회의에서 딘 러스크 대령은 한반도에서 가장 폭이 좁은 곳이어서 군사분계선 방어에 많은 병력이 필요 없을 것이라고 생각하여 39도선에 긋자고 주장했다. 하지만 링컨 장군은 예일대 지리학과 교수인 스파이크만이 1944년 저술한 '평화의 지리학'을 인용하면서 38도 선을 지목했다. 스파이크만은 38도 선 북쪽이 우위를 점하고 있다는 학설을 제기한 인물이다. 상황을 지켜본 로우니 장군은 [운명의 1도]에서, "돌이켜 보면 잘못한 일"이라며 "39도 선 방어가 훨씬 쉬웠을 뿐만 아니라 많은 미군 생명도 구할 수 있었을 것"이라고 지적한다. 45년 7월 미국, 영국, 소련의 세 거두가 포츠담에 모여 일본의 무조건 항복을 촉구하는 선언을 발표했다. 루즈벨트의 갑작스런 사망으로 인해 대통령직을 이어받은 트루먼은 공산주의를 경계하는 인물이었다.

회담 직전 핵무기 개발에 성공했다는 비밀 전문을 받을 수 있었던 트루먼은 소련의 도움없이 일본을 단독으로 패망시킬 수 있는 가능성을 염두에 뒀다. 1945년 8월 6일 오전 8시 15분. 미군은 인류 최초, 원자폭탄을 히로시마에 투하하여 수십 만의 사람들이 사망했다. 일본에 원폭이 투하된 직후, 소련군이 대일전 참전을 선언했다. 소련으로서는 전투의 피해를 최소화하면서도 실리를 얻으려는 것이었다. 소련의 태평양 함대는 웅기, 나진에 상륙작전을 전개했다. 무서운 기세로 남하하던 소련군은 개전 6일 만에 이미 한반도 북부의 상당 부분을 점령했다.

당시 미군은 아직 오키나와에 있었다. 한반도에서 1천km나 떨어진 곳이다. 미군은 소련군이 한반도를 단독 점령할 것을 우려해 한반도 점령 계획 일부를 수정했다. 하지 중장의 제24군단을 중화기 없이 경장비만 갖추게 하고 급히 한반도로 이동시켰다. 예상치 못한 소련의 참전과 빠른 남하 속도에 당황한 미국은 소련의 단독 점령을 막기 위해 분주해졌다. 단지 두 점령군의 작전 지역을 구분하기 위한 선, 그것은 북위 38도 선이었다.

예브게니 바자노프, 러시아 아카데미 부원장 증언

"1945년에 한국은 스탈린에게 어떠한 중요한 의미도 역할도 하지 못했습니다. 일본과 중국이 있었고, 일본은 파괴하고 약화시켜야했던 나라였습니다. 스탈린은 한반도 전체를 지배하려고 하지 않았기 때문에 만주에서부터 38선 지점까지 군대 동원하기로 합의를 했습니다."

리챠드 알렌, 전 미국 백악관 안보 보좌관 증언

" 아시아에서 미래를 결정하는데 소련에게 동등한 지위를 준 것이 실수였습니다. 특히 한국을 생각하면 그렇습니다. 소련은 단지 6일 동안 극동 전쟁에 참여했습니다. 스탈린이 한 일은 그게 다였지만 북한에 손을 뻗었습니다. 그래서 유럽의 독일처럼 38선에 의해 나라가 분리됐습니다."

- 북위 38도선이라는 낯선 경계는 일반명령 1호에서 처음 그 존재를 드러냈다.

다. 일본의 무조건 항복, 1945년 8월 15일 일왕(日王)의 선언

일본의 항복은 일본이 8월 14일에 연합국에 통보하였고, 8월 15일 정오 12시에 일본의 쇼와(소화)가 무조건 항복을 선언한 것을 말한다. 그리고 9월 2일, 일본 도쿄만(東京灣)에 정박한 미국 해군 전함 미주리, USS Missouri,BB-63 함상에서 일본 대표가 정식으로 항복문서에 서명하였다. 이 항복으로 세계 제2차대전은 종결되었다.

3. 남한에서의 미군정 시행 및 대한민국 수립

가. 미군의 서울 입성, 일본군 항복 서명 및 군정 시행.

1945년 9월 9일 일본군의 항복을 받으려고 인천항을 거쳐 한국을 찾아온 미군은 오후 4시 조선총독부 제1회의실에서 일본 총독 아베 노부유끼가 미국 육군

제24군단의 존 하지 중장과 제7함대 사령관 킨 케이드 제독 등 미군 장성들이 지켜보는 가운데 항복문서에 서명하였다. 이 항복 문서는 '38선 이남'에만 적용된다는 특색이 있었다. 그리고 잠시 후에는 총독부 앞뜰의 국기 게양대에서, 일본국기(일장기)가 하향되고, 미국 성조기가 게양되는 예식이 거행되었다. 한반도(38선 이남)의 통치권이 일본 제국주의 총독부에서 미군정으로 넘어가는 순간이었다. 안타깝게도, 일본 국기는 8월 15일부터 계속 게양되어 있었으나 통치권 문제로 태극기가 게양되지 못하는 운명이었다. 그 23일간 후에야 성조기가 뒤이어 게양되는 '국가' 없는 서글픈 약소민족의 쓰라린 고뇌의 기간이었다. 그리고 3년 후에야 태극기가 이 게양대에 올려지게 된다.

나. 대한민국 정부 수립

1948년 5월 10일 총선거를 통해 제헌국회를 구성, 8월 15일에 대한민국 정부를 수립하였다. 초대 대통령은 이승만이었다. 1945년 12월의 '모스크바 3국 외상회의'에서 미·영·중·소 4개국에 의한 최고 5년의 '신탁통치안'이 결정되었다. 이 안이 국내에 전해지자, 임정을 중심으로 국민총동원위원회가 결성되어 반탁운동이 전개되었다.

▲ 로우니 장군의 저서 '운명의 1도'

이 신탁 운동을 둘러싸고 임시정부 측은 결사적으로 반탁을 주장한 반면, 박헌영의 조선공산당 등 좌익 측은 찬탁을 주장하여 의견이 엇갈리게 되었고, 이리하여 좌우의 제휴에 의한 민족통일 공작은 절망적인 것이 되었다. 이러한 와중에서 1946년 1월, 미·소 공동위원회 예비 회담이 열렸고, 이어 3월에는 정식 위원회가 개최되었다.

그러나 회의가 거듭되는 동안 차츰 결렬 상태에 빠졌고, 이 혼돈 속에서 타개를 위한 몇 가지 방도가 모색되었던 것이다. 첫째는 이승만을 중심으로 한민당이 호응하여 조직한 민족통일 총본부의 자율정부운동이었다. 얄타회담과 모스크바 3상 결의를 취소하여 38선과 신탁통치를 없애고 즉시 독립 과도정부를 수립하라는 것인 정읍발언이었다. 한편 김구를 중심으로 한 임시정부 계통의 한독당은 국민의회를 구성하여 반탁운동을 근본으로 하되 좌우합작과 남북통일을 실현할 것을 주장하였다. 그런가 하면 김규식, 여운형 등 중간 우파와 중간 좌파가 주도하여 좌우합작운동을 적극 추진하였다.

이들 좌우합작운동 주도 세력들인 중도파 인사들은 '선 임정 후 반탁'(先臨政後反託)을 주창하여 찬탁의 입장에서 미·소 공동위원회의 재개를 통해 통일 임시정부 수립을 주장하였다. 동시에 좌익세력들은 남한의 정치·경제·사회를 교란하는 여러 수단을 사용하였다. 1946년 5월 '정판사 위폐사건'을 계기로 공산당은 지하로 숨어들었고, 부산의 철도 파업을 계기로 일으킨 대구 폭동은 그들의 지하운동의 대표적인 예였다. 이 사건 이후 미군정은 12월 남조선과도입법의원을 창설하였고, 1947년 6월에는 미군정 청을 남조선 과도정부라고 칭하였다.

1947년 5월에 제2차 미·소 공동위원회가 열렸다. 그러나 이 무렵 미-소 냉전이 격화되면서 미·소의 의견대립으로 양측의 입장만 확인한 상태로 완전 결렬되고 말았다. 1947년 9월 17일 미국은 한반도

의 문제를 UN에 제출하여 이관(移管)하였다. 미국은 한국에서 UN 감시하에 총선거를 실시하고, 그 결과 정부가 수립되면 미·소 양군은 철수할 것이며, 이러한 절차를 잠시 협의하기 위해 '유엔 한국 부흥위원단'을 설치할 것을 제안한 것이다.

이 결의안의 수정 통과로 UN 한국위원단은 1948년 1월에 활동을 개시하였다. 그러나 소련의 반대로 북한에서의 활동은 좌절되었다. 1948년 2월의 UN 총회에서는 가능한 지역 내에서만이라도 선거에 의한 독립 정부를 수립할 것을 가결하였다. 이와 같이 하여 1948년 5월 10일에 남한에서만의 '총선거'가 실시되어 5월 31일에는 최초의 국회가 열렸다. 이 '제헌국회'는 7월 17일에 헌법을 공포하였는데, 초대 대통령에는 이승만이 당선되었다. 이어 8월 15일에는 대한민국 정부 수립이 국내외에 선포되었으며, 그해 12월 UN 총회의 승인을 받아 대한민국은 한반도의 유일한 합법정부가 되었다.

4. 북한에서의 소련 군정 시행 및 김일성 등장: 인민위원회 / 정권 수립

일제강점기가 종식된 뒤, 소련은 한반도

북부를 점령하여 군정을 실시하였는데, 그들의 목적은 동구라파에서의 정책과 마찬가지로 한반도의 북부나마 소비에트화(化)로의 정책이었다. 이 기간에 김일성으로 하여금 소비에트로의 정부를 수립토록 조종하였다. 보통 미군정과 더불어 소군정이라고 부르지만, 당시 소련 입장에선 공식적으로는 '민정', 즉 민간정부로 칭했다. 소련은 종전 후 독일 같은 전범 지역에서만 군정이란 말을 썼고, 추축국의 피해지역(폴란드, 북한 등)에서는 민정이란 말을 썼다. 1945년 8월, 만주 작전으로 일본군과 교전하며 청진 등의 북한 지역에 진입한 소련군은 8월 말경에는 북한 전역을 장악하였다.

1945년 8월 26일, 소련 연해주군관구 제25군 사령관 치스차코프 대장은 "조선 인민들이여, 그대들은 독립과 자유를 회복했다. 이제 그대들의 행복은 바로 당신들 손에 달려 있다"고 언명했다. 또한 소련군정은 미군정처럼 직접 통치가 아닌 간접 통치를 표방하며 각지에 세워 조선건국준비위원회 지부와 인민위원회를 인정하였다. 소 군정 내내 북한지역에서는 소련군에 의한 강간, 폭행, 약탈이 끊이지 않았다.

소련군 중좌 페드로프는 소련군이 1945년 8월부터 이후 5개월간 북한지역에

1945년 8월 26일, 소련 연해주군관구 제25군 사령관 치스차코프 대장은 "조선인민들이여, 그대들은 독립과 자유를 회복했다. 이제 그대들의 행복은 바로 당신들 손에 달려 있다"고 언명했다. 또한 소련군정은 미군정처럼 직접 통치가 아닌 간접 통치를 표방하며 각지에 세워 조선건국준비위원회 지부와 인민위원회를 인정하였다. 소 군정 내내 북한지역에서는 소련군에 의한 강간, 폭행, 약탈이 끊이지 않았다.

———

서 벌인 행태를 기록했는데, 12월 29일 작성된 해당 문서에는 "우리 군인(소련군)의 비도덕적인 작태는 실로 끔찍한 수준이다.

사병 장교 할 것 없이 매일 곳곳에서 약탈과 폭력을 일삼고 비행(非行)을 자행하는 것은 (그렇게 해도) 별다른 처벌을 받지 않기 때문이다"고 전제하면서 "우리 부대가 배치된 시(市)나 군(郡) 어디서나 밤에 총소리가 끊이지 않고 있다", "특히 술에 취해 행패를 부리고 부녀자를 겁탈하는 범죄도 만연해 있다"고 지적했다.

이렇게 소련이 한반도 북부를 점령하고 군정을 실시한 1945년 9월경, 소련은 김일성을 평양으로 귀국시켰다. 김일성은 평남 인민위원회에 가입하였으며, 1945년 10월 북조선 5도 인민위원회가 세워졌다. 이를 즈음하여 조만식은 조선민주당을, 김일성은 조선공산당 북조선지부를 세워 정치 활동에 나섰다. 한편 1945년 10월 소련은 포고령을 발표하여 여러 조선인 무장단체를 해산하였고, 군대 격인 '조선보안대'를 창설했다.

그러나 신탁통치안이 발표되면서 조만식 등이 반탁 운동에 나서자, 소련 측은 조선민주당을 탄압하고 조만식을 가택 연금해 사실상 정치 생명을 끊었다. 신의주 반공 학생 사건 등 반공 활동 또한 탄압하였으며, 조선의용군이 압록강 근처까지 진군해 들어오자, 소련 포고령을 들어 이들을 무장 해제하는 사건도 있었다. 연안파가 일부 귀국하여 1946년 2월 조선신민당을 세웠으나, 이들은 국공내전에 참전하느라 일부 간부만이 참여했으므로 큰 세력을 갖추지 못했다.

시계방향으로 1. 6.25남침 보병부대 2. 1950.6.25 북괴군 남침 진격하는 모습 3. 남침 대기 중인 탱크부대 모습 4. 남하하는 북괴군 진격 장면(인민군 촬영제작)

이후 김일성 등은 공산주의적 소비에트 개혁을 진행해 나갔다. 북조선임시인민위원회가 세워진 1946년 2월부터 토지개혁법, 8시간 노동제, 주요 산업의 국유화령 등이 제정되었으며, 이에 반발하여 월남한 사람들은 남한 내 반공 세력으로 자리 잡았다. 한편 1946년 4월 북조선공산당이 세워졌는데 이는 남한 내 조선공산당의 정통성을 축소시킨 것이며, 단독 정부 수립에 대한 의도도 보인다. 이후 김두봉 등의 조선신민당을 통합하여 1946년 8월 북조선노동당으로 세력을 재편하였다.

이후 1947년 2월 북조선 인민 위원회가 세워지고, 단독 정부 수립 작업이 진행되어 1948월 2월경에는 조선인민군이 창설되었다. 1948년 4월경에는 남북연석회의가 열렸으나 형식상의 합의만이 이루어졌고, 김구와 김규식 등이 돌아간 이후로는 북한에 남은 인사들을 끌어모아 6~7월에는 북한이 남한 지역에 대한 통치권을 가지고 있다는 선전용으로 '2차 남북연석회의'를 열었다. 이후 남한에서 대한민국 정부가 수립되었는데, 북한에서도 '최고인민회의'를 개최하여 '사회주의 헌법'을 만들고 조선민주주의인민공화국이라는 이름으로 정권을 수립하였다. 이때 북한의 헌법에서는 수도를 서울특별시로 정하였는데, 이는 당시

남한 지역을 북한 정권의 미수복지로 보는 선언으로 볼 수 있다.

5. 김일성의 무력 남침 준비 군사력 확보

- 후에 러시아가 제공한
기밀문서 내용 중-

1949년 대한민국에서 미군이 철수하자 김일성은 고심 끝에 무력 통일 계획을 세운다. 그러나 조선민주주의인민공화국의 남침이 시기적으로 적절하지 못하다는 소련 공산당 정치국의 지시문이 김일성에게 전달되었다.(1949년 9월 24일) 1950년 1월 17일 박헌영의 관저에서 열린 만찬에서 김일성은 조선민주주의인민공화국 주재 소련 대사 스티코프(군정사령관)에게 남침 문제를 다시 제기하고 이를 논의하기 위하여 스탈린과의 면담을 희망한다는 의사를 피력했다. 이 대화에서 김일성은 국공 내전에서 중국 공산당이 승리한 다음에는 대한민국(남조선)을 해방시킬 차례라고 강조하고, 조선민주주의인민공화국은 기강이 세워진 우수한 군대를 보유하고 있다고 주장했다.

또 김일성은 이전에도 그러했던 것처럼 대한민국의 선제공격에 대한 반격만을

승인한 1949년 3월의 스탈린의 결정에 불만을 토로했다. 1월 30일, 스탈린이 서명한 전보를 평양으로 타전했다. 전문에서 스탈린은 김일성의 불만은 이해가 되나 '큰일'에 관해 치밀한 준비를 해야 하며 이를 실현하기 위해 지나친 모험을 해서는 안 된다는 점을 이해해야 한다고 언급했다. 스탈린은 김일성을 접견해 이 문제를 논의할 준비가 돼 있으며 그를 지원할 용의가 있다고 밝혔다. 3월 20일, 김일성은 스티코프와의 면담에서 4월 초에 자신과 박헌영이 스탈린과 만나고자 한다는 것을 전해달라고 요청하였다. 김일성은 이번 방문을 46년의 방문처럼 비공식(비밀)으로 할 것을 제의하였다.

김일성은 남북한 통일의 방법, 북한경제 개발의 전망, 기타 공산당 내 문제에 관해 스탈린과 협의하기를 원하였다. 4월, 모스크바에서 열린 스탈린과 김일성 간의 회담에서 스탈린은 국제환경이 유리하게 변하고 있음을 언급하고 북한이 통일 과업을 개시하는 데 동의하였다. 다만, 이 문제의 최종결정은 중국과 북조선에 의해 공동으로 이루어져야 하며 만일 중국쪽의 의견이 부정적이면 새로운 협의가 이루어질 때까지 결정을 연기하기로 합의하였다.

5월 12일, 스티코프가 김일성 및 박헌영과 면담한 자리에서 김일성은 마오쩌둥과의 면담계획을 밝혔다.

"소련에서 돌아온 후 이두연 주 베이징 대사로부터 마오쩌둥과의 면담 결과를 보고받았다. 마오는 '조선통일은 무력에 의해서만 가능하며 미국이 남한 같은 작은 나라 때문에 3차 대전을 시작하지는 않을 것이므로 미국의 개입을 두려워할 필요가 없다'고 말했다. 마오와 면담하기 위해 5월 13일 베이징으로 출발할 것이다.

마오는 내가 대남 군사행동을 곧 시작할 생각이라면 비공식으로 만나겠다고 한다. 마오에게 북한으로 이양되는 중국군 소속의 조선인 사단을 위해 중국이 노획한 일본 및 미국무기를 제공해줄 것을 요청할 계획이다. 50년 6월께로 예정하고 있는 남침계획을 구체적으로 수립하라는 지시를 북한군 총참모장에게 시달했다. 작전이 6월에 개시될 것이나 그때까지 준비가 완료될지 자신이 없다." 5월 13일, 김일성과 박헌영이 베이징에 도착하여 마오쩌둥과 면담하고 스탈린이 모스크바 회담 때 '현 국제환경은 과거와는 다르므로 북한이 행동을 개시할 수 있으나 최종결정은 마오쩌둥과의 협의를 통해 이뤄야 한다'고 했음을 설명했다.

5월 14일 스탈린은 마오쩌둥에게 보낸 특별전문에서 "국제정세의 변화에 따라 통일에 착수하자는 조선 사람들의 제청에 동의한다. 그러나 이는 중국과 조선이 공동으로 결정해야 할 문제이고 중국 동지들이 동의하지 않을 경우에는 다시 검토할 때까지 연기되어야 한다"고 했다. 5월 15일, 모스크바의 메시지를 받은 뒤 마오는 김일성·박헌영과 구체적으로 의견을 교환하였다. 김일성은 북조선이 '군사력 증강-평화통일 대남제의-대한민국 쪽의 평화통일 제의 거부 뒤 전투행위 개시'의 3단계 계획을 세웠다고 언급했다.

마오가 이 계획에 찬성을 표명하고 일본군의 개입 가능성을 물은 데 대해 김일성은 일본군이 참전할 가능성은 별로 없는 것으로 보나 미국이 2만~3만 명의 일본군을 파견할 가능성을 전혀 배제할 수는 없다고 답변했다. 그러나 일본군의 참전이 상황을 결정적으로 변화시키지는 못할 것이라고 말했다. 마오는 만일 미군이 참전한다면 중국은 병력을 파견해 북한을 돕겠다고 했다. 소련은 미국 쪽과 38선 분할에 관한 합의가 있기 때문에 전투행위에 참가하기가 불편하지만, 중국은 이런 의무가 없으므로 북한을 도와줄 수 있다고 했다.

북한이 현시점에서 작전 개시를 결정함으로써 이 작전이 양국 간의 공동 과제가 되었으므로 이에 동의하고 필요한 협력을 제공하겠다고 했다.

5월 29일, 김일성은 스티코프에게 4월 모스크바 회담 시 합의된 무기와 기술이 이미 대부분 북조선에 도착했음을 통보하였다. 이 통보에서, 또한, 김일성은 새로 창설된 사단들이 6월 말까지 준비 완료될 것이라고 말했다. 김일성의 지시에 따라 북한군 참모장이 바실리예프 장군과 함께 마련한 남침 공격 계획을 북한 지도부가 승인하였고, 군 조직 문제는 6월 1일까지 끝내기로 했다. 북조선 군은 6월까지 완전한 전투준비 태세를 갖추게 된다는 것이었다.

김일성은 6월 말 이후는 북한군의 전투준비에 관한 정보가 남쪽에 입수될 수 있으며 7월에는 장마가 시작된다는 점을 지적했다. 6월 8~10일께 집결지역으로의 병력 이동을 시작할 것이라고 보고되었으며, 김일성과 면담 뒤 스티코프는 바실리예프 장군 및 포스트니코프 장군과 의견을 교환했다. 그들은 7월에 공격을 시작하는 것이 가장 시의적절하나 일기관계로 6월로 변경할 수밖에 없다고 말했다.

이와 같이, 김일성은 스탈린을 상대로 끈질기게 남침을 허락해달라고 48회나 요구했고 스탈린은 시기적으로 맞지 않다는 이유로 계속 거절했다. 스탈린은 48번씩이나 거절했음에도 불구하고 끈질기게 요구하는 김일성의 고집을 꺾을 수 없다고 판단하여 결국 남침을 허락하고 만다.

이때 스탈린은 김일성을 북한의 통제관으로 옹립한 것을 후회했다. 1950년 3월에는 박헌영 당시 조선공산당 총비서와 허가이 조선노동당 책임 비서와 함께 소련으로 물자 원조와 무기 공급을 요청하기 위해 방문했으며, 스탈린의 지원을 받아 남침을 감행했다. 전쟁 발발에서 김일성의 주동적인 책임은 고르바초프의 방한을 계기로 공개된 구소련의 외교 문서를 통해 증명되었으며, 국제학계의 정설로 인정되고 있다. 1950년 6월부터 1953년 7월까지 3년 동안의 한국 전쟁 시기 교전 일방인 조선인민군의 최고사령관으로서 전쟁을 이끌었다.

6. 북괴군의 남침(남쪽으로 불법 기습 침공) 준비

가. 대한민국 후방지역의 정세

1) 제주도 4.3 폭동 사건
   (48년 4월~49년 5월)
2) 여수, 순천, 국방군의 반란 사건
   (48년 10월~49년 4월)
3) 대구 반란 사건(3차: 48년~49년)

상기 여러 사건들은 지방 및 군대 내에 잠입한 공산분자들이 침투하여 폭동 또는 반란을 일으킨 사례들이다.

국방부 정보판단에 의하면 인민군 유격대에 의한 빨치산 침투사건은 1948년 11월~1950년 3월 기간에 10차, 2,400명에 의한 유격 작전으로 약탈, 살인, 유언비어 유포 등 후방교란 작전을 하였지만, 국군의 빨치산 소탕 작전으로 많은 손실을 입고, 1950년 6월 24일 현재 지방 공비 세력 270명이 잔존하고 있었다고 하고 있지만, 많은 병력이 잠적하고 있었을 것이라고 생각된다.

나. 남침을 위한 준비들

김일성의 남침 전쟁 제안에 스탈린이 조건부로 승인하고, 최종적으로 마오쩌둥이 동의함으로써 전쟁은 논의 차원을 넘어 실행단계로 들어섰다. 이에 김일성은 스탈린으로부터 받아온 종래 군사 지원의 양과 질을 대폭 개선하는 데 역점을 두었다. 스탈린은 해방 후부터 줄곧

북한의 전쟁 준비를 도와 왔다. 특히 북한 주둔 소련군의 철수에 대비해 특별 군사고문단의

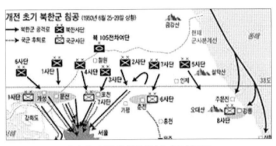

개전 초기 38선 침공한 북괴군 침공로

북한 파견을 지시하기도 했다. 스탈린의 지시에 따라 40여 명으로 편성돼 북한으로 들어온 소련 군사고문단은 1949년 1월 말부터 북한 정규군의 돌격사단과 전투사단의 편성 및 전투 훈련 지원과 함께 공군부대의 지원, 육·해·공 합동 기동훈련을 실시하면서 각종 소요장비를 제공했다.

스탈린은 북한이 선제공격하더라도 북한군의 전력이 한국군의 그것에 비해 절대적인 우위를 확보하지 못하면 감행해선 안 된다는 생각을 갖고 있었다. 그 때문에 북한의 전력이 여전히 미비하다고 판단한 그는 1949년 3월 자신을 찾아온 김일성에게 남침 공격은 시기상조라며 김일성의 조급함을 잠시 눌러 놓았다. 그러나 스탈린은 남침 자체를 반대한 게 아니었기 때문에 기왕의 대북 군사 지원을 멈추지 않았다. 그는 김일성이 소련 방문전 1950년 1월 초순과 2월 초순 두 차례에 걸쳐 무기를 원조해 달라는 요청과 또 지상군을 10개 사단으로 증편토록 지원해 달라는 요청을 모두 승낙했다.

그 결과 김일성의 모스크바 방문 귀국 후인 1950년 3월부터 6.25전쟁 개시 직전까지 당시 한국군에는 단 한 대도 없었던 소련제 T-34 전차, 자주포와 같은 다량의 기동장비와 각종 항공기 등이 집중적으로 북한에 운송됐다. 물론 무상은 아니었다. 무기장비 구입 대금은 소련이 차관으로 빌려준 2억 루블과 북한산 각종 광산물로 결제하기로 했다. 스탈린은 또 북한 지상군의 증강에 따른 무기뿐만 아니라 해군창설에 필요한 소해정과 전투함 그리고 공군력 증강을 위한 교육 훈련용 항공기 등도 지원했다.

물론 북한군 간부의 소련 군사학교 위탁교육을 통해, 혹은 소련 군사전문가들을 파견해 각종 중장비와 항공기를 조작, 운전할 수 있도록 기술지원도 했다. 각 사단에는 사단 고문관으로 대좌급을 파견

했을 뿐만 아니라 중대급까지도 군사전문가 150명을 배치했다. 또 전차, 항공부대에도 고문관들을 파견하여 전술훈련과 장비 교환, 연료 문제의 해결에서부터 정비 분야에 이르기까지 전반적으로 지도했다. 한편 중국의 마오쩌둥도 김일성의 한반도 적화구상을 근본적으로 반대하지 않았다. 단지 시기상조라고 여겼을 뿐, 시기가 도래하면 언제든지 지원하겠다는 생각이었다.

그래서 마오쩌둥은 중국 내전이 끝나지 않은 관계로 그 시기가 무르익지 않았음에도 불구하고 가능한 한 지원할 수 있는 것부터 북한에 제공하기로 했다. 우선 제1차로 1949년 8월부터 중국공산당 인민해방군 소속 한인 부대 1만여 명을 북한으로 건네줬다.

그 후 마오쩌둥은 자신이 바라는 대로 내전의 최종 승리를 비롯해 소련과의 새로운 관계 설정이 이루어진 후 1950년 전반기에 남침 전쟁을 동의해 줬을 뿐만 아니라 지원도 아끼지 않았다. 여기서

시계방향으로 1.북괴군 보병부대 남침 모습, 1950,6,26   2.북괴군의 소련제 자주포   3.북한군 탱크부대, 1950. 6. 24 남침 명령을 기다리며   4.미국전함 아리조나호가 격침되고 있는 모습

소련과의 새로운 관계 설정이란 마오쩌 둥이 소련을 방문해 1950년 2월 중순 스 탈린과 새로운 중·소 동맹을 체결한 것을 말한다. 중·소동맹의 체결은 여러 가지 정치적 의미를 띤 것이었지만, 6·25 전쟁 발발의 한 배경적 요인이라는 점에서 그것은 일본의 재침략 혹은 미·일 양국의 직접 또는 간접적인 침략에 대비하기 위한 공동 대응의 협력관계 구축과 세계 공산주의 운동을 위한 동서 양면의 역할 분담을 약정한 것을 뜻했다.

특히 중국에게 그것은 방심할 수 없는 잠재적인 적으로 인식한 소련과 새로운 동맹관계를 구축함으로써 역사적으로 늘 중국영토에 흑심을 품어온 소련의 위협을 잠정적으로 제거한 의미가 있었다. 따라서 마오쩌둥에게 중·소동맹의 체결은 북방으로부터의 국가안전의 확보를 의미했다. 또 그것은 그가 김일성의 남침 전쟁 발의에 대해 동의 가부를 결정짓는 최소한의 선결 조건이었다. 그래서 그 조건이 실현되자 마오쩌둥은 스탈린으로부터 전쟁 발동을 결정했다는 사실을 확인한 후 그때까지 중국국민당군의 소탕에 총력을 기울이던 종래의 방침을 바꿔 북한을 전향적으로 지원하기 시작했다.

1950년에 들어와 중국공산당 수뇌부는 중국에 잔류한 나머지 한인병사들의 북한이송 문제 협의차 북경을 방문한 김일성의 특사 김광협에게 약속한 대로 전년도에 이어 또 다시 1만 4,000여 명의 조선인 병사들을 북한에 인도해 줬다 이 병력은 4월 중순 북한으로 이송됐는데, 송환은 그들의 자유의사에 따른 게 아니라 중국공산당과 북한정부가 강행한 것이었다. 중국의 이 조치는 북한이 소련으로부터 무기장비를 지원받고 있지만, 가장 중요한 병력이 충분하지 못하다는 판단에서 취해진 것으로서 마오쩌둥이 소련방문 기간 중인 1950년 1월 중순에 내린 지령에 따른 것이었다.

당시 중국의 군 고위층은 북한군이 소련의 무기로 무장하고 있지만 병력면에서 3,000만 인구의 남한과 정면대결하기에는 역부족이라고 판단하고 있었다. 이처럼 중국은 1949년부터 다음 해 6.25전쟁 발전까지 2년에 걸쳐 3개 사단과 2개 연대 병력 최소 5만 명 이상의 조선인 사병과 개인용 화기 등의 각종 경 장비를 북한으로 들여보냈다. 중국의 전폭적인 협조로 입북한 그들은 주로 북괴군 제5·제6·제12사단 등에 편입됐다. 북괴군에 이첩된 조선인 병력은 개전 초기 북괴군 10개 사단 총 18만여 병력 중 약 3분의 1에 해당하는 숫자였다. 이 점을 감안하면 전쟁 전 중국공산당이 인계해준 조선인 병력은 남·북한의 군사력 균형을 결정적으로 무너뜨린 요소 가운데 하나였을 뿐만 아니라, 김일성의 남침공격을 결정지은 중요한 조건이었다. 이러한 사실은 북한이 군사장비와 병력 확보를 소련에만 의지한 것이 아니었음을 알 수 있다.

다. 남침 전야 (1950년 6월 24일)

북괴군 제1군단은 금천에, 제2군단은 화천에 각기 군단 사령부를 설치하였고,

그 예하 사단은 서부전선으로부터 제6, 1, 4, 3, 2, 12, 5사단 순으로 배치되었으며, 제13, 15사단은 북괴군의 예비대로서 금천과 화천에 각각 배치되었다 그리고 제10사단은 북괴군의 예비사단으로 숙천에 위치하였다. 북괴군의 남침공격 암호명 '폭풍', 1950년 6월 24일 공격개시 명령을 기다리고 있었다.

라. 남침, 서울 점령과 UN의 조치

1950년 6월 25일 새벽 4시, 북한괴뢰군

시계방향으로 1. 모택동, 스탈린 2. 북에서 생산한 따발총 3 카이로, 미,영,중 수뇌회담 한반도에 독립국가 세우자 4. 이승만 대한민국 초대 대통령

은 38선 전역에 걸쳐 전면 남침을 개시하였다. 전쟁발발 소식을 접한 미국은 25일(미국 시간) 'UN 안전 보장이사회'를 긴급 소집하여 북한의 무력공격은 평화를 파괴하는 '침략 행위'라 선언하고, 북한은 즉시 전투행위를 중지하고 그 군대를 38선으로 철퇴시킬 것을 요청하는 결의를 채택하였다. 그리고 UN 회원국들로 하여금 UN에 원조를 제공할 것과 북한에 대하여는 어떤 원조도 중단되었고, 6월 27일에 이르러 미국 대통령 트루먼은 미국의 해군, 공군으로 하여금 한국군을 지원하도록 명령하였다.

남침을 감행한 북괴군은 계속 남하하여 27일 저녁에는 서울 외곽지대인 미아리 고개까지 밀고 내려왔으며, 28일 오전에는 소련제 탱크 T-34를 앞세우고 미아리 고개를 넘어 서울 시내로 진격해 들어왔다. 들어온 보병부대는 서울대학병원에 부상을 당하여 입원하고 있는 국군 장병 병실에 들어가 총살하는 만행도 저질렀다. 여기서 한강교를 폭파하여 수많은 서울 시민들이 희생된 아쉬운 사건이 발생하였었는데, 이 일이 27일 밤에 발하였었다. 미처 남쪽으로 피란을 가지 못한 수많은 시민들은 그 후 3개월 동안(9월 28일까지) 공산 치하에서 자유 없는 고난의 생활을 하지 않으면 안 되었다.

UN 안전 보장 이사회는 UN회원국들에 대하여 북한의 무력공격을 격퇴하고 국제평화와 한반도에서의 안전을 회복하기 위하여 필요한 원조를 한국에 제공할 것을 내용으로 하는 권고를 채택함으로써, 미국의 군사조치를 추후 승인하기에 이르렀다. 곧 이어 6월 28일에는 동경(東京)에 있던 미 극동군사령관인 맥아더 원수가 수원 비행장으로 내한하여 한강 남쪽, 노량진에서 전선을 시찰하고, 미 국방성에 지상군의 파견을 요청하기에 이르렀다.

이러한 미국의 군사조치는 다시 7월 7일에 안전 보장 이사회에서, 한반도에서의 UN의 군사 활동을 위하여 미국에게 최고 지휘권을 위임하는 결의를 채택함으로써 미국의 맥아더가 UN군 총사령관에 임명되고, UN군에 많은 우방국가가 파병을 하기에 이르렀다. 이로써, 한반도에서의 군사지휘권은 미국의 맥아더 원수에게 주어졌으며, 한국을 원조하기 위하여 육군과 해군. 공군 및 지상군을 파견한 16개국의 군대는 UN군사령관의 지휘를 받게 되었다. 이때 한국의 이승만 대통령도 한국군에 대한 작전 지휘권을UN군사령관에게 이양한다는 각서를 썼는데, 이것이 이른바 대전각서로서 7월 14일에 수교되었다.

8.15

제79주년 대한민국

광복절

하나님께서 세우신 나라
자유민주주의 대한민국

대한민국 제헌국회 기도문
- 대한민국의 첫 헌법은 이 기도의 정신을 바탕으로 만들어졌다.-

우리에게 독립을 주신하나님!

제헌국회 개원식에서 연설하는 국회의장 이승만

이승만연구원
李承晩研究院
The Syngman Rhee Institute

상해 이승만 대통령 환영회

▲ 상해 이승만 대통령 환영회

大韓民國三年一月一日
臨時政府及臨時議政院新年祝賀式紀念撮影

▲ 1921년 임정 신년축하 기념사진

1948년 5월 31일, 대한민국의 역사적인 제헌국회 개원식이 거행되었다. 초대의장에 이승만, 부의장에 신익희, 김동원 의원이 선출되었다. 이날 의원 일동이 기립하여 감사기도를 올렸다. 당시는 '정치와 종교는 분리된다'라는 헌법조항이 없었기에 허용되었다. 임시의장 이승만 박사가 의장석에 등단하여 전 국회의원들에게 먼저 하나님께 기도하자고 제의하고, 이윤영 의원(목사)이 기도했다.

▶ 임시의장(이승만)

대한민국 독립민주국 제1차 회의를 여기서 열게 된 것을 우리가 하나님에게 감사해야 할 것입니다. 종교, 사상 무엇을 가지고 있든지, 누구나 오늘을 당해가지고 사람의 힘으로만 된 것이라고 우리가 자랑할 수 없을 것입니다. 그러므로 하나님에게 감사를 드리지 않을 수 없습니다. 나는 먼저 우리가 다 성심으로 일어서서 하나님에게 우리가 감사를 드릴 터인데 이윤영 의원 나오셔서 간단한 말씀으로 하나님에게 기도를 올려주시기를 바랍니다.

▶ 이윤영 의원 기도(일동기립)

이 우주와 만물을 창조하시고 인간의 역사를 섭리하시는 하나님이시여 이 민족을 돌아보시고 이 땅에 축복하셔서 감사에 넘치는 오늘이 있게 하심을 주님께 저희들은 성심으로 감사하나이다.
오랜 시일동안 이 민족의 고통과 호소를 들으시사 정의의 칼을 빼서 일제의 폭력을 굽히시사 하나님은 이제 세계만방의 양심을 움직이시고 또한 우리 민족의 염원을 들으심으로 이 기쁜 역사적 환희의 날을 이 시간에 우리에게 오게 하심은 하나님의 섭리가 세계만방에 현시하신 것으로 믿나이다.
하나님이시여, 이로부터 남북이 둘로 갈리어진 이 민족의 어려운 고통과 수치를 신원하여 주시고 우리 민족 우리 동포가 손을 같이 잡고 웃으며 노래 부르는 날이 우리 앞에 속히 오기를 기도하나이다.
원컨대, 우리 조선독립과 함께 남북통일을 주시옵고 또한 민생의 복락과 아울러 세계평화를 허락하여 주시옵소서.

거룩하신 하나님의 뜻에 의지하여 저희들은 성스럽게 택함을 입어 가지고 글자 그대로 민족의 대표가 되었습니다. 그러하오나 우리들의 책임이 중차대한 것을 저희들은 느끼고 우리 자신이 진실로 무력한 것을 생각할 때 지와 인과 용과 모든 덕의 근원되시는 하나님께 이러한 요소를 저희들이 간구하나이다.

이제 이로부터 국회가 성립되어서 우리 민족의 염원이 되는 모든 세계만방이 주시하고 기다리는 우리의 모든 문제가 원만히 해결되며 또한 이로부터서 우리의 완전 자주독립이 이 땅에 오며 자손만대에 빛나고 푸르른 역사를 저희들이 정하는 이 사업을 완수하게 하여 주시옵소서.

하나님이 이 회의를 사회하시는 의장으로부터 모든 우리 의원 일동에게 건강을 주시옵고, 또한 여기서 양심의 정의와 위신을 가지고 이 업무를 완수하게 도와주시옵기를 기도하나이다.

역사의 첫걸음을 걷는 오늘의 우리의 환희와 우리의 감격에 넘치는 이 민족적 기쁨을 다 하나님에게 영광과 감사를 올리나이다.

이 모든 말씀을 주 예수 그리스도 이름 받들어 기도하나이다. 아멘.

(이윤영 목사는 기독교대한감리회 목사이다)

근대사를 상기해 보면 초대 대통령 이승만은 1945년 크리스마스를 국경일로 지정하고 기독교계의 요구를 수용해 형목 제도를 만들어 교도소 교화 사업을 기독교가 전담하도록 했다. 1947년 서울 중앙방송을 통해 선교 방송을 하게 하였으며, 국기 우상화, 반대 운동을 펼쳐 국기 배례를 '주 목례'로 바꾸고, 군종 제도를 실시해 군 선교를 하도록 했다. 또 경찰 선교를 시행하고, 기독교 청년회(YMCA) 등 기독교 단체에 후원하였으며, 1954년에 기독교 방송국을, 1956년에 극동방송을 설립하여 이에 따라 군의 경우 1950년 군종창설 당시 5%에 불과했던 군내 기독교인 비율은 1956년 15%까지 상승했다.

이승만은 해방 뒤 귀국해 1945년 11월 한 연설에서 "지금 우리나라를 새로이 건설하는데 있어서 튼튼한 반석 위에다 세우려는 것입니다" "오늘 여러분이 예물로 주신 이 성경 말씀을 토대로 해서 세우려는 것입니다. 부디 여러분께서는 하나님의 말씀으로 반석을 삼아 의로운 나라를 세우기를 위해 매진합시다."라고 했다. 이어 1946년 3.1절 기념식에서는 "한민족이 하나님의 인도하에 영원한 자유 독립의 위대한 민족으로서 정의와 평화와 협조의 복을 누리도록 합시다."라고 했다. 또 1948년 5월 27일 국회의원 예비

회의에서 임시의장으로 선출, '하나님과 순국선열과 3천만 동포 앞에 감사 선서함'이란 문구의 선서문을 채택했다. 이어 4일 뒤인 1948년 5월 31일 제헌국회 개원식에선 "대한민국독립 민주 국회 제1차 회의를 열게 된 것을 하나님께 감사해야 할 것"이라며 당시 제헌국회 의원이자 감리교 서부연회장인 이윤영 목사를 단상에 불러 기도를 부탁했다.

역사적인 대한민국 처음 국회가 목사의 기도로 문을 열었다는 것이다. 이승만은 그해 7월 24일 대통령의 취임식에서도 하나님의 은혜를 되새기며 "오늘 대통령 선서하는 이 자리에서 하나님과 동포 앞에 나의 직책을 다하기로 한 층 더 결심하며 맹세합니다."라고 밝혔다. 이는 하나님께 약속한 일이 이 민족 가운데 이루어지게 하는 사명 의식이 필요하다는 것을 상기시키는 대통령 취임사였다.

이렇게 대한민국은 건국 초기에 하나님과의 언약의 당사자로 국가적인 차원에서 1948년 5월 31일 하나님과의 분명한 언약 관계를 맺었다. 동족상잔의 비극인 6·25 3년 전쟁의 폐허 속에서 혹자는 당시, 대한민국이 전쟁의 폐허를 복구하려면 족히 100년은 걸려야 회복이 될 것이라고 할 정도로 그 참상은 실로 끔찍했다. 전 국토는 회생 불가할 정도로 완전 초토화되어버렸다. 우리 민족이 6·25의 폐허를 급속도로 복구하고 산업, 군사, 경제, 교육, 문화 등을 기적같이 발전, 부흥시킨 것은 집권자의 지도력이나, 기업의 공헌, 국민의 근면에서만 기인했다고 설명할 수는 없다.

6·25의 참상을 겪은 하나님과 언약의 당사자인 한국교회의 간절한 눈물의 기도가 있었기 때문임은 두말할 나위가 없다. 하나님께서는 하나님과 언약 관계의 당사자인 우리 자유대한민국을 빠르게 회복시켜주셨다. 대한민국을 세계 10대 경제 대국, 군사, 교육, 문화 대국으로 만들어주셨고 세계 선교 대국이 되게 하셨다. 넘치는 부요와 풍요로움 속에 부족한 것이 없을 정도도 잘 먹고 잘살도록 축복의 통로로 길을 활짝 열어주신 것은 하나님과의 언약의 당사자로서 가정과 사회, 문화, 국가를 성서 위에 바르게 세우는 건전한 기둥을 이루도록 한국교회에 주신 사명이요 몫이었기 때문이다.

그러나 한국교회는 하나님과의 언약의 당사자로 언약을 파기하기 시작했다.
그 결과 지금 한국교회는 혹독한 하나님의 심판 속에 들어있다.
그래도 정신 못 차리면 심판의 혹독함은 더 할 것이다.

대한사람
대한으로
길이 보전하세

자유민주주의 나라
대한민국 건국 대통령
우남 이승만은
보석 같은 인물이었다.
나라는 약했지만,
이승만은 강한 지도자였다.

"공산주의자에게
굴복하지마라"
- 이승만-

자유민주주의 나라 대한민국 건국 대통령 우남 이승만은 보석 같은 인물이었다. 나라는 약했지만, 이승만은 강한 지도자였다. 이승만이 국제적으로 얼마나 중요한 인물이었는가는 그가 유학생 자격으로 미국 땅을 밟은 1904년부터 하와이에서 생을 마감한 1965년까지(뉴욕타임스) 게재된 1,256건에 이르는 기사로도 알 수 있다.

이승만은 '대륙문명권'에 속했던 우리 민족을 '해양문화권'으로 확실하게 편입시켰다. 다시 말해 이승만은 문명사적 전환을 주도한 인물이었다.

우리 대한민국이 오늘날의 자유와 번영을 누리게 된 것은 구한말부터 형성되어온 문명개화의 꿈을 국가 차원에서 실현한 개화파 지식인인 이승만의 공로였다. 오늘에 이르기까지의 대한민국의 지도자들은 이승만이 그처럼 어렵게 만들어 놓은 반석 같은 자유민주주의 토대 위에서 오늘날 '자유와 번영'을 이룩해낼 수가 있었다

아쉬운 점은 '대한민국의 건국'이 헌법 전문에서 빠져있다는 것이다. 그것은 이승만에 대한 부정적인 평가가 만연한 결과이기 때문이다. 역사 이래 어느 왕조이든, 대통령이든 공, 과실이 없을 수가 없다. 이것을 인정하지 않으려는 불온 세력들의 선동과 주장들, 나아가서 국민적 자존감의 결여이다. 분명한 것은 해방 3주년이 되는 1948년 8월 15일 대한민국의 건국과 정부 수립을 만천하에 널리 선포하였다는 것이다.

누가 뭐래도 이승만은 한국 현대사에서 지울 수 없는 거목 중에 거목巨木이다. 소련과 미국의 신탁통치를 거부하고 대한민국을 세웠다. 한미방위 조약을 체결하여 대한민국의 안보와 국방의 틀을 견고히 세웠고 그 틀 위에서 대한민국이 세계적 역량을 발휘하는 기초(초석)를 다져놨다. 이때 만일 이승만 대통령이 없었고 미군이 대한민국에서 철수했다면 당시 혼란한 시대의 여건상 대한민국은 곧바로 공산화가 되었을 것이다. 교회는 다 무너지고 지금은, 우리와 우리의 후손들은 공산 치하에서 김일성 삼부자의 우상화와 모진 핍박과 고문, 고통 속에서 차마 죽지 못하고 근근이 생명을 연명하고 있을 것이다.

이승만은 한반도의 공산화를 막은 자유민주주의자이며, 철저한 반공주의자였다. 지금 우리가 누리는 자유와 번영은 이승만 대통령이 우여곡절 끝에 닦아 놓은 토대 위에서 이루어진 것임을 후손인 우리는 잊지 말아야 할 것이다.

클라크 유엔군 사령관은 회고록 '다뉴브강에서 압록강까지'에서 "이승만은 지혜롭고 존경할 만한 애국자다. 그 앞에 서기만 하면 나는 소년처럼 작아진다."라고 술회할 정도다. 그는 강력한 리더십을 갖고 작지만 큰 나라와 겨룰 만큼 강한 리더십의 소유자로 그것이 열강의 틈 속에서 살아남는 기적을 만들어 냈다. 이승만의 결단과 리더십, 국제적 감각과 외교력, 뛰어난 통찰력까지 그가 없었으면 전쟁에서 살아남을 수 있었을까? 그는 대한민국의 초대 대통령으로 대한민국의 건국을 세계에 선포한 대통령이며, 공산침략으로부터 나라가 풍전등화에 처해 있을 때 나라를 구한 대통령이다. 이렇게, 하나님께서는 대한민국을 사랑하셔서 이승만 같은 지도자를 미리 예비해 놓으신 것이다.

이승만의 결단과 리더십, 국제적 감각과 외교력, 뛰어난 통찰력까지 그가 없었으면 전쟁에서 살아남을 수 있었을까? 그는 대한민국의 초대 대통령으로 대한민국의 건국을 세계에 선포한 대통령이며, 공산침략으로부터 나라가 풍전등화에 처해 있을 때 나라를 구한 대통령이다.

자유대한민국의 國父, 건국 대통령 이승만

2024년 8.15, 76주년 건국절

이승만은 자유대한민국의 建國 대통령이며
진정한 國父로서 존경받을만한 보석 같은 존재이다.

▲ 대한민국 제헌국회 헌법 기초위원회 일동(1948년 7월)

아름드리나무, 든든한 뿌리와 같은 이승만

사람이나 나무는 그 근원과 생명의 원천인 뿌리가 있듯이 정상적인 국가라면 국가의 뿌리인 건국일과 건국 대통령이 반드시 존재한다. 마찬가지로 자유대한민국의 뿌리와 건국 대통령도 당연히 존재할 수밖에 없으며, 올바른 역사관과 정상적인 사고를 하는 사람이라면 그 뿌리가 우남羽南 이승만李承晩 대통령임을 부인할 수 없을 것이다. 뿌리가 없는 나무가 생존할 수 없듯이 이승만을 잊은 대한민국은 있을 수 없다. 대한민국의 건국과 이승만은 떼려야 뗄 수 없는 불가분不可分의 관계이다.

이승만은 오늘의 자유대한민국이라는 아름드리나무의 든든한 뿌리와 같은 존재였다. 만약, 이승만이 없었다면 십중팔구 지금, 우리는 조선민주주의인민공화국 공산 공포 정권 치하에서 김일성 삼부자 만세삼창을 목이 터져라 외치며, 그들의 동상 앞에 꿇어 엎드린 채 죽지 못해 근근이 초근목피草根木皮의 비참한 삶을 살아가고 있을 것이다.

지난 문재인 정부는 이승만의 건국을 인정하지 않고 임시 정부를 대한민국의 뿌리라고 인식하는데서 시작됐다. 대한민국을 '태어나지 말았어야 할 나라'라고 규정했다. 완전한 역사 왜곡이다. 태어나지도 않은 나라가 76년 동안 이렇게 잘 먹고 잘살 수는 없다. 세상에 태어나지 말았어야 할 존재는 그 무엇도 없다. 안철수는 과거 문재인 정부를 "7無 대통령"이라 말하며 과는 많고 공은 하나도 없는 유일한 정권이라고 진단했다.

이승만 대통령이 자유대한민국을 굳건히 지켜줬기 때문에 세계열강들의 각축 속에서도 건재하게 서 있는 것이며, 우리 모두가 안전하고 평화로운 가운데 부족함 없이 풍요를 누리며 살아가고 있다.

우리 자유대한민국은 반만년의 유구한 역사를 자랑한다지만, 긴 역사만큼이나 파란만장했던 굴곡진 피의 역사는 이루 다 말할 수 없다. 허나, 수많은 질곡의 역사 가운데 비례해서 작금의 시대처럼 가장 풍요롭고 자랑스러운 시기 또한 없었다. 우리의 선진들이 위험을 무릅쓰고, 목숨을 초개와 같이 여기며 나라를 지켜왔던 것은 결국 오늘과 같은 부강한 자유대한민국을 꿈꿔왔기 때문이다.

우리는 전 세계에서 유일하게 후대를 생각할 줄 아는 민족이었고, 후대를 위해 이처럼 세계가 부러워하는 강국을 만들었다. 나라를 빼앗기고 36년이라는 수모와 혹독한 일제의 침탈을 거치고, 제2차 세계대전과 6·25전쟁 이후 포화의 잿더미 속에서도 보란 듯이 경제성장 1위라는 최상의 발전과 부흥을 이뤄낸 기적의 나라이다.

6·25전쟁 이후 우리 자유대한민국을 바라보는 세계의 시선은 주로, 대한민국의 전후 회복은 100년에 걸쳐서야 겨우 회복될 수 있다고 할 정도로 전 국토는 전쟁의 참화로 초토화 그 자체였다. 미국은 "이제 대한민국은 희망이 없는 나라다". 영국 또한 "더 이상이 이 나라는 미래가 없는 나라이다". 프랑스는 "평생 후진국이 될 것이다"라는 혹평은 참혹한 6·25전쟁 이후의 당시 상황을 너무나 잘 설명해 주고 있다.

대한민국은 이름도 없는 세계 최변방 최빈국이었으며, 미국(UN)의 물자 원조 없이는 도저히 살 수 없을 정도로 잿더미 위에 놓여 있던 회복 불능의 나라였다.

그랬던 이 나라가 이제는 어엿이 세계 10위의 경제 대국, 세계 6위의 무소불위의 국방력, 세계 1위의 IT 강국으로 세계가 롤 모델로 주목하고 있는 선진국반열의 나라로 성장하며 세계중심 국가로 발돋음을 하고 있다. 우리 생애에 이렇게 나날이 시시각각으로 변모하는 나라를 보게 되고 이런 나라에서 산다는 것 또한 하나님의 은혜요 축복이 아닐 수 없다.

이승만, 자유민주주의 국가로 대한민국 건국

참혹한 6·25전쟁 이후 전 국토가 황폐화가 된 세계 최악의 빈민 국가에서의 대

역전은 과히 홍해의 기적이 아닐 수가 없다. 이 기적을 과연 누가 만들었으며, 이 기적이 과연 어떻게 가능했을까? 먼저는 하나님의 전적인 은혜와 축복이다. 또한 기독교 정신의 나라를 세우려고 고통과 희생을 감내하며 밤낮으로 뛰어다닌, 이승만과 같은 불세출不世出의 지도자가 있었기 때문이다.

일찍이 이승만과 같은 지략이 있는 지도자의 지도와 역량이 없었다면 오늘날과 같은 선진국 대열의 부강한 국가를 결코 이뤄낼 수가 없었을 것이다. 이승만의 등장과 그의 희생은 잿더미뿐인 폐허 위에 자유대한민국을 일으켜 세우는 초석이 되었다.

이승만은 미국이라는 나라를 자유대한민국의 든든한 지렛대로 십분 활용하여 김일성과 러시아, 중국 공산당의 남침야욕을 분쇄한 사람이다. 그는 대단한 전략가이자, 미래를 뚫어보는 통찰력과 예지가 넘치는 외교의 귀재요 희대의 영웅이자 거목巨木이었다.

프로파간다, 가스 라이팅의 존재들

그런데도 감사를 모르는 뒤틀린 역사관을 가진 사람들이 이승만 대통령의 잘못된 단면만 꼬집어 강조하다 보니, 그들에게서 왜곡되고 편향된 교육을 받아 온 사람들이나 그들의 프로파간다 propaganda(일정한 의도를 갖고 세론을 조작하여 사람들의 판단이나 행동을 특정 방향으로 이끌어 가는 것. 선전, 선동)에 끌려들어 간 사람들은 당연히 이승만 대통령을 나쁜 사람이라고 가스 라이팅(자기 쪽으로 유리하도록 심리적 상황을 조작해서 상대방의 판단력을 완전히 잃어버리도록 하는 행위)을 당할 수밖에 없었다.

아무리 뛰어난 영웅호걸이나 지도자들도 공과 사는 있기 마련이며, 대한민국 건국의 정체성을 부정하려는 사람의 입장에서 가장 건드리기 좋은 인물이 이승만일 수밖에 없을 것이다.

지금 좌파 교육감들과 좌 편향 전교조 조직들이 교육 환경에 대거 포진하고 있다. 그들은 좌파 김구를 내세우며 찬양 고무하다시피 하고, 이승만 대통령에 대해서는 온갖 비하 발언을 하며 심하게 왜곡된 교육을 순진무구한 학생들에게 반복해 오고 있다.

중고생 70%가 배우는 교과서는 대한민국 건국을 정부수립으로 기술하고, 북한을 조선민주주의인민공화국 수립으로 묘사해 정부 수립의 정통성과 합법성이 김일성 정권에 있는 것으로 가르치고 있다. 이와 같이 좌편향된 교육을 받은 젊은 세대는 이승만을 꺼내면 친일파 독재를 변호하고 합리화한다고 비난하기 일쑤이다. 심지어 도올 김용옥은 우리 대한민국의 국부 이승만을 '개새끼'라고도 부른다.

이상하게도 우리나라 근현대사에 가장 중요한 인물인 건국 대통령 이승만과 조국의 근대화를 이뤄낸 박정희 대통령에 대해서는 부정적으로 비판하는 젊은이들이 많다. 그런데 더 이상한 점은 두 사람을 그렇게도 비판하면서도 북한의 3대 세습을 통한 인류 최악의 전체주의 체제에 대해서는 침묵으로 일관하고 있다. 이승만, 박정희에 대하여는 '독재자, 친일파'로 매도하고 북한의 공개처형, 정치범 수용소, 인권유린, 핵무기와 미사일개발에 대해서는 침묵하고 있다.

이렇게 부끄러운 역사로 가르쳐 패배감을 심어줌으로 학교 현장에서의 성숙한 인간교육과 안보교육에 실패하고 있다. 지금은 불행하게도 좌파세력이 대한민국의 교육, 언론, 문화 3박자를 모두 장악하다시피 한 심각한 상태이다.

그들은 조작질의 고수들이요, 마구잡이로 아니면 말고 식의 우기고 보는 뻔뻔하기 그지없는 선동의 달인이요, 내로남불, 갈라치기와 거짓말의 고수들이다. 그리고 이들은 계속해서 갖가지 궤변들로 이승만의 실책을 거론하여 이승만의 공의 업적을 전부 삭제 없애버리려 한다. 이승만의 업적을 쏙 빼놓고 정리하는 것은 그 의도가 충분히 악의적일 수밖에 없으며, 이들의 악의적인 레퍼토리는 오랜 세월 바뀌지도 않고 집요할 정도로 반복하며 전수 되고 있다.

뿐만 아니다. 그들의 최대목표는 어떻게 해서라도 이승만을 악덕 군주로 바꾸는 것이다. 그 순간 우리는 대한민국 역사상 가장 위대했던 보석 같은 대통령을 잃게 되니까 말이다. 이승만은 19세기 말부터 한민족이 겪은 슬픈 역사의 표상이다. 그러나 그 슬픈 역사를 자유대한민국의 건국이라는 희망찬 미래의 역사로 전환시킨 인물이 바로 이승만이다.

좌파 정권 15년 동안 자유대한민국 건국의 역사가 왜곡되거나 뿌리째 흔들려 뽑혀 나갈 뻔한 아찔한 상황들이 수시로 연출되었지만, 천년의 시간이 지난들 이승만은 자유대한민국을 대표하는 초대 대통령이며, 자유대한민국의 건국일(절)은 분명히 1948년 8월 15일임을 부인할 수 없으며, 자유대한민국의 건국대통령과 國父는 자연히 이승만을 떠올릴 수밖에 없다. 이승만은 하나님께서

▲ 대한민국 초대 대통령 및 부통령 취임식이 1948년 7월 24일 오전 10시부터 중앙청 광장에서 열렸다.

준비해 두신 대한민국의 상징과도 같은 탁월한 존재이며 표상이다.

또한, 이들은 이승만을 친일파, 독재자라고 비판하며 적대시한다. 이는 혼란한 해방정국에서의 건국과정을 모르고 하는 억지 주장일 뿐이다. 해방정국에서의 공산당에게 나라를 빼앗기지 않기 위해 일제에서 근무했던 사람을 부득불 재기용할 수밖에 없는 상황이었다. 이승만에게는 친일파를 청산하는 것도 중요했지만, 조선노동당의 지령에 따라 남한에서 활동하는 남로당 추종자들인 좌익세력이 중심이 된 공산주의를 청산하는 것이 더 시급한 과제였다.

해방 이후 대한민국의 경제도 암울한 상황이었지만 더 시급한 문제는 국가의 기강을 바로잡고 자유민주주의를 세워가며 지키는 데 있었다. 적대적인 이념대결로 치열했던 냉전 시대 속에서의 분단 상황은, 앉으나 서나 나라 생각과 국가 안보를 책임져야만 했던 철저한 반공주의자 이승만에게는 그 무엇과도 바꿀 수 없는 절대적 가치였기 때문이다.

대다수의 국민들은 "초대(건국) 대통령 이승만이 강력한 반공 정책을 펼쳐 공산주의 세력으로부터 자유 민주주의를 지켜낸 것을 알고 있는데, 좌파 세력은 입만 열면 김구 좌우 합작을 통해 우리나라를 김일성이 주도한, 공산주의 통일 국가로 건국하지 못한 것은 이승만 때문이라며 이승만을 원흉으로 몰아가고 있다. 그러나 이승만은 반공으로 나라를 수호하였고 자유민주주의 시장경제로 국가의 틀을 세워 오늘의 자유 민주주의 국가 대한민국을 세웠다.

이승만, 공산주의와 타협은 적화 음모 방조

이승만은 자신의 대통령 자리가 위태로운 줄을 뻔히 알면서도 대한민국이 공산화되는 것을 막기 위해 필사적으로 일선에서 최선을 다했던 사람이다. 이승만은 상해임시정부의 초대 대통령, 대한민국 건국 초대 국회의장, 초대(건국) 대통령으로 자유대한민국의 건국을 세계만방에 선포한 대통령이다. 그리고 공산 침략으로부터 풍전등화風前燈火 일촉즉발 一觸卽發 찰나의 위기에서 나라를 구한 구국 대통령이다.

지금의 자랑스러운 우리 자유대한민국은 누군가가 선물해 준 것이 아니다. 해방정국에서의 공산 일념으로 날뛰는 남로당 공산주의자(지금의 좌편향 주사파)들과 피땀 흘리며 악전고투 속에서 국민을 지켜내며 자유민주주의 국가를 건국케한 한 사람의 값진 희생과 헌신이

있었기에 북한이라는 시한폭탄을 머리에, 휴전선을 지척에 두고도 우리 모두의 안위와 평안을 누리며 오늘을 살아갈 수 있는 것이다.

이승만은 공산주의와 타협하는 것은 적화 음모를 방조하는 것임을 일깨워 주며 공산주의와 민주주의 간에는 중립이란 존재 할 수 없다고 못 박고, 단지 싸워 이겨야 할 대상이며 위장된 평화를 물릴 칠 수 있는 힘은 자유와 정의뿐이라는 신념이 확고한 사람이었다.

해방정국의 걷잡을 수 없는 혼란한 위기 속에서 이승만이 자유대한민국을 건국하지 않았다면? 참혹한 6·25전쟁 속에서 살아남을 수 있었을까?? 만약, 이승만이 없었다면??? 진작 우리는 김일성이 주도하는 조선민주주의 인민공화국에 흡수 통일되어 김일성, 김정일, 김정은 삼부자에게 일찌감치 쥐도 새도 모르게 처형당했거나 정치범 수용소에서 평생을 고생하다가 죽음을 면치 못했을 것이며, 한국교회는 두말할 것도 없이 몽땅 불태워지던지 폐허가 됐을 것이다.

이승만은 미래, 오늘의 자유대한민국의 초석을 다져놓을 정도로 그만큼 강력한 리더십, 국제 감각과 탁월하고도 뛰어난 외교력과 정확한 통찰력으로 대한민국

의 생존과 안보는 '좋으나 싫으나' 미국의 의지와 정책에 달려있다는 당면한 현실을 정확하게 직시했다. 대한민국이 자유민주주의 국가로 발전할 것인지 공산주의 국가로 갈 것인지는 이승만만이 풀어야 할 중차대한 숙제였다.

이승만의 한미방위조약, 한미동맹 대한민국을 반석 위에

이승만 대통령이 한미방위조약을 체결함으로 지금까지 우리 대한민국의 자유민주주의는 굳건히 수호될 수 있었다. 이승만이 이룩한 한미동맹이 없었다면 대한민국의 눈부신 경제 발전은 불가능했다. 이승만은 힘없고 만만한 국가는 필연적으로, 수시로 열강이나 오랑캐의 속국이 되어 한없이 짓밟힐 수밖에 없다는 역사의 만고불변의 진리를 간과하지 않고 있었다.

이승만이 취한 한미방위조약체결과 군사원조, 미군주둔, 경제 원조를 확보한 후에 6·25전쟁의 휴전을 받아들인 자세는 대한민국의 외교사의 큰 성공이 아닐 수가 없다. 우리 주변에 민폐 국가들이 즐비한 것을 보면서 이승만의 토대 위에서 일궈낸 자주국방의 힘이 얼마만큼 소중한 것인지 후대들에게 일깨워 줘야 한다.

이승만은 이렇게 외교 감각이 뛰어난 '외교가'였다. 연마되고 준비된 탁월한 수완 능력으로의 대미 외교에서 그의 진가는 서슴없이 발휘됐다. 만약 그가 없었다면 지금의 세계 10대 경제 대국 6위 군사 강국, IT 강국, 문화강국 또한 꿈도 꾸지 못했을 것이다.

어느 국가, 뛰어난 영웅호걸, 대통령들일지라도 공과 실은 다 있다. 이승만의 공과도 분명히 존재한다. 당연히 있을 수밖에 없다. 그러나 우리는 위인들의 '공'의 업적은 더욱 갈고 닦아 빛나는 보석으로 가공해 내어 후세 역사의 길잡이가 되게 하고 '실'은 이념(사상)에 함몰되어 마냥 흠집만 내어 비틀어 깎아 내리며, 마녀 사냥식의 갈라치기로 치졸하게 폄하만 할 것이 아니라, 성숙한 자유민주 시민으로서 오늘의 우리, 내일의 후손들이 반면교사로 삼게 하여 국가 발전의 피가 되고 살이 되게 해야 할 것이다.

▲가족사진(큰누이,경선공,찬주,조카,이승만, 아내 박승선,1904년 11월)

▲ ① 프린스턴대학교 기숙사 핫지홀 ② 기독학생 대회 ③ 상하이 교민단 환영식(1920. 12. 28)
④ 광화문을 본떠서 지은 호루놀루 한인 기독교회(1939. 2)

이승만 대통령이 주도한 대한민국 건국을 기초로 하여 남북한이 극한 대치하고 있는 상황에서 박정희 대통령으로 이어오며 국가 주도의 모범적인 산업화와 근대화의 기적을 이뤄낸 것 또한 부인할 수 없는 일이다. 이를 기반으로 하여 지나온 대통령들이 크던, 작던 국가 발전에 이바지할 수 있었던 것이다. 우리 자유대한민국은 IT 강국이라는 전 세계 4차 산업의 최강국이 되었다.

사람이 먼저, 국민이 먼저가 아닌 북한이 먼저, 북송이 먼저,

반미를 외치면서도 자식들은 미국으로 유학 보내...

반면에 좌 편향된 주사파 세력들이 추종하는 김정은의 북한은, 세계 최빈국 수준에 폐쇄적 1인 체제의 인권유린 공포독재 집단이다. 이럼에도 좌, 주사파 세력들은 오히려 이 땅에서 자기네들이 잘 먹고 잘 면서 자유대한민국을 헬 조선이라 부르며 태어나지 말았어야 할 나라라고 악담들을 해댄다. 헬 조선이라고까지 부르면서 그들은 가증스럽게도 자유대한민국에서 온갖 것의 혜택을 다 받아 누리면서, 큰소리는 더 친다.

그 잘난, 문 정권 5년 내내 고작 한 일이라고는 김정은의 2중대로 전락, 북한 집단의 눈치만 보며 하수인 역할을 하느라 제정신이 아니었다. 실적이라고는 여기저기 터져 나오는 경제 파탄과 경악을 금치못 할 안보 실패의 성적밖에는 아무것도 없다. 문재인이 즐겨 쓰던 '사람이 먼저, 국민이 먼저'가 아닌, '북한이 먼저', '북송이 먼저'였다.

그들의 롤 모델인 친 중, 친 러를 부르짖는 북한은 상위 1% 정도 빼놓고 모든 인민은 지금 아사 일보 직전이다. 반면에 친미를 하는 우리 자유대한민국은 이렇게 세계 10대 경제 강국이 돼서 세계가 주목하는 부강한 나라가 됐다. 그들은 있지도 않은 광우병 사태를 조작, 촛불 시위를 일으키고, 자나 깨나 반미를 그렇게 외치면서도 자식들은 미국으로 앞다투어 유학 보낸다. 아예 미국에서 사는 사람들도 많다. 그뿐만 아니라, 휴가 차, 출장, 관광 등, 또는 자식들 만나러 이런저런 명분으로 수시로 미국을 들락거린다. 참으로 후안무치한 자들이 아닐 수가 없다.

우리 자유대한민국을 다녀간 외국 관광객들은 이구동성으로 대한민국처럼 살기 좋고 안전한 나라는 없다고 한다. 교통 문화는 세계 제일이고, 어딜 가나 장소와 관계없이 인터넷이 잘 터져 놀랍다고 한다. 우리에게는 일상이라 당연시 여겨지는 것들이 그들에겐 마냥 신기할 뿐이다.

글을 마치며

'손톱 곪는 것은 알아도 염통 곪는 것은 모른다'는 말이 있다. 대한민국은 지금 이념의 벼랑 끝에 서 있다. 대한민국 젊은 세대의 염통을 곪게 만드는 전교조, 또는 좌파 교육감들의 실체에 대해서 방관만 할 것이 아니라, 자유민주주의 대한민국 미래의 안위를 위해서라도 때늦은 감은 있지만 한목소리를 내고 바로잡아 줘야 할 때이다.

교육 현장이 저들에 의해서 속수무책으로 무너지는데 이렇다 할 대안이 없다. 후대에 올바른 역사관과 국가관을 물려주기 위해서 이제부터라도 물러서면 안 된다. 한발 물러서면 반드시 두발 들어온다는 경각심을 갖고 준비(대비) 하는 것만이 미래세대에 대한 미룰 수 없는 대책이다.

▲ ①반탁에서 공산당지령으로 찬탁으로 입장바꾼 좌익 군중대회 ②닉슨 대통령과 ③인접 해양에 관한 선언 - 독도 영유권 문제 ④한미방어조약

우리는 지금부터라도 모든 한국교회가 한뜻으로 나서서 건국 대통령 이승만의 애국, 애족, 기독교 정신에 의한 건국이념에 대해 다시 한번 깊이 연구, 고찰하고 자유대한민국의 성숙한 미래를 위하여 가감 없이 진실을 올바로 가르치고 배우고, 숙지시킬 필요가 있다.

사람이나 국가나 내가 바로 든든히 서야 남도 나를 어려워하며 존경하며 인정해 준다. 우리는 후대에 물려줄 아름답고도 정직하고 정겨운 나라를 꿈꾸게 해주기 위해서는 무엇보다도 지금의 비정상을 정상화하는 것이 가장 시급한 문제이다.
〈Kojy〉

"공산주의와 민주주의 싸움에서 중립은 없다."
'공산주의와는 전염병과 싸우는 것처럼 싸워야 한다."
"치명적인 바이러스 공산주의 퇴치 투쟁, 미루면 재앙"
(이승만 대통령의 1954년 7월 방미 연설 초록 중)

▲ 5만 인파, 옛 총독부 건물 앞, 대국민 첫 연설 이승만.
　　뒤 - 윤치영, 좌 하지 중장 (1945.10.17)

▲ 1965년 7월 27일, 이승만 대통령 장례식 (국립묘지로)

상하원 합동회의 연설

자유는 공짜가 아니다!　83

대한민국 이승만 초대 내각과
북한 김일성 초대 내각 비교

▶ 대한민국 초대 내각(독립운동가 출신)

·이승만 대통령(상해 임시정부 초대 대통령, 독립운동가)

·이시영 부통령(상해임시정부 내무총장, 60억 원을 독립운동에 바침)

·이범석 국무총리, 국방장관(광복군 참모장)

·이윤영 무임소장관, 정무장관(국내항일 운동)

·이청천 무임소장관(광복군 총사령관)

·장택상 외무장관(청구구락부사건)

·윤치영 내무장관(흥업구락부 사건)

·이 인 법무장관(항일 변호사, 한글학회 사건)

·김도연 재무장관(2·8 독립선언 주도)

·임영신 상공장관(독립운동가, 교육가)

·안호상 문교장관(항일교육자)

·전진한 사회장관(국내 항일)

·윤석구 체신장관(국내 항일, 6.25전쟁 중 인민군에게 총살)

·민희식 교통장관(재미 항일)

·조봉암 농림장관(국내 항일)

·김병연 총무처장(국내 항일)

·이순탁 기획처장(국내 항일)

·김동성 공보처장(국내 항일)

·신익희 국회의장(상해 임시정부 내무 총장)

·김병로 대법원장(항일 변호사)

·김동원 국회부의장(독립운동가)

·김약수 국회부의장(독립운동가)

▶ 북한 초대 내각(친일 핵심 간부)

·김영주 부주석, 당시 서열2위 김일성 동생(일제 헌병보조원)

·장헌근 임시인민위원회 사법부장, 당시 서열 10위(일제 중추원 참의)

·강양욱 인민위원회 상임위원장, 당시 서열11위(일제 도위원)

·이승엽 남로당 서열2위 월북 후 빨치산 유격투쟁 지도

 (일제 식량수탈기관 '식량영단' 이사)

·정국은 문화선전성 부부상(아사히 신문 서울지국 기자, 일본간첩 출신)

·김정제 보위성 부상(일제 양주군수)

·조일명 문화선전성 부상(친일단체 '대화숙' 출신, 학도병 지원유세 주도)

·홍명희 부수상(일제 '임전대책협의회' 가입 활동)

·이 활 초대 공군사령관(일제 일본군 나고야 항공학교 정예출신)

·허민국 인민군 9사단장(일제 일본군 나고야 항공학교 정예출신)

·강치우 인민군 기술 부사단장(일제 일본군 나고야 항공학교 정예출신)

·최승희 최고인민위원회 대의원(일제 친일단체 '예술인총연맹' 회원)

·김달삼 조선노동당 4.3사건 주동자(일제 일본군 소위)

·박팔양 노동신문 창간 발기인, 노동신문 편집부장(일제 만선일보 편집부장)

·한낙규 김일성대 교수(일제 검찰총장)

·장준택 행정10국 산업국장(일제 광산지배인 출신, 일본군 복무)

·한희진 임시인민위원회 교통국장(일제 함흥철도 국장)

6·25전쟁 잊지 말자!

좌파선전에 속지 말자.

공산당에게 이용당할 뿐이다.

전쟁은 한순간에 온다.

평화를 지키려면 전쟁에 대비해야 한다.

'나라를 지키는데 안보 이상의 가치는 없다.'

역사를 잘 받아들인 민족만이 국가의 문명을 꽃피운다.

공산주의는 피를 먹고 산다!

2024년은

3·1절 105주년

광복 79주년

건국 76주년

분단 79주년

6·25전쟁 74주년

인천상륙작전 74주년

한미동맹 71주년

우리는 언제든지 전쟁이 다시 발발할 수 있는 위험천만한
분단국가에서 살고 있다는 것을 한시라도 잊어서는 안 된다.

대한민국은 지금도 전쟁 중입니다

분단의 고통과 역사 왜곡은 지금껏 우리 사회를 이데올로기의 벽을 갖게 하고 아쉽지만 뛰어넘지 못하고 있는 한계로 남아 있다. 문민정부 이후 진보 진영의 평화 통일에 대한 감수성 함양 교육과 남북의 대립보다 평화 공존을 지나치게 강조한 나머지 휴전의 현실을 잊고 정전의 침묵이 마치 평화공존인 양 오해되는 것이 아닌가 하는 생각마저 들게 하고 있다.

글 / 최문구
영등포공업고등학교 교사

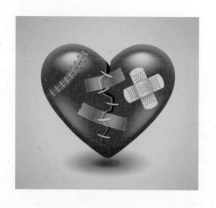

세계 200여 국가들은 국민들의 생명과 재산을 보호하며 행복한 삶을 누리게 자국의 군대를 통해 국가 방위 역량을 잘 갖추려고 노력한다. 근대를 뒤늦게 접하고 현대를 맞이한 한국은 모든 사회 전반이 일본 제국주의에 의해 기형적으로 접한 결과, 제자리를 찾아가는데 많은 시간과 비용이 지불되고 있다. 그 와중에 분단의 고통과 역사 왜곡은 지금껏 우리 사회를 이데올로기의 벽을 갖게 하고 아쉽지만 뛰어 넘지 못하고 있는 한계로 남아 있다.

광복 이후 남북 분단의 비극이 6·25 한국전쟁으로 이어지고 지금껏 70년을 넘어 민족의 과제요 통일한국을 향한 민족적인 대업으로 자손 대대 이어지고 있다. 극단적인 동서 냉전 시대에는 분단의 현실이 다소 과장되고 권위주의 정권에 의해 악용된 적도 있지만 문민정부 이후 진보 진영의 평화 통일에 대한 감수성 함양 교육과 남북의 대립보다 평화 공존을 지나치게 강조한 나머지 휴전의 현실을 잊고 정전의 침묵이 마치 평화공존인 양 오해되는 것이 아닌가 하는 생각마저 들게 하고 있다.

엄연히 6·25 참전용사들이 생존해 계시고 아직도 그들의 전쟁의 상흔과 증언이 생생한데 정전 중임도 잊혀 지고 있고 군사분계선, 공동경비구역(JSA), 비무장지대, 중립국 감시 등의 단어들에 대해서도 둔감해져 가고 있다. 해마다 전쟁이 발발한 6월과 휴전 협정 조인한 7월이 와도 미디어의 관심도 낮아지고 대부분의 국민들이 생각조차 하지 못하는 현실은 매우 심각하다.

6월에 6·25 노래와 현충일의 노래가 있음에도 5월 노래와 임을 향한 행진곡보다 덜 들리는 것은 왜일까? 오히려 중국이 더 기억하고 심지어 한국전쟁에서 승전했다는 주장까지 하는 현실에서, 북한의 남침사실이 엄연한데도 우리가 기억조차 못 하는 사실을 70년 넘게 정전 중인 한반도 사회에 경종을 울려야할 것 같다.

초중고 학교에서도 현재 전쟁 중인 한반도 현실을 두려워하기보다 정확히 판단하도록 정보를 제공하고 국력을 키워 통일과 평화를 향해 나아가야 한다. 최소한 학교 내 다양한 창체 활동과 자유 학기, 자유 학년 등의 교육활동을 통해 분단 현실을 체험하고, 사회, 역사 교과에서는 2차 세계대전의 전범 국가인 일본과 독일의 군국주의에 대해 미소 냉전의 결과인 분단과 6·25전쟁, 중국의 한반도 전략 등을 연결해서 교육한다고 생각한다.

또한 전쟁을 온몸으로 이겨내신 참전용사들과의 만남과 전쟁 역사 현장 체험을 통해 산교육을 진행해 야 한다. 역사는 반드시 반복된다. 여전히 일본의 탐욕은

그 실체를 개헌 의지로 드러내고 있고 중국 역시 동북아 공정으로 그 야욕을 보여주며, 우크라이나에 침략 전쟁 중인 러시아의 상황을 볼 때, 평화는 결코 주어지는 것이 아니라 기억하고 지켜내야 하는 것이다.

한반도의 분단은 지구상에서 가장 평화로우면서 가장 위태로운 곳, 비무장지대가 존재하는 한 우리는 동서냉전이 역사 속으로 사라진 지금에도 끝나지 않은 전쟁의 유산을 안고 살아간다. 전쟁의 기억이 우리에게 말하는 것은 단 하나, 다시는 전쟁이 일어나서는 안 된다는 것이다. 평화를 향해 나아가는 것이 우리들의 의무이기에 우리는 꼭 기억해야 한다. 이 모든 역사적 사실을. 그리고 후세에 계속 알리고 기억해야 한다. 그것이 우리의 의무요 사명이다.

학교에서는 더욱더 기억하도록 교육하고 다양한 교육활동을 통해 그 역사를 이어가야 한다. 역사를 잊은 민족은 역사 속에 사라져간다. 역사를 왜곡하는 나라들에 대한 승리의 길은 진실의 기억뿐이다. 진실의 기억은 반드시 거짓과 위선을 넘어설 것이기에반드시 우리는 기억하자. 그리고 희생에 대해 감사하며 지켜내도록 최선을 다하자. 그것이 우리의 사명이다.

우리는 왜 6·25전쟁을 기억해야 하는가?

나라 없는 개인은 존재하지 않으며 역사 없는 나라도 존재하지 않습니다.

이범희 목사 / 6·25역사기억연대 부대표 · 6.25역사위원장

6월은 전 국민이 순국선열과 호국영령을 추모하는 호국 보훈의 달입니다. 불법 무력 침략으로 자유대한민국을 적화 시키려고 전쟁을 일으킨 북한 공산당을 온몸으로 피 흘리며 자유대한민국을 지켜낸 호국 용사들을 잊지 않고 참전용사와 그 가족들에게 보훈한다고 하는 국가적 추모의 달이며 감사를 표시하는 날입니다

자유 대한민국의 역사는 우리 각 사람의 역사이기도 합니다. 자기 나라의 역사를 모른다면 자기 정체성을 올바로 세울 수 없고 그 자신의 근본이 무엇인지도 알지 못할 것입니다. 역사에 대한 정확하고 올바른 인식만이 자신의 현 위치를 아는 것이고 나라에 대한 자부심을 가지고 애국을 하므로 세계적으로 당당한 국가가 될 것입니다.

국립 현충원 사병 묘지 맨 앞에 중장 채명신 장군 묘비에 "그대들 여기 있기에 조국이 있다."라는 묘비명이 있습니다. 진심으로 자유대한민국을 사랑하는 애국 충정의 고백입니다.

해마다 6월은 전 국민이 순국선열과 호국영령을 추모하는 호국 보훈의 달입니다. 불법 무력

1950. 6. 25 04시 김일성의 폭풍이라는 암호로 시작된 무력 남침으로
3일 만에 서울이 함락 당하고 국군의 50% 병력인 4만 4천 명이
전사하거나 실종되었습니다.
3년간의 전쟁으로 전 국토가 80%나 파괴되었고,
400만 명의 인명피해와 수십만 명의 전쟁미망인, 고아, 상이군인들이
생의 위기를 맞았으며 한국의 저명인사들이 강제납북 되었고
1천명의 이산가족이 생겼습니다.

침략으로 자유대한민국을 적화시키려고 전쟁을 일으킨 북한 공산당을 온몸으로 피 흘리며 자유대한민국을 지켜낸 호국 용사들을 잊지 않고 참전용사와 그 가족들에게 보훈한다고 하는 국가적 추모의 달이며 감사를 표시하는 날입니다

만약 북한군을 막지 못했다면 지금 우리 자유 대한민국은 지구상에서 영원히 사라졌고 5천만 국민은 모든 자유를 빼앗긴 채 공산당의 비참한 노예가 되었을 것입니다. 당시 북한 공산정권은 인민군을 소련제 무기로 무장시켜서 철저하게 훈련시켜서 모든 군사력을 3.8선 근처로 이동시키고 남침 명령만 기다리고 있었습니다. 그러나 남한은 적의 남침 징후가 시급하다는 각 부대의 보고를 무시하고 오히려 농번기를 맞아서 병력의 3분의 1을 휴가와 외출을 보냈습니다.

1950. 6. 25 04시 김일성의 폭풍이라는 암호로 시작된 무력 남침으로 3일 만에 서울이 함락당하고 국군의 50% 병력인 4만 4천 명이 전사하거나 실종되었습니다. 3년간의 전쟁으로 전 국토가 80%나 파괴되었고 400만 명의 인명피해와 수십만 명의 전쟁미망인, 고아, 상이군인들이 생의 위기를 맞았으며 한국의 저명인사들이 강제 납북되었고 1천만 명의 이산가족이 생겼습니다.

또한 전 세계 21개국의 젊은이 546천 명이 죽거나 불구가 되었습니다. 이 엄청난 범죄를 저지르고도 김일성 집단은 한 번도 피해보상은커녕 단 한 번의 사과도 하지 않았습니다. 휴전 이후에도 끊임없이 청와대를 습격하고 무장공비를 보내서 침략해오고 있습니다.

지금도 종북 교수들은 북한의 주장을 옹호하고 책임을 희석시키고 있습니다.

고려대 최장집 교수는 "우발적인 국지전이 점차 전면전으로 확대되었다."고 하며 김명섭은 "평화통일을 지향하는 남북협상파 인사들의 노력이 이승만의 북진통일 노선과 물리력에 제한되어 평화통일 노력이 좌절되어 새로운 전쟁을 일으키게 되었다고 주장합니다.

연세대 박명집 교수는 사실상 6월 25일 새벽에 누가 먼저 총을 쏘았는지를 밝히는 것은 불가능에 가까울 뿐더러 중요하지도 않다는 악의에 찬 망언을 합니다. 과거의 역사를 올바르게 기억하는 민족은 결단코 잘못된 역사를 되풀이하지 않습니다. 이러한 사실을 뼈저리게 깨달은 민족이 바로 이스라엘 민족입니다. 이스라엘 야드바셈 홀로코스트 박물관 2층 전시실 동판에 "망각은 포로 상태로 이어지지만 기억은 구원의 비밀이다"라는 문구와 기념관 출입구에는 "용서하라, 그러나 잊지는 말라"라는 문구가 있습니다. 뼈아픈 역사를 잊지 않고 기억하므로 다시는 이러한 일을 되풀이하지 않겠다는 국가적 각오입니다.

이스라엘의 위대한 지도자 모세는 "옛날을 기억하라 역대의 연대를 기억하라 네 아비에게 물으라 그가 설명할 것이요 네 어른들에게 물으라 그들이 네게 이르리라"라고 준엄하게 명령합니다. 기억해야 할 옛일과 생각해야 할 역대의 사건에 대한 언급은 지금 우리가 사는 현실이 거저 얻어진 것이 아니라 조상의 댓 가가 있었다는 것입니다. 기억하라, 생각하라, 물으라, 이 3가지 명령은 올바르고 진실 된 역사 교육만이 자유대한민국의 통합과 영원한 번영의 뿌리가 된다는 것입니다.

하지만 우리의 현실은 6·25때와 다르지 않습니다. 북한은 한 순간도 적화통일 야욕을 멈추지 않고 군사력을 증강하고 거짓평화 공세를 합니다. 진보의 가면을 쓴 종북 주의자들은 대한민국 정체성을 부정하고 북한에 동조하고 있습니다.

1) 이승만은 친일파를 청산하지 않아서 남한은 정통성이 없다고 주장합니다.
2) 제주 4.3사건을 경찰과 국군이 미군정의 지도로 제주 양민 8만 명을 학살하였다고 주장합니다.
3) 여수 14연대 반란을 이승만 단독정부에 항거하는 여순 항쟁이라 주장합니다.
4) 6.25는 이승만을 앞세운 미국의 대리전쟁이며 지금은 남한이 미국의 식

우리 6 · 25를 기억하는 사람들은 종북 좌익들이 목표로 하고 있는
한반도 적화통일을 반드시 막아내며 6 · 25의 영웅들이
피 흘려 자유대한민국을 지켜낸 것처럼
반드시 자유 대한민국을 지켜내고 번영시킬 것입니다.
이 일을 위해서 6 · 25를 잊을 수가 없고 잊어서도 안 되며 반드시 기억해야 합니다.

민지라고 주장합니다.

5) 현재 민주당 등 자칭 진보세력은 1948. 8. 15 대한민국 건국을 인정하지 않습니다.

6) 진보세력은 문화 마르크스로 국민을 속이고 선동하고 있습니다.

저들의 거짓, 선전, 선동과 이간질에 정신을 빼앗기면 순식간에 모든 것을 빼앗기게 됩니다. 그러므로 그 비참한 6·25전쟁을 잊지 않아야 합니다.

그리고 우리는 자유 대한민국을 지키고 번영시키기 위해서

1) 굳건한 안보 의식으로 북한의 적화통일 야욕을 근절시켜야 합니다.

2) 북한의 꼭두각시 종북주의자들을 몰아내야 합니다.

3) 자유 민주주의 체제, 자유 시장 경제 체제, 굳건한 한미동맹, 기독교 세계관만이 7천5백만 남북한 민족 모두가 살길이요 평화통일을 앞당길 수 있습니다.

대한민국을 부정하고 자유 대한민국의 뿌리를 흔드는 종북 좌익들이야말로 반통일 집단임을 잊지 말아야 합니다.

우리 6·25전쟁을 기억하는 사람들은 종북 좌익들이 목표로 하고 있는 한반도 적화통일을 반드시 막아내며 6·25전쟁의 영웅들이 피 흘려 자유대한민국을 지켜낸 것처럼 반드시 자유 대한민국을 지켜내고 번영시킬 것입니다. 이 일을 위해서 6·25전쟁을 잊을 수가 없고 잊어서도 안 되며 반드시 기억해야 합니다.

6.25전쟁에서 대한민국을 구한 영웅들

창과 방패 II

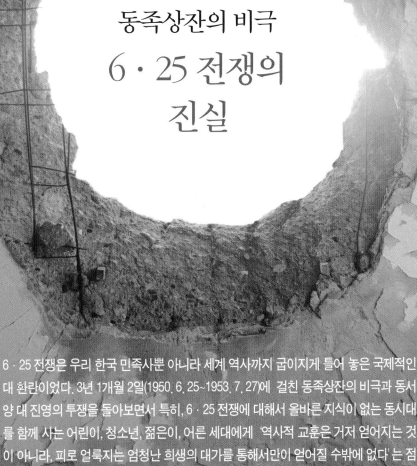

동족상잔의 비극

6 · 25 전쟁의 진실

6 · 25 전쟁은 우리 한국 민족사뿐 아니라 세계 역사까지 굽이지게 틀어 놓은 국제적인 대 환란이었다. 3년 1개월 2일(1950. 6. 25~1953. 7. 27)에 걸친 동족상잔의 비극과 동서 양 대 진영의 투쟁을 돌아보면서 특히, 6 · 25 전쟁에 대해서 올바른 지식이 없는 동시대 를 함께 사는 어린이, 청소년, 젊은이, 어른 세대에게 '역사적 교훈은 거저 얻어지는 것 이 아니라, 피로 얼룩지는 엄청난 희생의 대가를 통해서만이 얻어질 수밖에 없다' 는 점 을 확실히 알리고 다시는 이 땅에서 동포끼리 서로의 가슴에 총부리를 겨누며 지옥을 방 불케 하는 참혹한 비극이 되풀이되지 않도록 힘쓰며 최선을 다해 노력해야 할 것이다.

6.25전쟁 이전과
6.25전쟁 주요 개황

▲ 소련 스탈린, 중공 모택동 그리고 북한의 김일성,
이 3자는 세계를 공산주의화 하기 위한 전쟁,
6.25전쟁을 이르킨 전범자들이다.

서론

6.25전쟁 제74주년을 맞으면서,
발발에 따른 '미스터리' 들과
전쟁을 일으킨 '전범자(戰犯者)'들의
행위들을 살펴보는 것도 의의가
있으리라 여겨, 전투 개황에 들어가기 전
몇몇 상황들을 살펴보고,
6.25전쟁의 당일부터 7월 말까지의
전장(戰場)을 되돌아 보고자 한다.

[1] 6.25전쟁 '10대 미스터리'

초창기 국군의 장성 중 한 사람이었던
이형근(李亨根, 군번 1번)이 자신의 회고
록인 '군번 1번의 외길'을 월간 중앙에
연재하면서, 말미에 언급한 '10대 미스

터리'와 이에 대한 세간의 반론들도 재
음미해 봄직하여 여기에 옮긴다.

이는 6.25 전쟁이 발발한 1950년 6월 25
일을 전후해, 한국군에서 발생한 석연치
않은 사건들에 대해서 지적한 내용이며,
아래의 예시를 근거로 당시 한국군 내부
에 간첩 내지는 북한과 동조하는 세력이
있었을 가능성도 제시한 바 있었다.

1) 일선 부대의 적정 보고를 군 수뇌부에서 묵살 내지 무시(無視) 했다는 점.

6.25 발발 직전인 1950년 4~5월까지는
사단장이 지휘한 제8사단뿐만 아니라,
다른 사단에서도 적의 대규모 남침 징후
가 보인다는 보고가 잇따랐을 것이다.
제8사단의 경우 1950년 3월~5월 태백산
맥으로 침투한 이호재 부대의 잔당과 김
무현 유격대를 토벌하던 중 생포한 포로
들의 심문 결과, 이구동성으로 적의 대
규모 남침을 거듭 예고했기 때문에, 이
정보를 육본에 수차 보고했으나 반응이
없었음.

2) 각급 주요 지휘관의 이른바 6월 10일 인사이동

6.25가 발발하기 불과 2주일 전, 중앙요
직을 포함한 전후방 '사단장'과 연대급
의 대대적인 교류와 이동이 단행되었다.
중요한 것은 한꺼번에 많은 인사를 단행

한 것이 문제라는 점이다.

3) 전후방 부대의 대대적인 교대

6월 13일부터 6월 20일에 걸친 전후방 부대 교대 역시 부적절한 조치였다. 전투를 지휘해야 할 지휘관들이 적정이나 지형은커녕 부하들의 신상 파악조차 할 수 없었다. 2번)과 일맥상통한데 부대 교체도 조금씩 해야 하는데, 너무 한꺼번에 많은 부대를 동시에 교체하는 바람에 전력 공백을 야기케 했다.

4) 북한의 평화공세에 대하여 남한은 6월 11일부터 6월 23일까지 '비상경계령'을 내림.

그 이유는 6월 10일 이른바 <조국 통일 투사 체포 사건>에 대한 평양 방송이 맹렬한 비난과 무력행사 위협을 해왔기 때문으로 해석. 그러나 공교롭게도 6월23일 김일성이 남침 준비를 완료하고 대기하도록 결정된 날 자정에 비상경계령을 해제한 점이다.

5) 이런 위기 상황에서 육본은 비상 경계령 해제와 더불어 2분의 1에게 휴가를 주어 외출과 외박을 시켰다.

정말 황당한 것은 육본 정보분석 과에서 북한의 움직임이 심상치 않다는 보고를 육군참모총장에게 올렸음에도 불구하고 이런 조치를 취했던 것이다.

6) 육본 장교클럽 댄스파티가 6월 24일 밤에 열렸다.

육군 장교클럽 낙성 파티를 연다고 전후방 고급 장교들에게 초청장을 보냈다. 참석 장교들은 6월 25일 새벽까지 술과 댄스를 즐겼으며, 일부 미 고문관과 한국 장교들은 2차를 가기도 했다고 한다.

7) 적의 남침 이후, 우리 병력을 서울 북방에 축차투입해 불필요한 장병들의 희생 강요, 아무리 급한 상황이라지만 군사적 기초상식을 깬 명령이었다.

8) 적의 공세로 국군이 퇴각하는 상황에도 불구하고, 6월 25일~27일 중앙방송은 국군이 반격, 북진 중이라고 허위 방송을 함으로써 군부는 물론 국민들까지 상황판단을 그르치게 했다.

서울 북방에서 접전 중이던 국군이 상황판단을 제대로 했다면, 육본은 그들을 재빨리 전장에서 이탈케 해, 다음 작전에 대비시킬 수 있었을 것이다.

9) 우리 측의 한강교 조기 폭파함

전술의 원칙상 폭파나 차단은 퇴각군의 퇴로를 막기위해 추격군이 감행하는 법인데, 한강교는 우리 측이, 그것도 한강 이북에 국군만 믿고 있는 많은 시민, 그리고 수많은 병력과 군수물자를 방치한 채 서둘러 폭파했다. 더구나 대통령, 정

▲1950년 6월 27일 밤, 한강교 폭파 모습

▲ 이형근 6월 25일 당시 제2사단장
(대한민국 육군 군번 1번)

부 고관, 육군참모총장이 국민들에게 이 사항을 미처 알리지도 않고 한강 이남으로 도피한 뒤, 한강교를 폭파했다는 것은 전술적으로나 도의적으로 용납될 수 없는 하책이며 반역 행위였다.

10) 공병감 최창식 대령의 조기 사형 결행.

최창식 대령은 육군 참모총장의 명령에 복종, 한강교를 폭파했을 뿐인데, 이에 책임을 지고 1950년 9월 21일 비밀리에 처형되었다.

그때는 유엔군의 인천상륙작전으로 전세가 역전되는 시기였는데, 이런 경황을 틈타 책임 소재도 가리지 않은 채 미리 처형한 것은 정치적 복선이 있었음을 의심하지 않을 수 없게 한다. 미국은, 1950년 1월 21일 애치슨 미 국무장관이 미국의 극동 방위선에서 한국과 대만을 제외한다고 공표한 것은 적에 대한 초대장이나 다름없었다. 그렇다고 해서 우리 국군 수뇌부의 잘못이 간과될 수는 없다.

이형근의 주장에 대한 반론들

1) 군 수뇌부의 적정 보고 묵살

일단 일선 부대의 적정 보고가 묵살된 것은 사실이다. 하지만 그 주체는 국군 수뇌부가 아니라 미국이었다. 육군본부는 6월 23일에 미국 측에 적의 남침징후를 보고했지만, 미국은 이를 1950년 상반기 내내 지속된 위기설과 동일하게 취급했다.

한국군 역시 아래 4, 5번 항목에서 살펴

볼 것처럼 수 개월간 지속된 비상경계령으로 야기된 피로와 부작용을 감당하기 힘든 수준에 직면해 있었다. 여러 차례 반복된 비상 경계령은 결국 그해 6월에 한국을 방문한 UN 한국소위원회가 한국 정부의 불순한 의도를 의심하게 할 지경이었고, 당시 한국군은 UN 소위원회의 승인 없이는 평시에 함부로 탄약 등을 불출할 수 없는 상황이었다.

결국 당시 한국군 수뇌부가 남침징후를 보고받고도 적극적으로 대응할 방안은 거의 없었다. 38선 지역에서의 국지전 자체는 계속해서 벌어졌고, 신성모가 '점심은 평양에서, 저녁은 신의주에서'라고 말할 정도로 '북진통일'을 계속 주장하던 상황이었으니, 미국 등이 의심한 것은 당연했다. 당시에는 미국도 북한의 남침 의도를 분명하게 알지 못했던 상황을 염두에 두어야 한다.

2), 3) 지휘관들의 대규모 인사이동 및 전후방 부대의 전면 교대(交代)

이는 '의도는 좋았다'의 형태에 가깝다. 이미 1950년 3~4월에 전쟁 위기설이 나올 정도로 남북한의 군사적 정세는 위험 수위에 있었다.

이런 상황에서 기존의 빨치산 토벌 및 치안 유지 위주로 임무를 수행했던 한국군의 인사 체계 및 부대 배치를 그대로 방치하면 위험하다는 것은 불 보듯 뻔했다. 당시 육군 총참모장인 채병덕을 비롯한 육군 수뇌부는 이를 해결하기 위해 될수록 유능한 지휘관을 엄선해서 전방의 야전 부대에 배치하고, 야전 부대들을 최대한 빨리 개편해서 전투력을 끌어올리려 했다. 그런데 이러한 의도는 좋았지만, 본문에서 이형근이 지적했듯이 이 과정에서 재편성을 위한 시간의 지연은 불가피했다. 이런 상황에서 북한이 전쟁을 일으켜 버린 것이다.

4), 5) 비상 경계령 해제 및 외출/박 시행

이형근은 이 비상경계령이 6월 11일부터 내려졌다고 주장하는데, 실제로는 그 이전부터 비상경계령이 내려져 있었다. 위에 언급한 것처럼 당시 남북한 정세가 심상치 않았고, 1950년 4월 29일에 최초로 비상 경계령이 떨어졌다.

이후 5월 3일에 해제하였다가 다시 5월 9일 경계령이 떨어졌고, 이후 6월 2일에 해제하였다가 6월 11일 또다시 경계령이 떨어진 것. 이로 인해 당시 한국군은 위에서 잠깐 언급한 것처럼 장기간의 비상 경계령으로 인한 스트레스 및 피로도 증가 등으로 병사들의 전투력이 많이 떨어져 있던 상황이었다. 당장 경계 태세를 유지해 춘천-홍천 전투 때 선전한 것으로 알려진 6사단의 경우에도, 당시 김종오 사단장이 비상경계 태세를 유지하려고 하자, 휘하 참모 및 지휘관들이 '애들 목욕하고 이발할 시간은 줘야 한다'고 건의해 외출, 외박, 휴가 금지만 유지하고 경계 인원은 최소한으로 축소했을 정도다. 그리고 당시는 농번기이자 '보릿고개'였다.

이는 한국군도 예외가 아니어서 군이 보유하고 있던 군량미도 거의 바닥난 상태였다. 반대로 건빵은 남아돌았는데, 당시 한국군은 휴가 장병들에게 건빵을 지급했고, 그 휴가가 벌써 몇 개월째 중단되었기 때문이었다.

6) 육군본부 장교클럽 '댄스파티' 실시
이는 어디까지나 우연의 일치이다. 개전 직전에 서울의 육군본부에서 장교클럽이 개관한 것은 사실이며, 군이 이날 파티를 연 것도 위의 외출/박 실시처럼 매우 운이 나쁜 우연의 일치이다.

또한 일반적인 통념에선 이 댄스파티에 한국군의 수뇌부 및 야전 지휘관까지 대부분 참석해 술에 잔뜩 취한 상태에서 전쟁이 터졌다고 생각할 수 있는데, 실제로는 그렇지 않았다.
당시 축하 연회에는 육군본부 및 서울에 있던 부대의 일부 참모 장교들이 참석했을 뿐, 이형근 외에도 전방의 야전 지휘관들은 연회에 참석하지 않고 부대에 남아 있었다.

7) 적의 남침 이후 우리 병력을 서울 북방에 축차 투입해 불필요한 장병들의 희생 강요
이는 당시 육군 본부의 대혼란과 정치권의 압박이 빚은 참사에 가깝다. 각각 제6사단과 제1사단이 간신히 방어하고 있던 춘천 방어선과 파주-문산 축선을 제외하면 모든 전선에서 압도적으로 밀리고 있었고, 미숙한 지휘 능력으로 인해 육군 본부는 제대로 된 상황 파악을 하지 못하고 있었다. 여기에 기필코 수도 서울을 사수해야 한다는 정치권의 압박은 도를 넘고 있었다.

이 때문에 당시 채병덕 육군 총참모장을 비롯한 육군 지휘부에선 체계적인 서울 방어 계획을 세우지 못한 채 '여유 병력이 생기는 대로' 서울 북부의 방어선에 축차 투입하는 실책을 저지른 것이다.

8) 라디오 등을 통한 허위방송(虛僞放送)
이는 정치권에서 저지른 실책이라 할 것이다. 허위방송을 한 이유를 군이 옹호하자면 '유언비어'로 인해 서울 시내가 혼란에 빠지는 것을 막고 국민들을 안심시키려 한 것으로 볼 수 있겠지만,

개전(開戰) 직후의 상황은 전혀 그렇지 않았다.

이미 25일 개전 당일에 포천 축선이 뚫려 의정부시가 함락당할 위기에 처한 상황에서 행정부는 최대한 사실 그대로를 전파하고 최악의 시나리오인 서울의 포기 또한 미리 고려해야 했다.

그런데도 신성모 등은 서울을 포기하는 것은 있을 수 없다며 제대로 된 후퇴 방어 계획이 아닌 무모한 반격만을 주장해, 서울을 포기하는 데 필요한 시간이 낭비되었다. 게다가 이승만 대통령이 서울을 빠져나간 것 자체는 급박한 전황 때문에 용납할 수 있지만, 대통령이 도주한다는 책임을 잠깐이라도 면피하기 위해 말 그대로 몰래 서울에서 도망치면서 정작 서울 시민의 동요를 막기 위한 명목으로 허위 방송을 계속 내보낸 것이다.

▲ 북한 침공군 탱크가 출현, 6.26 서울 근교.

9) 한강교의 조기 폭파

한강교의 폭파 계획은 당시 채병덕 총참모장이 세운 것이지만 폭파 시기를 사전에 정해 놓지는 않았다.

따라서 전황의 판도를 고려해 본 뒤 아군 및 서울의 민간인들이 적절히 대피한 뒤에 그 때 폭파하였다면 한강교의 폭파 자체는 채병덕의 매우 적절한 조치로 평가받았을지도 모른다. 문제는 채병덕 등 육군 수뇌부가 지나치게 당황했다는 점이다.

한강교를 폭파하기 전 미아리 고개 방어선을 뚫은 북괴군 전차 몇 대가 서울 시내로 진입했다는 정보를 입수하고, 육군 본부는 완전히 패닉 상태에 빠졌다. 이 때 미아리 방어선을 지키던 병력들은 아직 부대 건재를 유지했었고, 비록 전차가 한국군에게 버거운 상대였다지만 후속 부대 없이 소수의 전차만 뚫고 들어온 상태였다.

따라서 지뢰와 장애물 등으로 최대한 시간을 번 뒤 병력을 서울 시내로 후퇴시켜 시가전(市街戰)을 준비하게 하거나 아예 서울 시가지를 포기하고 한강교 북단으로 후퇴해 퇴로를 확보하는 등의 명령을 내릴 수도 있었다.

물론 이 또한 당시 전황이나 한국군의 능력을 고려할 때 전술적으로 어려웠던 것은 사실이지만, 아예 이런 계획조차 없던 것과는 다른 문제이다.

하지만 이미 너무 큰 충격을 받은 육군본부는 '전차 출현'을 '서울 함락'으로 여기고 병력 이동이나 민간인 대피는 고려하지 않은 채 다급한 마음에 한강교를 폭파하도록 명령을 내려 버린 것이다. 그리고 흔히 알고 있는 채병덕 총참모장의 한강철교 폭파 명령도 사실이 아니다.

한강철교 폭파 당시 채병덕은 정신을 잃고 쓰러진 상태로 후송된 상황이었다.

따라서 육군본부가 패닉상태에서 누가 명령을 내린 것인지 확인할 길이 없다. 다만 정황상 신성모 국방장관의 지시였다는 증거들이 나오기 때문에 이쪽이 유력한 것으로 보인다.

10) 공병감(工兵監) 최창식 대령의 조기 사형 집행
이는 이형근이 추측한 것처럼 정치적인 요소가 존재하는 것이 맞다.

하지만 이형근이 주장한 것처럼 '제5열'에 의한 것이 아니라 이승만 대통령의 측근, 특히 신성모가 배후일 가능성이 거론된다.

[2] 6.25전쟁 계획, 준비, 도발

'6.25전쟁'은 1950년 6월 25일 새벽에 김일성이 주관하는 북한군이 대한민국을 기습침공하여 발발한 전쟁이다.
UN군과 중국인민지원군(中共軍) 등이 참전하여 제3차 세계 대전으로 비화될 뻔하였으나, 1953년 7월 27일에 체결된 한국휴전협정에 따라 일단락되었다.
휴전 이후로도 현재까지 양측의 유무형적(有無型的) 갈등은 지속되고 있다.

▲1950년 6월 25일 새벽 4시 북괴군은 선전포고도 없이 38선 전 지역에서 일제히 남침을 감행했다.
6.25 침공 당시 38선 鐵條網을 자르는 인민군 병사의 모습.

제2차 세계 대전 이후, 공산·반공 양 진영으로 대립하게 된 세계의 냉전적 갈등이 열전으로 폭발한 대표적 사례로, 냉전인 동시에 실전이었으며, 국부 전인 동시에 전면전이라는 복잡한 성격을 가졌다.

이는 국제연합군과 의료진을 비롯해 '중국'과 소련까지 관여한 제2차 세계 대전 이후 최대의 국제전이다.

▲ "6.25 남침 기습" 그림 이호근 作

▲ 기습 남침하는 북괴군 (춘천 전투 再演) 모습

미리 중공의 마오쩌둥과 소비에트 연방 스탈린의 협조와 지지를 얻은 김일성은 남로당의 대한민국 내 활동과 우방인 소련의 지지에 고무되어 1950년 6월 25일 38도선과 동해안 연선 등 11개소에서 경계선(북위 38도선)을 넘어 이남으로 진격하였다.

이는 때마침 냉전으로 긴장되어 있는 전 세계에 영향을 미친바, 그 파문은 참으로 전에 없던 것이었다. 북한군의 대공세에 유엔은 미국을 주축으로 바로 유엔 안전 보장 이사회 결의 제82호를 의결하고, 이 전쟁에서 한국을 원조하기로 결정하고, 16개국이 파병하였다. 그리하여 7월 7일 맥아더 원수를 총사령관으로 하는 유엔군이 조직되었다.

▲ 안보리, 소련이 불참한 1950년 6월의 회의장 모습

북한군은 무방비 상태였던 한반도의 중부지방과 호남지방을 삽시간에 휩쓸었다. 연합군은 낙동강 방어선에서 배수진의 결전을 전개하였다. 이념적인 이유로 민간인들의 학살이 자행되고, 지주들의 處罰과 그 보복이 반복되면서 남·북 간의 적대적인 골이 깊어지는 결과를 낳게 되었다.

▲ 한국전쟁 기간 동안 인민군과 좌익에 의해 학살당한 민간인들 위 사진은 퇴각하는 김일성의 지시로 학살당한 함흥 주민들의 모습으로 사진에 보이는 동굴에서만 300여 명의 시신이 발견됐다.
(사진 출처 : 美 국립문서기록보관청)

▲ 6,25전쟁 중, 최덕신이 주도 자행: 양민 700명가량
집단 학살한 6,25전쟁의 대표적인 민간인학살사건,
'거창양민학살 사건' 현장 모습
최덕신(독립군 출신, 육사 교장 지낸 그 후 미국으로 망명
북한으로 도주)

[3] 한국전쟁의 배경

1945년, 한국전쟁의 5년 전, 일본으로부터 해방을 맞은 한반도는, 타의에 의해 남과 북으로 분단되었다. 미국과 소련의 군정이 끝나고 한반도에는 '대한민국'과 '조선민주주의인민공화국' 정부가 남북에 각기 수립되었다.

북한은 소련과 중공을 설득하여 한반도를 적화 통일하려는 계획을 수립하고 준비를 해 나갔다. 소련은 소련군이 한반도 38선 이북에 진주한 이래, 아시아 공산화를 목적으로 북한에 소련을 대리할 수 있는 공산 정권을 세우고, 한반도의 통일을 방해하면서 침략의 기회를 엿보아 왔다.

중국 공산당은 1949년에 중화민국을 대륙에서 몰아내고 중화인민공화국을 수립하였다. 반면에, 미국은 주한미군이 철수를 완료(1949년 6월)하고, 미국의 극동 방위선이 타이완의 동쪽, 즉 일본 오키나와와 필리핀을 연결하는 선이라고 선언(애치슨 선언, 1950년 1월)을 하는 등 대한민국에 대한 군사 원조를 최소화해 나갔다.

이는 제2차 세계 대전이 끝난 지 얼마되지 않은 시기였기에, 미국은 소련 공산권과의 직접적인 군사 충돌이 제3차 세계대전을 야기할 수도 있다는 국제적인 정세를 고려하였으며, 소련 역시 그러한 이유로 북한에 대한 공개적인 지원을 중단하는 척하고 있었다.

가. 한반도 분단과 군정 실시

제2차 세계대전 당시에 일본이 연합국에게 항복을 거절하자, 미국은 일본 영토에 원자폭탄을 떨어뜨렸고, 이 기회에 소련군은 한반도 북부 지역까지 진격했다. 이로써 한반도는 8월 15일에 일본 제국의 식민지에서 벗어나 독립, 광복을 맞이하였으나, 38선을 기점으로 하여 일본군 무장해제를 명분으로 진주한 소련군과 미국군에 의해 남과 북으로 갈라져, 북쪽에 공산주의 국가인 소련의 군정, 남쪽에 자본주의 국가인 미국의 군정이 시작되었다.

이처럼 소비에트 연방과 미국이 한반도를 분할 점령하여 이념대결을 벌임으로써 한국 전쟁이 발발했다는 시각 즉 한국 전쟁을 대리전쟁으로 이해하는 시각이 있다.

그리고 남북분단 후 미소공동위원회와 모스크바 삼상회의에서 1950년까지 영국, 중화민국, 미국, 소련이 신탁통치를 하는 내용도 있었는데, '반탁(反託)'이 강력하였고, 기타 여러 가지 상황으로 이는 실행되지 못했다.

나. 북한의 상황;

김일성은 여러 차례 소련의 지배자인 스탈린과 중화인민공화국의 통치자인 마오쩌둥을 만나 무려 48회나 남침을 허락 내지는 전쟁 지원을 요청하였다. 공개된 구소련의 문서에 의하면 애초에 스탈린은 북한군이 절대적 우위를 확보하지 못하는 한 공격해서는 안 된다고 했다.

인민군의 실력이 미국과 대한민국을 상대로 아직은 단독으로 전쟁을 치를 만한 실력이 아니라고 생각했을 뿐만 아니라, 미국과의 직접적 마찰을 두려워하여 무력행사를 기피하였다.

그런데도 김일성은 여러차례 스탈린을 설득하였고, 일부 역사 연구자들이 옛 소련의 문서들을 근거로 주장하는 이론에 의하면, 스탈린은 미국을 시험하고 미국의 관심을 유럽에서 아시아로 돌리기 위해 중화인민공화국이 전쟁에 대한 원조를 북한에 하는 조건으로 김일성의 남침을 승낙하게 된다.

이리하여 스탈린은 북한에 강력한 군사적 원조로서, 소련의 무기들을 대량으로 북한 인민군에게 제공하였다.

▲ 6.25 전쟁 당시 아군이 노획한 북괴군의 화물 열차 , 수송 소련제 SU-76 자주포

다. 북한의 지배력 강화와 전쟁 준비 교섭

김일성은 조선로동당의 일당독재를 기반으로 반대파(민족주의자, 종교인 특히 북한 수립 이전 융성하던 개신교, 지주, 마름, 기업가, 기술자 등을 포함한 상당수의 조선민주주의인민공화국 인민)에

대한 철저한 숙청을 통하여 자국 내 정치적 입지를 강하게 다지고 있었다. 또한, 최고인민회의 간부회의를 통하여 통일을 위하여 점령군의 즉각적인 철수를 요구하여, 소련군은 1948년 12월 시베리아로 철수하였다. 그러나, 한편으로 소련 정부는 모스크바에서 비밀리에 군 수뇌회담을 개최하여 철군 이후의 구체적인 계획을 수립하고 '특별군사사절단'을 통해서 집행하기로 하였다. 이 회의에는 김일성 등 조선민주주의인민공화국과 중화인민공화국의 고위 군부 대표도 참석하였다.

'모스크바 계획'이라고 불리는 '전쟁 준비 계획'은 만주에 있던 '조선인 의용군 부대'를 조선으로 귀국시켜 5개 사단을 갖게 하고, 이외에 8개의 전방사단과 우수한 장비를 보유한 8개의 예비사단, 그리고 500대의 탱크를 보유하는 2개의 기갑사단을 갖게 하는 것이었다.

1949년 2월 스탈린은 조선민주주의인민공화국 정부 수립 후 처음으로 김일성과 박헌영을 모스크바로 불러 소련군의 철수로 인한 군사력 공백과 한반도 정세를 논의하였다. 조선의 수뇌부는 방문 기간인 3월 17일에 유럽에서 일반적으로 체결하던 '우호 방위조약'이 아닌 '조·소 경제·문화협정'을 체결하였다.

이는 앞선 미군 철수 발표에 대한 소련의 대응으로 앞으로 있을 한국전쟁의 책임을 모면하기 위한 계획이라고 보는 견해도 있다. 이러한 이유로 한국 전쟁 당시 소련은 공개적으로 북한을 돕지 않는다고 하고 중화인민공화국을 통해 전쟁물자 공급을 지속한다.

▲ 1949년 3월 5일 모스크바를 방문한 북한 대표단이 소련 인민위원회를 방문했다. 김일성이 연설문을 낭독, 왼쪽에서 두 번째가 홍명희 부수상, 그 오른쪽이 박헌영 부수상이다.

1949년 8월 12일, 김일성과 박헌영은 대한민국이 조국 통일 민주주의 전선의 평화적 통일안을 거부하고 있으므로, 조선민주주의 인민공화국은 대남 공격을 준비할 수밖에 없으며, 그렇게 되면 대한민국에서는 이승만 정권에 대한 대규모 민중봉기가 분명히 뒤따를 것이라고 언급했다.

김일성과 박헌영은 만약 대남공격을 하지 않는다면 인민들은 이를 이해하지 못할 것이라고 강조했다.

라. 소련과 중공의 전쟁 지원 약속

1950년 1월 17일 박헌영의 관저에서 열린 만찬에서 김일성은 북한 주재 소련 대사 스티코프에게 남침 문제를 다시 제기하고 이를 논의하기 위하여 스탈린과의 면담을 희망한다는 의사를 피력했다. 이 대화에서 김일성은 중국 공산당이 중화민국을 몰아내고 중화인민공화국을 성립한 것을 계기로 고무되어 대한민국이 차지한 남한을 해방시킬 차례라고 강조하고, 조선민주주의인민공화국은 기강이 세워진 우수한 군대를 보유하고 있다고 주장했다. 또 김일성은 이전에도 그러했던 것처럼 남한의 선제공격에 대한 반격만을 승인한 1949년 3월 스탈린의 결정에 불만을 토로했다.

1월 30일, 스탈린이 서명한 전보를 평양으로 타전했다. 전문에서 스탈린은 김일성의 불만은 이해가 되나 '큰일'에 관해 치밀한 준비를 해야 하며 이를 실현하기 위해 지나친 모험을 해서는 안 된다는 점을 이해해야 한다고 언급했다. 스탈린은 김일성을 접견해 이 문제를 논의할 준비가 돼 있으며 그를 지원할 용의가 있다고 밝혔다. 3월 20일, 김일성은 스티코프와의 면담에서 4월 초에 자신과 박헌영이 스탈린과 만나고자 한다는 것을 전해달라고 요청하였다. 김일성은 이번 방문을 46년의 방문처럼 비공식(비밀)으로 할 것을 제의하였다.

김일성은 남북한 통일의 방법, 북한 경제개발의 전망, 기타 공산당 내 문제에 관해 스탈린과 협의하기를 원하였다. 4월, 모스크바에서 열린 스탈린과 김일성 간의 회담에서 스탈린은 국제환경이 유리하게 변하고 있음을 언급하고, 북한이 통일 과업을 개시하는 데 동의하였다. 다만, 이 문제의 최종결정은 중국과 북한에 의해 공동으로 이루어져야 하며, 만일 중국 공산당의 의견이 부정적이면 새로운 협의가 이루어질 때까지 결정을 연기하기로 합의하였다.

- 중략 -

5월 29일, 김일성은 스티코프에게 4월 모스크바 회담 시 합의된 무기와 기술이 이미 대부분 북한에 도착했음을 통보하였다. 이 통보에서, 또한 김일성은 새로 창설된 사단들이 6월 말까지 준비 완료될 것이라고 말했다. 김일성의 지시에 따라 북한군 참모장이 바실리예프 장군과 함께 마련한 남침 공격 계획을 북한 지도부가 승인하였고, 군조직 문제는 6월 1일까지 끝내기로 했다. 북한군은 6월까지 완전한 전투준비 태세를 갖추게 된다는 것이었다. 김일성은 6월 말 이후는 북한군의 전투준비에 관한 정보가 남쪽에 입수될 수 있으며, 7월에는 장마가 시작된다는 점을 지적했다.

6월 8~10일께 집결지역으로의 병력이동을 시작할 것이라고 보고되었으며, 김일성과 면담 뒤 스티코프는 바실리예프 장군 및 포스트니코프 장군과 의견을 교환했다. 그들은 7월에 공격을 시작하는 것이 가장 시의적절하나 일기관계로 6월로 변경할 수밖에 없다고 말했다.

6월 11일, 대한민국은 통일민주 조국전선이 제의한 평화통일 안을 거부했다.

마. '조선민주주의인민공화국'의 전쟁 준비

'조선'은 전쟁을 준비함에 앞서 대한민국의 정보를 상당 부분 알고 있었다. 특히 평양에서 발견된 조선인민군 정보문건에 의하면 대한민국 각 행정 소재지의 군(郡) 단위까지 1950년도의 쌀, 보리 등의 모든 농작물 예상 수확량이 세밀하게 기록돼 있었다.

조선인민군은 이 정보를 바탕으로 대한민국에서 한 해 동안 확보할 수 있는 식량의 규모, 즉 공출량을 계산한 상태였다. 특히 모든 종류의 주식은 물론이며

주식이 아닌 '깨'까지 군 단위별로 예상 수확량과 공출량을 매겨 놓았다.

그리고 대한민국 영토인 청단 지역에서는 해방 전부터 농업용수로 사용한 구암저수지의 수로를 북한이 일방적으로 끊음으로써 청단 평야의 영농을 못 하도록 하는데 서슴지 않았다.

그리고, 전쟁 보름 전(6월 10일), 북에서는 전형적인 화전양면기만술(和戰兩面欺瞞術)의 일환으로 대한민국이 체포한 김삼룡 및 이주하를 조선민주주의인민공화국에 억류 중이던 조만식과 38선에서 교환하자며, 6월 23일을 협상기일로 제안하기도 했다. 이는 조선민주주의인민공화국 부수상 겸 외무상인 박헌영의 강력한 요구에 따른 것이었다.

1950년 6월 16일 이승만은 북에서 먼저 보내라는 요구를 했고, 6월 18일 북은 동시 교환을 주장했다. 한동안 "먼저 보내라," "아니다. 동시에 교환하자"라는 공방을 되풀이하였다.

또한, 6월 16일에는 '조선민주주의인민공화국 최고인민회의'가 '대한민국 국회"에 평화통일 방안을 제의하기도 했다. 그러나, 조선인민군은 그 이면에서 전쟁 준비를 마무리해 갔다.

즉, 6월 12일부터 인민군은 38선 이북 10~15km 지역으로 재배치되기 시작했고, 6월 16일에는 소련대사 스티코프는 북한군 총참모부가 작성한 침공작전 계획을 모스크바에 보고했다. 이 계획은 1개월 기간으로 3단계로 구성되어 있다.

6월 20일, 스티코프는 모스크바에 조선인민군의 수륙양용작전용 선박 공급과 소련군 수병을 함께 제공할 수 있는지 여부를 문의했다.

모스크바 시간으로 오후 10시 스티코프는 모스크바로 전화를 걸어 오후 11시께 남한 정부가 북한에 대해 공격을 시작하라는 명령을 내렸다는 첩보가 북한 쪽에 오후 8시 무렵 입수되었다고 보고했다. 스티코프는 이 첩보가 공개문서로 돼 있어 의심스럽다고 평가했다.

6월 21일, 스티코프는 스탈린에게 김일성의 메시지를 전달했다. 이 메시지에는 조선민주주의인민공화국이 입수한 각종 첩보에 따르면 조선인민군 침공에 관한 정보가 대한민국에 알려졌으며, 이와 관련해 대한민국이 전투준비태세를 강화하는 조처를 취하고 있다는 내용이 들어 있다.

김일성은 전에 구상했던 옹진반도에서 전초전을 수행치 않고, 6월 25일 전 전선(全 前線)에 걸쳐 전투행위를 시작하는 것이 목적에 부합한다고 말했다.

6월 21일 밤에, 조선인민군은 2차에 걸쳐 북한에 대한 전투행위를 개시하라는 대한민국 육군의 명령을 라디오로 포착했다고 주장하였다.

소련은 조선인민군 군함에 근무할 소련 수병 파병 요청에 대해, 이는 적군이 개입할 수 있는 구실이 되므로 수락할 수 없다고 답신(答信) 하였다.

6월 22일 평양 주재 소련 대사관에 암호전문의 교신은 바람직하지 못하니, 향후 모든 암호전문을 타전하지 말라는 모스크바의 지시가 시달되었다. 이후 1950년 말까지 평양과 소련 외무성 간에는 전보 교신이 중단되었다.

특히 조선민주주의인민공화국은 주민들이 초가지붕을 고칠 여유도 주지 않음은 물론이고 당시 남한에 전혀 전무했던 T-34/85를 확보해 놓기까지 했으며, 특히 일제시대에 닦아놓았던 도로의 폭을 2배 이상 넓혀 놓기까지 하는 등 철저하게 준비했다.

반면, 대한민국에서는 한국전쟁 하루 전

날 병사들에게 휴가를 보내는 등 북과는 다른 모습이 보였다.

한편, 북에서는 의료부대인 조선인민군 949군 부대는 6월 24일 오전 1시 38선 부근에 야전병원을 설치하고 의료 요원들을 각 해당 부분에 배치하였다.

6월 25일 오전 0시까지 치료 준비사업을 완료한 병원은 전투 준비상태로 대기하였다. 25일 오후 2시부터 부대는 벌써 전상(戰傷) 환자 취급을 시작하였다.

바. 대한민국의 상황 (내부의 혼란)

대한민국의 이승만 대통령은 귀국한 지 얼마 안 되는 입장으로, 대한민국 내의 정치적 혼란을 겪고 있었다.

박헌영과 같은 좌익 정당, 또 김구와 같은 국내파의 민족주의 독립운동가들, 그리고 이승만과 같은 해외파 독립운동가들은 서로를 불신하였고, 그 결과 대한민국은 여러 개의 정당이 난립하는 등 심각한 정치 사회적 문제에 직면하고 있었다.

김규식 등은 좌·우파의 합작과 협력을 추진해 왔고, 양자를 중재해 보기 위해 한 차례 평양을 방문하는 등 노력을 기

울였다. 여기에 장덕수 암살 사건으로 이승만과 사이가 틀어진 김구가 동참하여 힘을 얻는 듯했으나, 김일성이나 이승만이나 모두 강경한 태도를 조금도 굽히지 않았으므로 모두 실패로 돌아가고 말았다.

한편, 미국 군부는 한반도를 '전략적으로 포기할' 계획을 세우고 있었다. 미국 군부 수뇌부의 사고관에서 만일 소련이 동북아시아에서 3차 대전을 일으킬 가능성'이란 의문은 대한민국의 가치를 평가하는데 가장 핵심적인 사고였다. 만일 미국이 육군 전을 상정한다고 생각하면, 한반도 남쪽에 주한미군을 배치할 수 없었다.

한반도에서 3차 대전이 발발할 경우에 한반도에 투입될 소련 육군과 미국의 육군은 군사학적으로 근원적인 한계가 있었다. 소련과 한반도는 땅으로 연결되어 있지만, 미국 육군은 한반도에 투입되기 위해서는 태평양을 건너야 했다.

그런 상황에서 해군 전과 공군 전을 상정한다면 역시 한반도는 미국 입장에서 전혀 필요가 없었다. 어떠한 작전이라도 공군 전과 해군 전은 한반도를 우회해서 충분히 수행이 가능하였다.

그렇기 때문에 미 군부는 잠정적으로 한반도에서 주한미군을 철수시키고, 만일 소련이 대대적인 도발을 감행할 경우에는 대한민국과 중화민국을 포기하고 북태평양에 있는 알류샨 열도와 일본으로 이어져 내려오는 도서 방위선을 구축해 소련과 3차 대전을 수행한다는 계획을 세웠다. 이것이 미 군부가 1946년 비밀리에 수립한 '핀서 계획'과 '문라이즈 계획'이다. 핀서 계획과 문라이즈 계획의 도서 방위선 구상이 바로 주한미군의 전면 철수를 명시한 애치슨 라인의 원형이다.

결국, 대한민국 정부의 반대에도 불구하고 주한미군은 약 500명의 군사고문단만 남기고 마지막 남아 있던 부대가 1949년 6월 29일 철수하였다.

김일성에게 적극적인 군사력 지원을 제공한 소련과 달리, 위와 같이 미국은 이승만이 강력한 군사력을 보유하는 것을 원치 않았고, 그 결과 대한민국의 군사력은 조선민주주의인민공화국에 비하여 매우 취약한 상태에 직면하게 되었다. 그런데도 이승만 대통령은 한국 전쟁이 일어나기 전인 1949년 9월 30일 외신 기자 회견에서 "우리는 북한의 실지(失地)를 회복할 수 있으며 북한의 우리 동포들은 우리들이 소탕할 것을 희망하고 있다."고 말하는 등 '북진통일론'을

주장했다. 또한 채병덕 육군참모총장은 라디오 방송에서 "아침은 개성에서 점심은 평양에서 저녁은 신의주에서 먹겠다."며 호전적인 발언을 하였다.

이러한 북진통일론은 한국 전쟁 당시 서울이 금방 함락될 정도로 군사력이 취약했던 것을 보면 분명히 실현 가능성이 없는 공상일 뿐이었으나, 북한은 이를 '전쟁의 빌미'로 이용하려 했을 것이라는 주장이 있다.

사. 대한민국의 전쟁 대비

1949년 말, 육군본부 정보국은 1950년 춘계에 조선민주주의인민공화국이 38도 선에서 전면적인 공격을 할 것이라는 종합정보보고서를 내놓았다. 이에 육군본부는 계획수립을 서둘러 육군본부 작전명령 제38호(일명, 국군방어계획)를 확정(1950년 3월 25일)하고, 예하 부대에 이를 하달하여 시행토록 하였다.

이 국군방어계획은 신태영 육군총참모장의 지시로 육군본부 작전국장 강문봉 대령이 중심이 되어 작성되었다. 전쟁 발발 1주일 전까지 강문봉이 작전국장에 있었다.

그는 매일 적정 판단보고서를 읽었는데

이 보고서에 조선인민군의 병력이동 상황이 소상하게 기록되어 있었고 병력집결이 완료되면 남침할 것이라는 분석자료도 있었다. 이러한 정보를 신성모 국방장관과 채병덕 육군참모총장에게 보고했고 미 극동군사령부에도 제보, 무력 증강의 필요성을 강조했다.

그러나 미국 측은 "공산군의 남침은 없다"고 단언하면서 한국군의 정보는 군사원조를 얻기 위한 것으로 경시하는 일이 빈번했다.

신성모는 대통령이 명령만 내리면 바로 전쟁 준비를 마치고 북침을 하겠다고 망언을 했고 전쟁을 원하지 않던 미군은 국군의 전차와 전투기 모두 압수하고 곡사포와 대전차포 90% 이상을 압수했다.

이 일로 인해 북한이 남침할 명분이 생겼고 1950년 6월 정보국에서 북한이 남침 준비한다는 정보를 수없이 보냈지만, 신성모는 북한은 절대 남침을 안 한다고 정보를 무시했고, 1950년 6월 23일 정보국에서 북한이 남침한다는 정보를 보냈으나 신성모는 남침정보를 매번 무시하였고 채병덕에게 명령내려 전군 비상경계령을 모두 해체하였고 채병덕이 국군 장병들을 휴가, 외출 보낼 것을 요구했고 신성모는 허락을 했다.

국군 병력 반 이상을 휴가, 외출을 보냈고 이 일로 인해 정보를 받은 북한은 큰 손실 없이 남침할 수 있는 유일한 기회였고 한국전쟁이 일어난 원인이 되었다.

한편, 제헌국회의 임기가 끝날 무렵 대한민국 정부에서는, 정계는 물론이고 일반의 물의를 무릅쓰고 제2차 총선거 실시를 지연시키는 한편, 적자예산의 편성을 시도하였으나 당시 이를 반대하는 미국 국무장관 딘 애치슨의 각서 도달로 말미암아 정부에서는 종래의 주장을 변경하여 제2대 국회의원 선거를 실시하였다.

[1950년 5월 30일] 선거의 결과 무소속 의원이 국회 의석의 과반수를 점하여 압도적인 우세를 보이고 몇몇 중간파 의원들이 두각을 나타냈으며, 정부 측 여당의 진출은 미미했다. 북은 이에 대해, 1949년 6월에 제정되어 선거 직전인 1950년 4월에 시행규칙을 공포한 토지개혁법이 유상매수(有償買收)·유상분배(有償分配)를 원칙으로 하고 있으므로 사실상 토지개혁의 의의가 희박하여, 국민이 노골적으로 정부에 반감을 표시한 결과라고 속단하고 이때 남침을 감행하면 틀림없이 대한민국 국민의 지지를 얻을 것이라고 판단하였다.

1950년 6월 19일의 대한민국 제2대 국회가 의장단 선출을 시작으로 활동을 시작한 것은 전쟁 직전이었다. 한편, CIA는 한국 전쟁 발발 엿새 전의 보고서에서 조선민주주의인민공화국의 남침 가능성을 낮게 평가하고 있었다. 조선민주주의인민공화국이 소련의 위성국가로 독자적인 전쟁 수행 능력이 전혀 없다는 것이 근거였다.

그러나 CIA의 예측과는 달리 한국 전쟁이 발발하자 백악관은 그 책임을 물어 CIA를 전쟁 발발 후 며칠간 백악관 안보회의에서 배제했고 두 달 뒤에는 CIA의 수장을 교체했다. 반공주의자인 미국의 존 포스터 덜레스 국무장관 고문이 대한민국을 방문하여 38도선을 시찰(1950년 6월 20일)하는 등 미국의 북침에 대한 위협을 느낀 김일성이 먼저 남침을 결정했다는 주장도 있다.

1950년 6월 24일 육군본부 정보국(국장 장도영, 북한 반장 김종필, 문관 박정희)이 조선민주주의인민공화국의 대규모 병력이 38선에 집결했다는 보고를 하였음에도 불구하고 군 수뇌부는 바로 그날 비상경계를 해제하였다. 그날은 주말이라 거의 절반에 해당하는 병력이 외출했다. 그날 저녁 육군본부 장교 클럽 낙성 파티에는 전방부대 사단장들까지 초청

되었었다.

그 외 전쟁 발발 2주 전 대부분의 지휘관을 교체하고, 1주 전 대부분의 전방 부대의 위치를 변경하고, 전방 부대의 중화기와 차량 중 60%가량을 후방으로 보내는 등 개별적으로는 이해가 가나 종합적으로는 상식으로는 도저히 이해할 수 없는 행위를 집중적으로 하여, 이형근은 저서 《군번 1번의 외길 인생》에서 6.25 초기의 10대 불가사의를 제기하며 군 지휘부(이승만, 채병덕 참모총장, 김백일 참모장, 신성모 국방부장관, 김경근 국방부 차관) 안에 통적 분자가 있다고 주장하게 되는 원인이 되며, 일각에서는 이승만 남침 유도설의 근거가 되었다.(이형근은 군번 1번 문제로 일본 육사 선배인 채병덕과 개인적으로 사이가 매우 안 좋은 상태이며, 이것은 국군 창설 첫날이자 최초의 파벌 싸움의 시초가 되었다

[4] 한국전쟁의 원인과 경과

가. 원인

한국 전쟁은 북의 의지로 발발하였으며, 구소련 스탈린과 중화인민공화국 마오쩌둥의 지원을 약속(김일성은 소련의 지원이 충분하므로, 중국 공산당의 지원은

받지 않겠다고 말했음) 받고 일으킨 남침이며, 이 설명은 대한민국과 미국의 기록, 공개된 구소련의 비밀문서를 통해 증명되었다. 소련공산당의 니키타 흐루쇼프 전(前)서기장은 그의 회고록에서 한국 전쟁은 김일성의 계획과 스탈린의 승인으로 시작되었다는 점을 밝혔다.

결국 구소련 비밀문서(秘密文書)의 공개에 따라 조선인민군의 남침은 김일성이 주도한 것으로 밝혀졌고, 중화인민공화국의 지원을 약속받은 것도 김일성이라는 것이 밝혀져 내란 확전설, 이승만 유도설 등은 그 설득력을 잃고 있다.

비교적 폐쇄적인 조선민주주의인민공화국의 공산주의 체제의 특성, 참전자 증언, 구소련의 공개된 문서를 고려할 때, 조선민주주의인민공화국이 주장하는 '이승만 북침설'은 설득력이 없다.

중화인민공화국의 경우, 대한민국과의 수교 이전 조선민주주의인민공화국의 주장인 '북침설'을 공식적으로 동의하였으나, 최근의 경제개방과 대한민국과의 수교 이후에는 '남침설'을 정설로 인정하고 있다.

중화인민공화국은 1996년 7월에 한국 전쟁의 기록을 '대한민국의 북침에서 북한의 남침으로' 수정하는 역사 교과서 개정을 하였다.

▲ 전쟁기념관에서 전시 중인 러시아어로 된 남침작전 계획서

소련의 붕괴 이후 베일에 싸여 있던 한국 전쟁 관련 비밀문서가 공개된 이후, 한국 전쟁의 원인은 '남조선로동당 박헌영의 설득을 받은 조선민주주의 인민공화국의 김일성이 대규모의 대한민국 침입을 계획하고, 스탈린의 재가를 얻어 개시된 것으로 밝혀졌다. 이 과정에서 스탈린은 김일성의 재가를 무려 48번이나 거절하고, 전방 위주의 게릴라전만 허용했지만, 김일성의 강력한 의지를 꺾을 수 없어서 결국 스탈린은 남침을 승인(南侵 承認)하고 말았다.

미국의 사회학자 브루스 커밍스에 따르면, 당초 예상했던 것보다 스탈린이 훨씬 더 깊이 개입해 있었다고 한다. 영국 정보기관에서 나온 문건에 따르면, 스탈린은 김일성에게 '미국은 대한민국을 지켜 주지 않을 것'이라고 말한 바 있다.

나. 경과

김일성의 명령 : '대한민국이 먼저 공격해 왔으므로 부득이 반격한다'는 허위 선전을 하면서, 소련에서 지원해 준 전차를 앞세운 '조선인민군'(북괴군)이 6월 25일 새벽 4시경, 38도선과 동해안 연선 등 11개소에서 경계를 넘어 대한민국을 기습 남침하였다. 대한민국은 수적으로 열세인 데다 장비도 태부족이었다. 오전 9시경에는 개성방어선을 격파당하고, 당일 오전에 동두천과 포천이 함락되었다.

26일 오후에 의정부를, 27일 정오에는 이미 서울 도봉구의 창동 방어선이 뚫린 국군은 미아리 방어선을 구축하였으나, 침략군의 전차 등 기동부대에 의해 붕괴되고 말았다.

개전 사흘째인 28일 새벽에는 서울 시내가 점령되었고, 오전 2시 30분에 미국 공군 항공기가 한강에 있던 한강 대교를 "당시 미 공군이 사용하던 항공기 투하용 'AN-M64' 미제 폭탄"으로 한강 대교와 한강 철교를 폭파시켰고, 이후 서울에는 공산군이 주둔하게 되었다.

북조선 인민군의 대한민국에 대한 기습 남침은 때마침 냉전으로 긴장되어 있는 전 세계에 미친바, 파문은 참으로 전에 없던 것이었다.

전쟁이 발발하자 본국과 연락이 두절된 주미 한국대사 겸 UN 한국 대표 장면(張勉)은 때를 놓치지 않고서 국난을 타개하는 중책을 짊어지고, 비장한 결의로 '6월 24일 당일'(미국은 한국보다 하루 늦음) 우선 미 국무성과 철야 협의한 결과, 한국 문제를 익일 'UN 안보이사회'에 긴급 제소하여, 25일과 27일의 결의로 '북한(北韓)'을 침략자(侵略者)'로 규정하고, '즉시 38선 이북으로 철퇴'할 것과 '회원 국가는 이 침략자를 원조하지 말뿐 아니라, 이를 격퇴시키는데 협력할 것'을 결의하였다.

사태를 중시한 미국 대통령 해리 S. 트루먼은 27일 미해공군에 출동을 명령하고, 다시 30일에는 미 지상군의 한국 출동을 명령함과 동시에 한국 전 해안의 '해상 봉쇄'를 명하였다.

그 사이 6월 28일 수도 서울은 북괴군에게 함락당하였으나, 장면은 '미국의 소리(Voice of America)' 방송을 통해 유엔 결의 사항 등을 본국에 방송하였다.

7월 7일 더글러스 맥아더 원수(元帥)를 총사령관으로 하는 유엔군이 조직되었고, 8일에는 유엔 결의에 의한 유엔 깃발이 처음으로 전장에 나타나게 되었다.

▲ UN기
◀ 맥아더 UN군 총사령관

7월 14일에는 대한민국 국군의 지휘권이 미군에게 이양되었다.

윌리엄 F. 딘 소장이 행방불명이 된 것으로 유명한 대전 전투(7월 20일)를 비롯한 전쟁 초기에 있어서 미국 제24사단과 국군은, 압도적인 병력과 장비를 갖춘 북괴군의 작전에 대항하여 지연작전으로써 후방의 '한 · 미군의 증원 전개'를 위한 귀중한 시간을 얻었던 것이다.

한편 대전을 넘어선 북괴군은 진로를 세(3) 방면(*호남, *경북 왜관(낙동강), *영천 및 포항)으로 침공하였다.

북괴군은 호남 평야를 휩쓸며 남해안 연안으로 침입하는 한편, 경북 북부 전선과 동해안 전선과 호응하면서 세 방면으로 부터 부산-대구의 미군 보급선을 절단하여 한미 양군을 바다로 몰아넣으려는 작전을 강행하였다. 이러한 북괴군의 공세에 밀린 대한민국 정부는 대전과 대구를 거쳐 부산까지 이전하였다.

한 · 미 연합군은 낙동강을 최후전선으로 동해안의 포항으로부터 북부의 왜관 - 남부 해안의 마산을 연락하는 워커 라인(釜山 橋頭堡)를 구축하고, 최후의 결전을 展開하였다.

발발(勃發)과 서전(緖戰)

북괴군은 "선제 타격 전략"으로 불리는 전쟁 개시 작전계획에 따라, 1950년 6월 25일 새벽 4시에 242대의 전차를 앞세우고 38선을 넘어 옹진 · 개성 · 동두천 · 춘천 · 안악 등지의 육로와, 동해안을 돌아 삼척 · 임원진 등지에 상륙하여 일제히 공격해 왔다.

▲ 왜관(경상북도 칠곡군 왜관읍)에서 미군이 버려진 T-34/85를 살펴보고 있다. T-34/85는 공산 국가의 맹추격인 소련에서 대량으로 제작하여 여러 공산권에 뿌린 관계로 당시 북한뿐만 아니라 공산계의 주력 전차였다

▲ 개전 초기 북한 보병의 기본 화기

북괴군 제3경비여단과 제6사단 소속의 제14연대를 동원해 옹진반도에 배치된 한국군 17연대를 공격하였고, 북괴군 제6사단과 제1사단은 한국군 제1사단을 (개성 문산 지구), 북괴군 제4사단과 제3사단은 한국군 제7사단을 (의정부 지구), 북괴군 제2사단과 제12사단은 한국군 제6사단을 (춘천 지구), 북괴군 제5사단은 제12사이드카연대를 배속받아 한국군 제8사단(강릉 지구)을 밀어붙였다.

단 한 대의 전차도 없는 무방비 상태에서 공격을 당한 한국군은 전반적으로 북괴군에게 밀려 후퇴하였다.

한국군은 즉각 주말 외출 중인 장병들을 전원 귀대시키고, 후방 사단들로부터 5개 연대를 일선에 급파하였으나, 26일에 옹진반도의 한국군 제17연대는 할 수 없이 철수했고(해군 LST편), 치열한 공방전 끝에 의정부가 적의 수중에 들어갔

으며, 27일 저녁에는 서울 동북방 미아리 고지를 방어하는 한국군 제5사단 및 제7사단의 진중에 적이 침투하여 피차 적을 분간할 수 없는 육박전이 벌어졌다. 이 혼란 중에 적 전차부대의 일부는 이미 서울 시내에 침입했으며, 정부는 대전으로 후퇴했다.

28일 새벽 3시 한강 인도교가 예정 시간보다 앞서 폭파되고, 한강 이북의 한국군은 총퇴각을 감행해, 북괴군 전투기가 상공을 나는 가운데 도하작전을 전개하여 전원 철수하니, 28일에는 수도 서울이 적에게 완전히 함락되었다.

육군본부는 수원으로 후퇴하고, 도강한 한국군 부대들은 통합 재편되어 한강 남안에 방어선을 구축했다.

▲ 한국전쟁은 제2차 세계대전 이후 민주 · 공산이념의 대결이라는 냉전체제 속에서 소련과 중공의 지원을 받은 북한의 김일성이 대한민국을 공산화할 목적으로 1950년 6월 25일 새벽에 기습 남침을 자행함으로써 일어났다. 전쟁 초기 북한 군은 우세한 군사력으로 개전 3일 만에 수도 서울을 점령하고 두 달도 채 안 되어 낙동강 선까지 남진하였다. 그러나 우리 국군은 군사력의 열세에도 불구하고 온 국민과 함께 총력전으로 공산 침략군에게 대항하여 싸웠다. 유엔은 북한의 불법 남침을 응징하기 위해 한국에 대한 군사원조 안을 결의했고, 이에 따라 21개국이 유엔의 깃발 아래 한국을 지원함으로써 공산 침략군을 격퇴하고 조국과 자유를 수호할 수 있었다.

1953년 7월 27일 판문점에서 휴전협정이 조인됨으로써 3년 1개월간의 한국전쟁을 종전 아닌 휴전의 상태로 남게 되었다.

한민족은 오랜 역사와 문화적 전통을 지닌 통일 민족국가다.

하지만 주변 강대국들이 식민지 쟁탈전을 전개하면서 한반도는 위기에 처하게 됐다.

ㅋㅋ

꿀꺽.

어떤 나라든 침략해서 뺏어버려!

먼저 차지하면 우리 땅이다.!

1910년 8월 22일. 일본이 대한 제국을 침략했다.

으악!

퍽

일본은 강제로 <한일합병조약>을 체결해 대한 제국을 약탈했다.

매국노 이완용

통감 데라우치

제1조.
한국 전부에 관한 일체의 통치권을 완전히 또 영구히 일제에게 넘긴다.

도장!

꾹.

1943년 11월 27일, 미국·영국·중국 등 3개국의 정상이 참석한 <카이로 회담>이 열렸다.

장제스 　 루스벨트 　 처칠

식민지 상태의 한국을 독립시키기로 합의합시다.

찬성합니다!

1945년 2월 4일~ 11일, 2차 세계대전 이후를 의논하기 위해 <얄타 회담>이 열렸다.

스탈린 　 루스벨트 　 윈스턴 처칠

전쟁이 끝나면 한국은 미국, 영국, 중국, 소련 등 4개국이 일정 기간 동안 신탁통치를 거친 후 독립시킵시다.

프랭클린 루스벨트

오케이! 합의합니다.

1945년 8월 6일과 8월 9일, 일본의 히로시마와 나가사키에 원자폭탄이 떨어졌다.

1945년 8월 15일, 일본이 항복을 선언함으로써 제2차 세계대전이 종결되었다.

드디어 한국은 36년 일제 강점기 식민 지배에서 해방되었다.

대한 독립 만세!

와

와

와

만세!

이제 한국 스스로

새로운 나라를 세워봅시다.

그런 상황에서 소련이 한반도 전역을 점령하려고 시도하자 미국이 반대했다.

중간 지점인 북위 38도 선을 경계선으로 정해서 북쪽에는 소련군이, 남쪽에는 미군이 진주하여 일본군을 몰아냅시다.

좋습니다.

그때부터 한국은 미군과 소련군에 분할 점령당한 분단 국가가 되었다.

슬프다. 비극의 시작.

1945년, 소련군은 평양에 진주했고 미군은 서울에 진주했다. 그러나 두 나라의 생각은 달랐다.

소련군
●평양
●서울
미군

38도선은 일본군의 무장해제를 위해 임시로 정한 것이다.

미국

쭈욱

38도선을 만든 후 북쪽을 서서히 소련처럼 만들어야겠다.

소련

미국과 소련이 한반도 문제를 해결하지 못하자 결국 이 문제는 국제연합 유엔(UN)으로 이관되었다.

찡

한국에서 유엔 감시아래 <통일한국의 정부>를 수립하기 위한

총선거를 실시합시다.

미국

새로운 정부가 수립되면 미국·소련 양군은 철수합니다.

그러나 소련은 <통일한국 정부> 수립 총선거에 반대했다.

안돼!

북한에서의 유엔 활동을 반대합니다. 우리 맘대로 할 것입니다.

소련

1948년 2월.

그렇다면 총선거가 가능한 남한에서 먼저 선거를 하고 독립정부를 수립합시다.

UN

찬성.

1948년 8월 15일. 유엔의 감시아래 남한에서 먼저 선거가 실시되었고 초대대통령으로는 이승만대통령이 취임했다.

慶 大統領就任

이승만

하나님과 동포 앞에서 나의 직무를 다하기로 맹세합니다.

동포 여러분들도 민족의 행복을 위하여 최선을 다해 주십시오.

소련은 북한에서 소련식의 선거를 실시 했고

최고인민회의대

선거실

김일성을 내세워 〈조선 인민공화국〉 이라는 공산정권을 발족시켰다.

김일성

수단과 방법을 가리지 않고

목표를 이루고야 말겠다.

소련의 도움을 받은 북한군 규모는 점점 커지는구나.

내 목표는 남침을 통해 통일을 성취하는 것이다.

1950년 4월, 김일성은 남침 동의를 얻기 위해 소련 공산당 서기장 스탈린을 찾아갔다.

중국이 동의한다는 조건으로 북한의 남침 전쟁을 승인하겠소.

스탈린

1950년 5월, 김일성은 중국공산당 주석 모택동을 방문해 전쟁 승인을 받아냈다.

알겠소.

군인과 무기를 동원해 당신을 지원하겠소.

모택동

감사합니다. 남한을 불바다로 만든 뒤에 .

통일시키겠습니다.

김일성

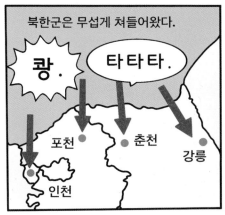

북한군은 무섭게 쳐들어왔다.

한국의 많은 군인은 외박이나 휴가를 나간 상태였다.

북한의 김일성은 6월25일 오후 1시35분 평양방송을 통해 거짓말로 남침을 은폐했다.

남한이 오늘 옹진반도에서 북한을 공격해서 북한이 반격했습니다.

이 전쟁은 남한을 해방시켜 <조선민주주의인민공화국>으로 통일을 성취할 전쟁입니다.

1950년 6월 28일, 북한의 기습남침으로 무방비상태의 수도 서울은 3일 만에 힘없이 점령당했다.

7월 5일에는 오산, 7월 24일 대전, 7월 말엔 목포와 진주, 8월 초엔 김천과 포항을 함락시켰다.

이승만 대통령과 국군은 서울을 포기하고 남하할 수밖에 없었다.

북한군의 남침으로 38선 전역이 초토화됐을 때 동해에서 승전보가 전해졌다.

타타타타
쿵

대한민국 해군의 첫 전투함 PC-701백두산 함이 승리했다!

와!
와

1950년 6월 26일 새벽 1시 38분, 부산 상륙을 위해 침투하던 북한 인민군 선박을 격침한 것이다.

쾅
쾅

백두산 함이 적선을 발견한 것은 6월 25일 오후 8시 20분쯤이었다.

남하하는 국적 미상의 괴선박을 발견했습니다.

국적 확인을 위해 1시간이나 추적하면서 신호를 보냈으나

답이 없습니다! 수상합니다.

뚜뚜뚜
뚜뚜뚜뚜뚜

적선이라고 판단한 우리 해군은 즉시 해군 본부에 보고했다

정체불명의 괴선박을 발견했습니다!

잠시 후 해군본부로부터 명령이 떨어졌다.

즉시 격침하라!

백두산 함은 3km 밖의 괴선박을 향해 3인치 주포를 발사했다.

콰콰 쾅쾅

괴선박에서도 응사해왔다. 대한 해협에서 해상 전투가 벌어진 것이다.

쿵쿵쿵 쾅 쾅

타타타타타

오후 9시 30분부터 시작된 전투로 괴선박은 마침내 26일 새벽, 울산 앞바다에서 침몰됐다.

쿵

으악!

대한민국 해군의 함포 사격에 명중된 것입니다.

와! 승리했다!

와

와

평상시에 훈련만 하고 실제 함포 사격을 한 번도 해보지 못했는데

그런 승조원들이 승리했다고?

이것은 완벽한 기적입니다.

괴선박은 600명의 북한 무장 게릴라 병력을 싣고

부산으로 침투하려던 북한 인민군 특수부대의 선박인 것으로 확인됐다.

북한은 남침을 시작한 6월 25일에 부산에 상륙, 후방을 교란할 목적으로

부산

인민군 특수부대 요원을 동해상으로 침투시켰던 것이었다.

만세!

예상치 못했던 대승리다!

해군 본부

출항하기 전 승조원들은 물 한 잔으로 건배하며 승리를 다짐했다.

챙

필승!

죽을지도 모르니 시체만이라도 깨끗하게 전원이 새 군복으로 갈아입어라!

한 번도 실탄 사격을 못해 봤는데

내가 처음 쏜 총이 명중할 줄은 몰랐다.

탕탕 탕

만일 그때 괴선박을 발견하지 못하고 북한 특수부대원 600명이 부산에 상륙했다면?

낙동강 방어선이 구축되기 전에 부산은 쑥대밭이 되었을 것이다.

끔찍해!

부산

북한 특수부대의 후방 공격으로 인해 아군이 우왕좌왕했다면

하마터면 대한민국이 사라졌을지도 모를 일이었다.

생각만 해도 소름 끼친다.

대한민국 해군은 1945년 11월 11일 창설됐지만 전투함은 단 1척도 없었고 경비 전함 어업 지도선(목선)뿐이었다.

뚜우우웅

해군 참모총장 손원일 제독은 전투함을 구하기 위해 모금 활동을 전개했다. 해군 장교들 봉급에서 매월 5~10%를 떼어 기금적립을 했고, 장교 가족들은 삯바느질을 해가며 기금조성에 보탰다.

해군의 아버지 손원일 제독

모금한 총 6만 달러를 가지고 미국 해양대학교에서 퇴역한 초계정〈화이트헤드소위〉호를 구매한 뒤

와
와
701

2달간 정비 후 1949년 12월 26일 뉴욕에서 명명식을 갖고 〈백두산 함〉이라는 이름을 붙였다.

멋지다!

귀국하는 길에 하와이 진주만에서 3인치 주포 3문을 장착하고 괌에서 3인치 포탄 100발을 구매했다.

한국

태평양

괌

하와이

1950년 4월 10일, <백두산 함>이 하와이를 거쳐 한국에 들어왔다.

역사적인 순간이다.

드디어 왔어.

대한민국 해군이 보유한 자랑스러운 첫 전투함이었지만 내용은 초라했다.

....

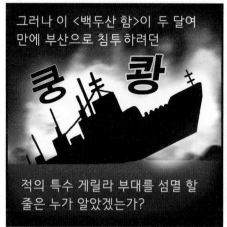

그러나 이 <백두산 함>이 두 달여 만에 부산으로 침투하려던

적의 특수 게릴라 부대를 섬멸 할 줄은 누가 알았겠는가?

정말 기적 같은 일이다!

대한민국 해군 만세입니다!

미국은 소련을 의심했다.

6.25 한국 전쟁은 북한이 단독으로 일으킨 것이 아니다.

소련은 한국을 공격한 다음엔 일본, 그 다음엔 미국을 공격할 것이다. 가만 둘 수 없다.

1950년 6월 25일, 미국은 유엔(UN) <안전보장 이사회>를 소집하고 북한군의 불법 전쟁행위를 중지하라고 결의했다.

NO!

북한의 무력공격은 평화를 파괴하는 침략행위입니다.

북한은 즉시 전투행위를 중지하고 그 군대를 38선으로 철군시킬 것을 요청합니다.

동의합니다!

유엔 회원국들은 한국에 원조하십시오. 북한은 어떤 원조도 중지하십시오.

동의.

즉시 지원하겠습니다.

이렇게 구성된 16개국 유엔군들은 한국에 병력과 장비를 지원하였다.

벨기에
미국
룩셈부르크
캐나다
영국
프랑스
필리핀
네덜란드
태국
남아공화국
에디오피아
뉴질랜드
콜롬비아
터키
그리스
호주

1950년 6월 27일.

북한군을 남한에서 반드시 격퇴하십시오.

트루먼

알겠습니다. 반드시 승리하겠습니다.

북한군이 미아리고개를 넘어서면서 국군 방어선이 돌파되었다.

비상입니다! 서울 최후의 방어선이 무너졌습니다.

매우 심각한 상황입니다!

북한군의 진격을 늦춰야겠다. 한강교를 폭파하라!

채병덕 소장

넷! 알겠습니다.

1950년 6월 28일 새벽 2시 30분경, 국군은 한강인도교와 함께 3개의 철교를 폭파했다.

1950년 7월, 국군은 북한군의 공격에 후퇴를 거듭하다가 낙동강 이남 지역만 남기고 모든 지역을 빼앗겼다.

포항
대구
부산

총 공격 하라우! 9월 안에 전쟁을 끝내자!

더 이상 물러설 곳이 없는 최후의 상황이다! 돌격하라!

한국 정부는 부산을 임시 수도로 정하고 낙동강 일대에 최후 방어선을 구축했다

목숨 걸고 지켜야 한다!

더 이상 밀리면 안 돼.

1950년 8월 1일부터 9월 24일까지 국군과 유엔군이 낙동강 부근에서

북한군의 공격을 방어한 〈낙동강 전투〉가 벌어졌다.

1950년 7월 20일, 김일성은 수안보까지 내려와 명령했다.

8월 15일까지 반드시 부산을 점령해야 한다! 알겠지?

경상도는 거의 점령했다!

대구와 부산만 삼키면 된다! 공격!

낙동강 전선이 뚫리면 대한민국이 끝장난다!

목숨 걸고 사수하라!

전원 돌격하라!

와

와 와 와

탕

낙동강 전투로 북한군은 7만여 명의 병력을 잃었지만 공격은 9월에도 이어졌다.

쿵 쾅 쿵

포기할 수 없다! 동무들 다시 공격하라우!

탕

타타타타타타

국군은 북한군에 밀리다 낙동강 지역에 방어선을 구축했다.

다부동이 뚫리면 전쟁에서 승리하기 힘들 것이다!

목숨 걸고 이곳을

지켜야 한다.

다부동 전투는 6.25전쟁 당시 가장 치열했던 전투로 꼽힌다.

대한민국 국군이 대구로 진출하려던 북한군의 공세를 저지시킨 전투이다.

북한군은 낙동강 방어선을 뚫기 위해 백선엽 장군이 사단장이었던 국군 1사단을 공격했다.

국군들은 굶주림에 점점 지쳐갔고 공포에 질려 하나 둘 무단이탈을 했다.

이제 더 이상 못 버티겠습니다.

우리는 후퇴하겠습니다.

후다닥

그때 국군 1사단 백선엽 장군이 공포에 질린 병사들 앞에 나섰다.

나라가 망하기 직전이다.

미군들도 싸우고 있는데 우리가 후퇴 할 수는 없다.

쿵 쿵 쿵

……

내가 등을 돌리면 나를 쏴라. 내가 앞장 서겠으니

제군들이여 나를 따르라!

알겠습니다!

장군님과 함께 반드시 승리하겠습니다!

충성!

돌격! 백선엽 장군을 따르라!

탕

탕 탕

그렇게 힘을 낸 국군 제1사단은 다부동 전투에서 북한군 3개 사단을 격퇴하고 승리를 거두었다.

탕 탕

만세! 드디어 승리했다!

와아아

다부동 전투에서 북한군은 5,690여 명, 국군과 미군은 3,500여 명이 전사했다.

전쟁은 역전됐다! 이제 희망이 보인다.

국군과 유엔군이 낙동강 전선을 고수함으로써 인천상륙작전을 감행할 수 있었다.

와아아아

와아아아

1950년 6월 29일, 도쿄에 있던 맥아더 장군은 북한군과 치열한 전투가 벌어지던

서울 영등포의 한강 방어선을 시찰한다.

진지에서 당시 스무 살이던 한 병사와 맥아더 장군이 만났다.

병사! 다른 부대는 다 후퇴하는데 자네는 왜 방어선에서 물러서지 않는가?

쿵

상관의 명령 없인 절대 후퇴하지 않는 게 군인입니다.

쿵

쿵 쿵

철수 명령이 떨어지기 전까지 죽어도 여기서 죽고, 살아도 여기서 살 것입니다.

!

대단한 민족이구나. 내가 이 나라의 자유를 찾아주어야겠다.

소년 병사에게 훌륭한 군인이라 전해주시오.

그리고 약속합니다. 일본으로 돌아가는 즉시 지원군을 보내주겠습니다.

한국은 부산 근교만 남기고 대부분 북한군에게 빼앗겼다.

전방과 후방을 단절시켜 보급로를 끊기 위해서는 인천을 공격해야겠다.

인천

굿!

인천은 섬이 많아서 쉽지 않을 겁니다. 적의 기뢰도 많고 갯벌도 걱정입니다.

현재 상황을 뒤집을 카드는 기습적인 상륙 작전뿐이다.

국군은 인천 상륙작전 실시에 맞추어 북한군을 교란하기 위해 인천과 정반대 방향인 경북 영덕군 장사리 일대에 상륙작전을 시도했다.

돌격하라!

그러나 유격대와 전투 경험이 없는 772명의 학도병들을 태운 LST 문산 호는

악천후 속에서 좌초하고 만다.

아악!

발사!

깡그리 죽이라우!

그때 북한군의 대대적인 공격을 받고 평균 나이 17세, 훈련 기간 단 2주에 불과했던 많은 학도병들이 희생되었다.

.....

하지만 장사리 상륙작전은 악전
고투 끝에 성공하여 북한군의 주요
보급로인 7번 국도를 차단했다.

휘이이

절대 포기
할 수 없다.

끝까지
지켜야 돼.

7일 넘게 방어한 장사리 상륙작전은
인천 상륙작전의 성공과 북한군 전력
약화에 큰 힘이 됐다.

쿵 ☆

정말 중요
하고

의미 있는 전투였다.

잊지 않겠다.

인천 상륙 작전이 성공한 뒤, 장사리 아군 구조작전이 진행되어 철수
했지만 전사 139명, 포로 39명의 막대한 피해는 막을 수 없었다.

전쟁 발발 3개월 만인 9월 27일, 연합군은 서울을 탈환했고 9월 말까지 북한군을 모두 물리쳤다.

서울을 다시 찾았다!

UN 군이 진격하여 38°선에 접근하게 되자 긴급 명령이 떨어졌다.

북한으로의 진격을 승인 합니다.

10월 7일, UN 총회에서 북한 진격을 허용하는 결의안이 통과되자 한국군과 맥아더장군, 유엔군이 북진을 시작했다.

한국

전 병력을 투입해 압록강과 두만강까지 진격하라!

그러나 이러한 계획은 중국군의 참전으로 빗나가고 말았다.

국군과 UN군이 압록강까지 진격하자 중국은 북한의 요청을 받아들여 3차에 걸쳐 100여만 명의 군대를 파병했다.

쿵

돌격!

콰콩

앞으로
진격하라!

콩

타타타타

탕!

저게 뭐야?
개미 떼처럼
몰려드는구나.

중국군의 개입과 동시에 북한군은 38선을 남하해 공격했다. 1951년 1월 4일, 서울이 다시 북한군에게 점령되었다.

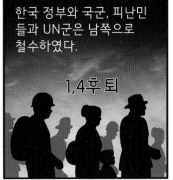

한국 정부와 국군, 피난민 들과 UN군은 남쪽으로 철수하였다.

1.4후퇴

자유는 공짜가 아니다! 151

미군 1 해병사단이 북한의 임시 수도인 강계를 점령하려다

탕 탕
탕
콩
탕 타타타타타

오히려 장진호 근처의 산속에 매복한 중공군에 포위되었다. (7개 사단 병력, 12만 명 규모)

미 연합군 3만 명, 중공군 15만 명이 대치한 장진호 전투는 전사자보다 동사자가 더 많은 끔찍한 전투였다.

영하 40도의 추위.

얼어 죽겠다.

덜덜덜

칠흑 같은 어둠 속에서 치열한 육탄전이 계속 됐다.

죽여라! 돌격.

이 전투로 미군은 2,500여 명, 중공군 은 25,000여 명이 전사했다.

그러나 아군은 전멸 위기를 겪었다가 후퇴에 성공했다.

아군의 철수는 1950년 11월 27일 부터 2주간 계속되었다.

휘이이이이

이 후퇴작전을 통해 미군은 중공군의 남하를 지연시켰다.

한국군과 유엔군, 피란민 등 20만 명이 이 후퇴작전으로 남쪽으로 철수할 수 있었다.

휘이이이이이

우리는 후퇴하는 것이 아니라 다른 방향으로 공격 하는 것이다.

스미스 장군

만약 미군이 장진호 에서 몰살당했다면?

그렇 다면?

한반도는 다시 공산군에 점령 되었을 수도 있었다.

그래서 장진호 전투가 대단한 것입니다.

장진호 전투 이후 중공군에 의해 전세가 불리해지자 UN군 사령부는 흥남에서 부산으로 철수를 지시했다.

흥남

부산

이것이 1.4 후퇴의 시작입니다.

1.4 후퇴

함경도 지역의 병력과 피난민이

남쪽으로 내려갈 육로가 끊겼다.

배로 철수해야 한다.

흥남부두 철수작전은 193척의 군함으로 군인 10만 명, 민간인 10만 명을 남쪽으로 탈출시킨 사건이다.

배고파 엄마.

배에 있는 무기를 다 버리고 피난민을 태우세요.

굳세어라 금순아.

승선자 :
14,005명.

엄청나게 많이 탔구나.

무려 정원의 230배가 탔어.

메러디스 빅토리호의 라루 선장은 최대한 많은 피난민을 태웠다.

흥남부두는 마지막 선박이 철수 한 뒤 공산군이 사용 하지 못하도록 폭파했다.

쾅

콰쾅.

쾅!

피난민들이 도착한 부산에는 이미 백만 명의 피난민들이 살고 있어서

꼬르륵.

메러디스 빅토리호는 행선지를 거제도로 변경했다.

자유를 향해.

가자!

MEREDITH VICTORY

추위와 굶주림 속에서도 빅토리호 승선자들은 3일간 항해를 계속했다.

운항 중에는 놀랍게도 배 안에서 5명의 아기가 태어났다.

1950년 12월 25일 크리스마스. 승선자 14,005명은 단 한 명의 희생자도 없이 거제도 장승포항에 도착했다.

그것은 크리스마스의 기적이었다.

감사합니다.

드디어 살았다.

메러디스 빅토리호는 기적의 배로 세계 기네스북에 등재되었다.

최고!

한 척의 배로 가장 많은 생명을 구출한 세계최고기록.

1953년 7월 27일 판문점, 북한과 중국, 그리고 연합군을 대표하여 미국이 정전협정을 체결하였다.

1951년 7월부터 2년 동안 휴전협정이 진행됐지만 대한민국은 제외됐다.

협정의 체결 주체가 아니었다.

미국 북한 중국

대한민국

6·25 전쟁은 휴전 상태로 들어가고

접근금지

통일을 원하는 국민들이 반대 시위를 했지만 분단은 굳어졌다.

와

분단절대반대

반대

남북 분단 절대 반대!

휴전 협정 반대!

통일 아니면 죽음

아! 슬프다.

와

절대반대

반대

다행인건 유엔군들과 국군이 흘린 피의 대가로

대한민국은 자유민주주의 국가가 됐다.

하마터면 우리도 공산국가에서 자유도 없이 고통 당하며 살았을 거야.

끔찍해.

3년 1개월 2일간 계속된 6.25 전쟁으로 인한 인명피해는 약 450만 명에 달한다.

동족상잔

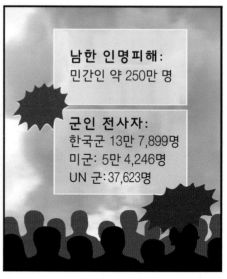

남한 인명피해:
민간인 약 250만 명

군인 전사자:
한국군 13만 7,899명
미군: 5만 4,246명
UN 군: 37,623명

이 땅에는 아직도 남북으로 흩어져 만나지 못하는 이산가족이 존재한다.
기억하라! 남침으로 시작된 끔찍한 6.25전쟁은 지금 휴전 중이다.

전쟁은 아직 끝나지 않았다.

"학도병아 잘 싸웠다."

Student Soldiers Fought the good Fight!

1950년 8월 11일 학도병 71명, 포항여중에서의 결사항전

73년 전 8월 11일 포항여중에서의 치열하고 처절했던 11시간 30분의 피의 전투는 확실하게 잘 싸웠고나라를 잘 지켰으며, 백 번, 천 번, 만 번이라도 '잘했다' 칭찬 들어 마땅하며, 청사에 길이길이 빛날 피와 땀과 눈물의 전투였다.

6.25전쟁 속에서 수없이 산화한 학도병의 부분적인 기록이지만, 6.25전쟁과 같은 동족상잔의 비극이 다시는 발발하지 않도록 경각심을 고취시키고 있다는 점에서 이들의 희생은 너무나 숭고하고 귀하다.

조국이 풍전등화의 경각에 놓였을 때, 조국과 민족을 지키고자 과감히 전장에 뛰어들어 죽음을 불사하고 공산군과 싸우다 장렬히 산화한 어린 학도의용군들의 반공정신과 우국충정, 애국심을 다시 고취시키며 그들의 호국정신을 우리 후손 만대 기려야 할 것이다.

▶김만규 목사(생존하는 학도병)의 저서
▼김만규 목사의 저서 '학도병아 잘 싸웠다!'를 바탕으로 만든 감동 실화 영화 '포화 속으로' 포스터 (2010년 6월 10일 개봉)

자유민주주의를 지키기 위해 중, 고, 대학생들이 학도병으로 군대에 자원했다.

조국이 위기에 빠졌는데 보고 있을 수만은 없다.

저희도 싸우겠습니다!

학도병들은 전쟁 시작 3일 후부터 기꺼이 전쟁터로 나섰다.

조국이 없으면 우리도 없다. 나라를 지켜야 한다.

군번은 없지만 국가를 위해 목숨을 바치겠습니다.

와아아아아

처절한 전쟁 속에서 학도병 5만 여명이 공산군들과 싸웠고 수많은 학생들이 희생당했다.

물러설 수 없다!

공격하라!

타타타타

탕

악.

퍽!

1950년 8월 11일 새벽 3시경, 국토의 90%를 빼앗기고 부산 일대만 남은 상태에서

제3사단 후방 지휘소가 있는 포항여중에서 큰 싸움이 있었다.

북한군은 전략 요충지인 포항을 장악하기 위해 8월 초부터 공격을 강화했다.

그런 상황에서 이우근을 포함한 71명의 학도병들이 북한 정규군의 공격을 11시간 30분 동안 막아낸 것이다.

당시 포항에는 많은 군수물자와 비행장도 있었다.

심각하군.

포항이 뚫리면 경주, 울산까지 속수무책으로 당할 텐데.

부우우웅

북한군은 장갑차와 기관포, 자동소총으로 무장한 12사단, 5사단, 유격 766 부대 등 2만 5천여 명이 몰려왔다.

와 와 와

불과 2개 소대밖에 안 되는 학도병들은 후퇴도 거부한 채 목숨을 걸고 끝까지 싸웠다.

이 자리를 끝까지 지켜야 한다!

악 펙 와

물러설 수 없다!

돌격하라!

와 와 애국 애국

학도병들은 실탄이 떨어지자 북한군이 던진 수류탄을 주워서 다시 던지기도 했다.

슈우우우

콰쾅

급기야 사단사령부에 지원을 요청했지만 통신은 되지 않았다.

아무 소리도 안 들려.

이제 육탄전뿐이다. 절대 포기할 수는 없어.

탕.

조국에 목숨을 바치자! 공격!

다 죽여! 돌격!

쿵

퍽

팍

아

학도병들이 싸우는 동안에 포항 시민 20여만 명이 피난을 했고 국군은 재정비를 할 수 있었다.

포항여중전투에서 학도병들은 교복 차림 그대로 48명이 전사했고
대부분 부상, 실종됐으니 사실상 전멸한 셈이었다.

으...

아.

그중에 학도병으로 참가한
이우근 학생은 죽기 전에
뜻깊은 글을 남겼다.
(17세, 서울 동성중 3학년)

어머니!
나는 사람을
죽였습니다.

같은 피를 나눈 동족이라고 생각하니
가슴이 답답하고 무겁습니다.
적군은 너무나 많습니다.

우리는 겨우
71명입니다.

어머니께 보내는 편지

서울 동성중학교 3년 학도병 이우근

어머님! 나는 사람을 죽였습니다. 그것도 돌담 하나를 사이에 두고, 十여명은 될 것입니다.
저는 二명의 특공대원과 함께 수류탄이라는 무서운 폭발 무기를 던져 일 순간에 죽이고 말았습니다.
수류탄의 폭음은 저의 고막을 찢어 놓고 말았습니다.
지금 이 글을 쓰고 있는 순간에도 제 귓속은 무서운 굉음으로 가득 차 있습니다.
어머님, 괴뢰군의 다리가 떨어져 나가고, 팔이 떨어져 나갔습니다.
너무나 가혹한 죽음이었습니다. 아무리 적이지만 그들도 사람이라고 생각하니
더욱이 같은 언어와 같은 피를 나눈 동족이라고 생각하니 가슴이 답답하고 무겁습니다.
어머님! 전쟁은 왜 해야 하나요. 이 복잡하고 괴로운 심정을 어머님께 알려 드려야
내 마음이 가라앉을 것 같습니다. 저는 무서운 생각이 듭니다.
지금 제 옆에는 수많은 학우들이 죽음을 기다리고 있는 듯, 적이 덤벼들 것을 기다리며
뜨거운 햇볕 아래 엎디어 있습니다. 저도 엎디어 이 글을 씁니다.
괴뢰군은 지금 침묵을 지키고 있습니다. 언제 다시 덤벼들지 모릅니다.
저희들 앞에 도사리고 있는 괴뢰군 수는 너무나 많습니다. 저희들은 겨우 七一명 뿐입니다.
이제 어떻게 될 것인가를 생각하면 무섭습니다.
어머님과 대화를 나누고 있으니까 조금은 마음이 진정되는 것 같습니다.
어머님 어서 전쟁이 끝나고 "어머니이!"하고 부르며 어머님 품에 덥썩 안기고 싶습니다.
어제 저는 내복을 제 손으로 빨아 입었습니다. 비눗내 나는 청결한 내복을 입으면서
저는 한 가지 생각을 했던 것입니다. 어머님이 빨아주시던 백옥 같은 내복과 제가 빨아 입은
그다지 청결하지 못한 내복의 의미를 말입니다.
그런데 어머니! 어쩌면 제가 오늘 죽을지도 모릅니다. 저 많은 적들이 저희를 살려두고
그냥은 물러갈 것 같지가 않으니까 말입니다. 어머님, 죽음이 무서운 것은 결코 아닙니다.
어머니랑 형제들도 다시 한번 못 만나고 죽을 생각을 하니, 죽음이 약간 두렵다는 말입니다.
허지만 저는 살아야겠습니다. 꼭 살아서 돌아가겠습니다. 왜 제가 죽습니까, 제가 아니고
제 좌우에 엎디어 있는 학우가 제 대신 죽고 저만 살아가겠다는 것은 절대로 아닙니다.
천주님은 저희 어린 학도들을 불쌍히 여기실 것입니다.
어머니 이제 겨우 마음이 안정이 되는군요. 어머니, 저는 꼭 살아서 어머님 곁으로
달려가겠습니다.
웬일인지 문득 상추쌈을 재검스럽게 먹고 싶습니다. 그리고 옹달샘의
이가 시리도록 차거운 냉수를 발컥벌컥 한없이 들이키고 싶습니다.
어머님! 놈들이 다시 다가오는 것 같습니다. 다시 또 쓰겠습니다.
어머니 안녕! 안녕! 아뿔싸 안녕이 아닙니다. 다시 쓸 테니까요.....
그럼.... 이따가 또....

당시 전쟁의 참담함과 어머니에 대한 절실한 그리움을 담고 있는 어린 학도병의 마지막 편지는 끝내 부쳐지지 못한 채
그가 전사한 다음날 핏자국에 얼룩져 글씨도 알아보기 힘든 상태로 주머니에서 발견 되었다고 합니다.

학도병들은 제대로 된 훈련 한번 받지 못했다.

전투 경험도 없었지만 자진해서 모여들었다.

쿵 쿵 쿵

북한군의 주력부대가 들이닥치자 국군 3사단 사령부는

북한군

쾅

당시 국군과 학도병 사이에 연락병 역할을 하던 김만규 (15세)에게

명령!

사단사령부를 사수하라는 작전명령과 71명의 학도병을 포항여중에 남겨둔 채

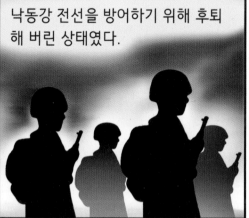

낙동강 전선을 방어하기 위해 후퇴해 버린 상태였다.

새벽 3시부터 시작된 북한군과의 전투는 11시간 30분 동안 계속됐다.

그 시간은 아군이 다시 반격을 준비할 수 있는 금쪽같은 시간이었다.

만약, 학도병들이 견디지 못하고 포항여중 전투에서 처참하게 무너졌다면

북한군이 단숨에 포항으로 들이닥쳤을 것이다.

학도병의 결사항전이 없었더라면

포항 부두에 산더미같이 쌓아놓은 아군의 군수물자도 약탈당했을 것이다.

학도병이 없었더라면 수많은 포항 시민들의 엄청난 인명 피해와

영일만 아군 비행장의 위협도 가중되었을 것이다.

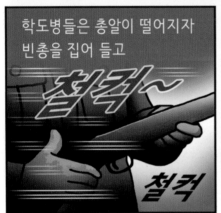

학도병들은 총알이 떨어지자 빈총을 집어 들고

최후의 돌격인 육박전으로 싸울 수밖에 없었다.

그러나 학도병들은 대부분 죽거나 포로가 되었다.

분하다.

드디어 전투가 멈추었고 수많은 시체들이 운동장에 가득했다.

......

이날 학도병은 48명 전사, 행방
불명 처리 10명, 13명은 적의
포로가 되었다.

북한군은 학도병에 의해
350명이 사살되었다.

치열한 전투가 끝난 후 일부
학도병들은 포로가 되어 끌려
갔고

포로수용소에서 10일간 고생을
하다가 총살을 당하게 되었다.

학도병 포로 중에 대구 봉산 교회
주일학교를 다녔던 김만규는 울면
서 간절히 기도했다.

하나님
한 번만 살려
주이소!

바로 그때였다.

갑자기 유엔군 전투기가 나타나 폭탄을 퍼붓고 기총 사격을 가하자

북한군의 총살 집행이 중지되었다.

앗!

탕탕탕

학도병들은 구덩이에 뛰어들어가 숨어 있었다.

싸

잠시 후 두 번째 총살이 집행될 때 엄청난 폭우가 쏟아졌다.

싸아

그 덕분에 기회가 찾아왔다.

가자!

김만규 학도병은 칠흑 같은 어둠을 뚫고 다른 학도병과 함께 탈출했다.

김만규 목사는 그때 인민군 군관이 했던 말이 아직도 귀에 생생하다고 한다.

동무들은 말이 지비 게딱지처럼 땅에 딱 달라 붙어 서리!

우리를 괴롭힌 아주 악질 반동들 임메!

국가를 위해 몸을 바친 학도병들의 희생은 너무나 위대하고 숭고하다.

학도병들의 애국심을 기억하고 존경해야 한다.

學徒兵

그들의 희생이 대한민국의 자유를 지켰기 때문이다.

나라가 6.25전쟁으로
위기에 처했을 때,
우리의 선배 학도병은
나라를 위해 목숨을 바쳤습니다.

지금, 우리는 74년 전 그날의 앳되고 젊은 학도병들이
흘린 고귀한 피의 터전 위에서 자유민주주의를 마음껏 누리며
평안하게 살아가고 있다는 점을 한시라도 잊어서는 안 된다.

우리가 지금 누리고 있는 이 풍요로움과 자유는
결코 거저 얻어진 것이 아니다.
그 전장의 한복판에서 자유를 수호하기 위해
쏟아지는 포탄과 빗발치던 총탄 속에서 피범벅이 되어
이리, 저리 나뒹굴던 어린 학도병들의 처절했던 피의 절규,
땀의 대가임을 되새기며 기억해야 할 것이다.

6.25전쟁에서 잊지 말아야 할,
학도병들의 숭고한 정신과 고귀한 희생!

'살아 있는 자의 의무는 기억하는 것이다.'

義勇千秋 의용천추
"의로운 용기는 천년만년 간다."

1974년 7월 12일,
학도병을 기린 박정희 대통령의 휘호.

"학도병아 잘 싸웠다"
저자 김만규 목사

포항여중에 세워진 학도의용군 명비

6.25 참전 여성 의용군

국가의 위기 상황 속에서 자신의 청춘과 목숨을 걸었던 그녀들이 있기에
지금 우리와 미래가 있습니다.

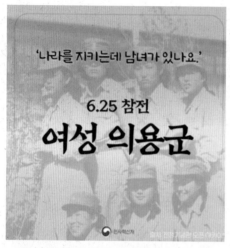

▲ 1950년 9월 여성 의용군교육대 창설 당시 모습

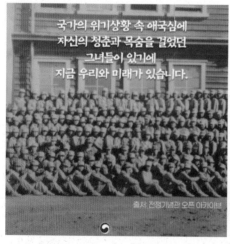

▲ 여성 의용군 행진

▲ 여성 의용군 훈련

6.25 전쟁에서 잊지 말아야 할,
학도병들의 숭고한 정신과 고귀한 희생!

'살아 있는 자의 의무는 기억하는 것이다.'

두 편의 짧은 기록(장사리 전투, 포항여중 전투)이지만,
이를 통해서 오늘을 사는 청소년을 비롯한
젊은 세대들과 어른 세대들이, 이들의 희생으로 누리는 자유의 소중함을
조금이라도 일깨웠으면 하는 바람이 간절하다.

나라를 지키기 위해
목숨을 버린 학도병들의 용기를 기억합니다.
대한민국 만세!!!
학도병 만세!!!

낙동강 방어 작전 (1950. 8. 6~9. 14)

"나를 쏴라!"

한반도의 운명을 건 낙동강 방어 전투가
북한군 24만 명과 한미 연합군 18만 명이 240km의 낙동강 방어선에 전개되었다.
북한군은 무신론 공산주의의 인명 경시 사상으로 무제한 소모전으로 공격해 왔고
한국은 국가 총동원으로 민·관·군이 일체가 되어 대한민국을 지켜냈다.

▲ 낙동강의 방어선 진지로 이동하는 미군 대열. 1950. 8.

"한국군이 이래도 되냐!" 미8군 작전참모의 책망

1950. 8. 21. 천평동 협곡에 위기가 벌어졌다. 천평동 계곡은 대구로 곧바로 이어지는 간선도로로 길목에 국군 11연대 1. 3연 대대가 고지를 지키고 있고 고지 밑에는 미27연대가 전차와 야포로 무장해서 다부동에서 대구로 이어지는 간선도로의 전장을 지키고 있었다. 이들은 강력한 화력으로 북한 탱크부대의 남진을 막는 데 큰 공헌을 하고 있다. 미27연대의 측면을 공격하려고 주력부대를 투입해서 국군 11연대 1대대를 연일 집중 공격했다.

국군 1대대는 보급이 끊겨서 이틀간 밥은커녕 물 한 모금도 마시지 못한 채 밤낮으로 전투를 하다가 더 이상 버티지 못하고 물러서기 시작했다. 천평동 좌측 방어 고지가 뚫리면 미27연대가 고립되고 전차와 야포 등의 장비도 버리고 철수해야 한다. 다급하게 사단장에게 미8군 작전참모가 전화를 했다. "한국군이 이래도 되는 것이냐 적이 온다고 물러나면 우리도 철수하겠다"고 고함을 친다.

여기가 뚫리면 대구 시내가 바로 점령될 수가 있다. 다시 27연대장에게서 전화가 걸려 왔다. "사단장, 적이 내려온다. 한국군이 밀리고 있다. 그대로 놔두면 우리 미군이 고립된다. 계곡이 포위되면 무서운 결과가 나올 수 있다." 다급한 목소리로 외쳤다.

대구로 직결되는 이 도로를 지키기 위해 수많은 장병이 죽어갔다. 너무나 중요한 지역이기에 미27연대 리스 대령에게 일단 기다려 달라. 어떻게든 수습하겠다고 하고 밖으로 뛰어나와 운전병을 불렀다. 전선 시찰 때 동행하는 참모와 부관을 대동할 틈도 없이 운전병을 다그쳤다. 운전병이 급히 차를 몰았다. 저 멀리 다부동이 보였다. 다부동 입구에 들어설 때 핑하는 금속음이 지나갔다. "윽 사단장님 맞았나 봅니다." 운전병이 왼쪽 어깨를 감싸 안고 차가 덜컥거리며 멈춰섰다. 운전병의 어깨와 가슴은 이미 피가 범벅이 되었다. 운전병을 빨리 위생병에게 가라고 말한 뒤 무조건 뛰었다. 산자락까지 꽤 멀리 보였다. 숨이 턱에 닿고, 다리에 힘이 풀리고 숨을 쉴 수 없을 정도로 힘이 들었다.

저 멀리 다부동이 보였다. '정말 이렇게 무너지는 것일까?' 어머니의 하나님을 간절히 찾았다. 여기서 밀리면 우리는 부산 바다에 빠져 죽어야 한다. '정말 이렇게 무너지는 것일까? 어머니 힘을 주세요.' 청상과부로 3남매를 키우며 간절히 의지했던 어머니의 하나님을 나도 찾았다. '이번 위기에서 구해 주시면 앞으로 열심히 믿겠습니다.' 간절했지만 달리 기도할 말이 생각나지 않았다. 다시 힘주어 기도했다. '하나님, 이 위기에서 구해주시면 열심히 믿고 따르겠습니다.' 마음이 평온해 지고 가쁜숨이 가라앉았다. 산 위를 쳐다보니 아군이 밀려 내려오고 있었다. 다시 뛰었다. 다시 숨이 가빠왔다. 산 중턱에서 선두와 마주쳤다.

1대대장 김재명 소령이 눈에 띄었다. "김 소령 이리 와라. 모두 여기에 앉아라." "사단장님 너무 굶고 지쳤습니다. 물도 없어서 모두 버티기가 어려웠습니다." "알았다. 잘 싸웠다. 그러나 이제는 물러설 곳이 없다. 여기서 밀리면 우리는 부산 바다에 빠져 죽어야 한다. 우리가 밀리면 저 아래 미군은 철수한다. 그러면 대한민국은 끝이다. 내가 앞장서겠다. 내가 두려움에 밀려 후퇴하면 너희가 나를 쏴라. 나가서 싸우자"

적들이 저 멀리 나타나더니 우리 쪽을 향해서 내려왔다. 사단장은 권총을 빼들고 적을 향해 나갔다. 부대원들이 따라오기 시작하더니 큰 함성을 지르며 달들고 적을 향해 나갔다. 부대원들이 따라오기 시작하더니 큰 함성을 지르며 달

려왔다. 누군가 사단장의 어깨와 허리를
잡았다. 억센 손이었다. "사단장님 비키
세요. 이제 우리가 앞장서겠습니다." 장
병들은 사단장을 뒤로하고 전선으로 달
려갔다. 그리고 기적적인 승리를 만들어
냈다. 사단장을 주저앉힌 강한 장병들의
용맹함이 마침내 고지를 탈환했다. 적은
고지에서 쫓겨 간 국군들이 다시 함성을
지르며 올라오는 것을 보고 새 증원군이
합세한 것으로 여겼던 모양이다.

북한군의 사기가 꺾이고 말았다. 공격하
다가 다시 되돌아 후퇴하기도 쉽지 않은
북한군은 많은 사상자를 내고 물러났다.
미 27연대장이 백 사단장을 찾아왔다.
먼저 미안하다고 사과했다. 또한 사단장
의 전투지휘 능력을 칭찬했다. 이제 한
미 연합군은 서로 믿고 신뢰하는 전우가
되었다. 만약 천평동 좌측 계곡을 내줬
다면 미27연대는 자칫 몰살당할 수도 있
었다.

그곳을 뚫고 우회해서 미27연대의 후방
을 막고 포위했다면 미27연대는 계곡 속
에 갇히게 되고 탱크와 야포를 비롯한
엄청난 장비를 가지고 신속히 후퇴할 수
가 없으니 참담한 결과가 될 수도 있었
다. 또한 계곡아래 간선도로도 미군이
적에게 내주면 국군은 산 위에서 그대로
고립되고 보급은 받을 수도 없었다. 화

▲ 낙동강 전선에서 미 제24사단을 방문한
워커(오른쪽) 미 제8군 사령관이
처치 미 제24사단장과 작전을 협의하고 있다.
뚝심 있는 명장이었던 워커 장군에게도
1950년 8월 끝자락은 가장 가혹한 위기의 순간이었다.

▲ 낙동강 전투가 한창이던 때, 미 8군사령관 워커(왼
쪽) 장군이 콜린스 미 육군참모총장을 안내, 전선시찰

▲ 1950. 8. 29, 미 제25사단 한 병사가 대구북방
20마일의 낙동강 전선, 마을에 숨어있는 적 저격병을
향하여 수류탄을 던지고 있다.

▲ 1950년 8월 28일 전우가 전사하는 것을 목격한 한
미국 신병이 다른 동료의 어깨에 얼굴을 묻고
흐느끼고 있는 모습.(AP Photo)

▲ 1950. 8. 31. 미 해병대원들이 돌보고 있는
두 전쟁고아 한국 소녀들이
전투 중, 철모를 쓰고 참호 속에 대피하고 있다.

력 지원도 없이 산속에 갇힌 국군은 퇴로도 막혀 참담한 패배를 당했을 것이다. 천평동 계곡은 적군의 거듭된 공세에도 한미연합군의 굳센 방어로 철옹성이 되었다.

북한군의 공세는 발악적이었다. 적의 13사단은 8월 18일부터 23일까지 김일성의 대구 점령의 호된 명령을 수행하고자 7차례나 거센 공격을 해왔지만, 전세는 이미 한미 쪽으로 역전되었다. 미군의 월등한 화력과 고지에서 혈전을 펼치는 국군 용맹함에 악귀처럼 덤벼드는 북한군을 번번이 물리쳤다.

북한군 백선엽 사단장 목에 천 마리의 소를 걸었다. 전선의 기적

1950. 8. 18. 다부동 전선의 상황이 심각해지자 국군 10연대의 1개 대대가 1사단 배속부대로 사단 본부인 동명초등학교에 도착했다. 오후 5시 무렵인데 모두 지치고 피곤해서 쓰러질 지경이었다. 사단장이 대대장에게 묻는다. "밥은 먹었나?" "아직 점심도 먹지 못했습니다." 일단 돼지를 잡게 해서 배불리 먹이고 잠시 쉬게 했다. 먹고 쉬어야 전투도 잘할 것이라는 사단장의 생각이었다. 하룻밤을 사단 운동장에서 숙영하고 다음 날 일찍 전선으로 투입하기로 했다. 그날 밤 11시쯤 적의 특공대가 사단 본부를 급

습했다. 적의 야습 목적은 국군 1사단장을 생포하는 것이었다.

백 사단장의 목에 북한 돈 10만 원을 걸었다. 당시 북한 돈 100원으로 황소 한 마리를 살 수 있었으니, 사단장의 목에 천 마리의 소를 건 것이다. 숙영하던 대대 병력이 신속하게 적이 들어오려는 길목을 막고 일부는 정문을 나와서 적을 우회해서 일제히 적을 제압했다. 일사불란한 대대원들의 공격으로 적은 다수를 잃고 황급히 사라졌다. 지치고 굶주린 대대원들에게 하룻밤 휴식을 준 게 천만다행이었다. 만일 증원부대를 그날 저녁에 전선에 그대로 투입했다면 국군1사단 지휘부는 전멸했을 것이다. 사단 본부에는 20여 명의 헌병이 개인 화기로 지키고 있었고 기관총과 수류탄으로 무장한 300여 명의 적의 특공대를 막지 못했을 것이다.

콜린스 대장과 미 별13개 기념 촬영 후 자리 뜨자마자 적의 포탄 떨어져 하마터면 인천상륙작전 무산될 뻔
8월 23일 낮에 1사단 본부에 중요한 손님이 온다는 연락이 왔다. 사단본부를 찾아온 사람들은 한미 양국의 최고 수뇌부들이었다. 미8군 사령관이 지프차 뒷자리에 타고 상석에는 미 육군 참모총장 콜린스 대장이 타고 상석에는 미 육

콜린스 대장은 모두 이리 오라고 하며 기념 촬영을 하자고 제안했다. 미27연대장의 벙커 옆에 한, 미 별 13개가 기념사진을 찍었다. 콜린스 대장 일행은 곧바로 돌아가고 다른 사람들도 그와 함께 대구로 떠났다. 그 순간 적의 포탄이 사진을 찍던 그 자리에 떨어졌다. 하마터면 미국 대통령의 특사가 잘못되고 인천상륙작전이 무산될 뻔했다.

군 참모총장 콜린스 대장이 타고 왔다. 또한 신성모 국방장관과 육군참모총장 정일권 준장도 들이닥쳤다. 트르먼 미국 대통령이 맥아더의 보고보다 직접 특사를 보내서 한국 전선을 관찰하기 위해서 미 육군 참모총장이 최고의 격전지 다부동을 찾은 것이다. 콜린스 대장은 1사단의 전투 현황을 보고 대단히 흡족해했으며 특히 미군 2개 연대와 국군1사단의 본격적인 연합작전을 펼치는 것을 보고 아주 미더워 했다.

콜린스 대장은 모두 이리 오라고 하며 기념 촬영을 하자고 제안했다. 미27연대장의 벙커 옆에 한, 미 별 13개가 기념사진을 찍었다. 콜린스 대장 일행은 곧바로 돌아가고 다른 사람들도 그와 함께 대구로 떠났다. 그 순간 적의 포탄이 사

우남은 하나님이 대한민국을 지켜 주심과 대한민국의 발전과 번영을
다부동 위기 때도 한 치의 의심도 없이 믿었다.
이 믿음에 하나님이 응답하시고 갖가지 전장의 기적을 주시고
한미 연합군이 불굴의 의지로 전선을 지켜냈다.

진을 찍던 그 자리에 떨어졌다. 하마터면 미국 대통령의 특사가 잘못되고 인천 상륙작전이 무산될 뻔했다. 적의 공세는 그렇게 끊임없이 치열했다.

우남 이승만 대통령 밤마다 금식, 통곡하며 기도

절체절명의 낙동강 전선의 위기에 이승만 대통령은 낮에는 대구와 부산을 오가면서 국민 총동원령을 내리고 미군과 유엔에 외교사절단을 급파하고 미군의 신속한 행동을 요구하며 전선을 격려 방문하는 등 정신없이 바쁜 나날에도 매일 밤 절규하며 기도했다. '하나님 전선에 우리 아이들을 보살펴 주옵소서.' 당시 우남은 대구의 교회에서 하나님은 언제나 정의의 편에 계신다며 자유와 정의를 위해서 이 땅에서 피 흘리는 젊은이와 우방 군을 하나님의 은혜로 보살펴 달라고 기도했다. 그리고 성도들에게 구국의 기도를 요청했다.

우남은 밤마다 금식하며 통곡하며 기도했다. 미군이 좀 더 신속하게 증원되게 하시고 우리 국군들을 지켜주셔서 이 나라를 구원케 하여 주옵소서. 또한 언제나 성도들을 만나면 하나님이 우리를 지켜주시니 아무리 강한 적이 와도 기어이 물리칠 수 있다는 믿음을 갖도록 격려했다. 울어도 못하고 힘써도, 참아도, 못하지만 믿으면 된다는 찬송가처럼 우남은 하나님이 대한민국을 지켜 주심과 대한민국의 발전과 번영을 다부동 위기 때도 한 치의 의심도 없이 믿었다. 이 믿음에 하나님이 응답하시고 갖가지 전장의 기적을 주시고 한미 연합군이 불굴의 의지로 전선을 지켜냈다.

낙동강
방어선 전투

1950년 6월 25일, 기습적인 남침을 감행한 북한은

무기와 훈련이 부족한 국군을 무차별 공격했다.

3일 만인 6월 28일 서울, 7월 24일 대전, 7월 말 목포와 진주가 함락됐다.

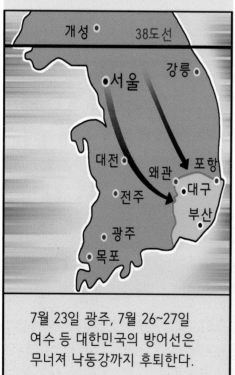

7월 23일 광주, 7월 26~27일 여수 등 대한민국의 방어선은 무너져 낙동강까지 후퇴한다.

이 시기 북한은 대한민국의 90%를 점령하고

마지막 남은 대구와 부산마저 손에 넣고자 파죽지세로 밀어붙였다.

1950년 8월의 낙동강 전선.

북한군은 전차를 앞세운 5개 사단을 투입해 파상공세를 가했고

콩 콩

이를 방어하는 한미 연합군은 보병, 전차, 포병, 항공이 연결된

입체적 방어전을 펼쳐 북한군을 저지했다.

포병

전차

항공

보병

북한군

이겼다.

낙동강 방어선 전투는 6.26전쟁의 결정적 장면중 하나가 됐다.

다부동 전투

낙동강 방어선 전투는

돌격!

1950년 6월 25일, 북한군의 기습 남침으로 인해 6.25전쟁이 발발한 후

남침

쿵

쿵

8월 1일부터 9월 24일까지 55일 동안 낙동강 일대에서 벌어진 치열한 전투이다.

타타타탕

다부동 전투는 사투 끝에 낙동강 방어선을 지켜내고

방어선

인천상륙작전으로 이어지는 반격의 발판을 마련했다.

서울
인천

다부동 전투는 국군과 유엔군이 목숨을 바쳐 대한민국을 지켜낸 전투이다.

낙동강 방어선의 최전선이었던 왜관과 다부동은

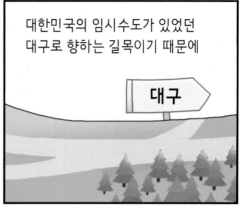

대한민국의 임시수도가 있었던 대구로 향하는 길목이기 때문에

북한군은 대구 점령을 위해 공격을 계속하였다.

다부동 지역은 국군과 유엔군이 협조하여 방어했던 곳으로

왜관 일대는 미 제1 기병 사단이 방어하였고

다부동 일대에는 국군 제1사단이 배치되어 북한군의 공격을 저지하였다.

7월 20일, 김일성은 충남 수안보까지 내려와 지시했다.

8월 15일까지 부산을 점령해 통일전쟁을 끝내라!

이에 따라 북한군은 10여 개 사단, 14만 여명의 병력을 동원해

총공세를 가해 왔다.

돌격!

그러나 국군과 유엔군의 융단 폭격으로 북한군은 막대한 타격을 입었고

낙동강 전투는 결국 아군의 승리로 끝이 났다.

8월, 북한군은 왜관- 다부동- 대구 방면을 공격했다.

국군이 저항하자 9월에는 모든 방면에서 돌파를 시도했다.

아군은 한때 영산, 다부동, 영천 포항을 동시에 돌파당하는

위기를 맞기도 했다.

북한군은 진주- 김천- 점촌- 안동- 영덕을 연결하는 선까지 진출해

강력하게 대구를 위협했다.

조국 강토에서 미제
침략자들을 소탕하라!

낙동강 방어선은 왜관 칠곡을 기점
으로 동북쪽은 국군이, 서남쪽은
미군이 맡았다.

11일간의 전투에서 고지의 주인이
15번이나 바뀌었다.

高地

낙동강 전선이 무너지면
대한민국은 사라질 수도
있다. 공격하라!

8월부터 9월 24일까지 55일
동안 벌어진 낙동강 전투에서

가장 많은 사상자가 발생한 곳이
다부동 전투이다.

이 지역의 현재 행정구역 명칭은 다부동(洞)이 아닌

칠곡군 가산면 다부리(里)가 되었다.

다부동 전투는 전투 당시의 지명을 따라 그렇게 부른 것이다.

다부동을 중심으로 북서쪽과 동쪽에 산이 있는데

유학산

가산

다부동

북한군을 방어하기에 유리한 지역이었다.

절대 사수.

반드시 돌파해야 한다!

공격 하라우!

쿵

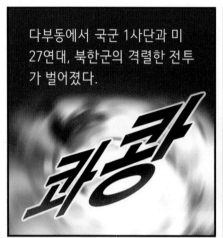

다부동에서 국군 1사단과 미 27연대, 북한군의 격렬한 전투가 벌어졌다.

콰콰쾅

다부동을 빼앗기면 위험하다!

목숨 걸고 사수하라!

1950년 8월 5일, 낙동강을 도하한 북한군 2만여 명이 다부동 일대를 맹렬하게 공격했다.

무조건 돌격!

전진 하라!

와아아아와

백선엽 장군의 국군 제1 사단과 미 제27연대는

북한군의 절반에도 못 미치는 8천 2백여 명의 병력으로 맞섰다.

북한군은 국군제1사단이 있는 328고지를 공격했다.

쾅 쾅쾅

이곳이 뚫리면 부산도 위험 하다!

방어 하라!

부산과 대구로 통하는 교두보를 마련하라!

대구지역을 집중 공격!

까 부수 라우!

타타타타타

8월 15일을 전후로 대구 북방의 위기는 절정에 달했다.

아군과 북한군은 낙동강을 사이에 두고 공방을 거듭했다.

30년 만에 가뭄이 들어 낙동강의 수심이 1.5m 이하가 되자

북한군들이 강을 건너 공격하기 시작했다.

와아아아아아~

절대 물러 서지 마라!

돌격!

8월 16일, 위기를 감지한 유엔 사령부는

다부동에 엄청난 양의 폭탄을 투하했다.

오키나와에서 B-29 폭격기 5개 편대 98대가 날아와

26분 동안 900톤의 폭탄을 낙동강변의 북한군 병력 및

군수물자 임시저장소인 구미의 약목 일대에 집중 투하했다.

2차 세계 대전 이후 최대 규모의 융단폭격이었다.

미국 공군의 대규모 융단 폭격은 북한군의 전투의지를 꺾어 놓았다.

폭탄 투하 후 북한군은 다 죽고 없을 것이다!

그렇게 생각한 아군은 다시 공격을 시작했는데

돌격!

숨어있던 북한군들이 집중 사격으로 반격했다.

이 기습으로 많은 아군이 희생됐다.

·········

국군은 큰 타격을 입고 병력이 부족해지자

일반인 자원 입대자를 모집했다.

이렇게 모인 15~17세 정도의 소년들이 2만 9천여 명이었다.

소년병들은 일주일 정도의 기본 교육만 받고 전전에 배치됐다.

와아아아

다부동에서는 국군과 유엔군의 연합 작전까지 실시됐지만

북한군을 물리치지 못하고 공방을 계속했다.

쾅 쾅 쾅

18일에는 적의 박격포 탄이 대구역을 강타했다.

결국 정부를 부산으로 급히 옮겨야만 했다.

대구

경남

부산

8월 20일, 미 27연대가 퇴로 확보를 위해 철수하겠다고 통보했다.

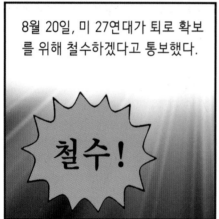

철수!

8월 21일, 북한군에게 448고지를 빼앗기자

미 제27연대장 마이캘리스 대령은 백선엽 장군에게 지원을 요청했다.

지금 당장 1사단 장병들을 파견해 주십시오!

결국 백선엽 장군을 비롯한 1사단 장병들은

적군의 3분의 1밖에 되지 않는 전투력의 열세에도

국군   북한군

방어선을 지켜내기 위해 투혼을 불태웠다.

타타타

탕
탕
탕

하지만 북한군은 다부동에만 3개 사단, 화포 670 여문, 전차 20여 대를 동원해

쾅   쾅

맹렬하게 파상공세를 펼쳤다.

와아아아

물러설 수 없다!

와

방어에 나선 백선엽 장군이 지휘하는 병력은

국군 1사단과 학도병 500명, 172문의 화포가 전부였다.

비교가 안 된다.

사방에서 시신들이 뒹구는 전장에서 고통을 이기지 못하고

일부 장병들이 갑자기 후퇴하는 일도 발생했다.

다다다

두렵습니다! 후퇴!

후퇴는 안된다!

낙동강 전선이 무너지면 대한민국이 무너진다!

물러서지 말라!

백선엽 장군은 병사들이 공포에
질려 퇴각하자 크게 소리쳤다.

주목!

더 이상 물러
설 곳이 없다!

여기서 밀리면 우리
는 부산 바다에 빠져
죽어야 한다.

그러면 대한민국
은 끝장이다. 내가
앞장서겠다!

내가 후퇴
하면 나를
쏴라!

백선엽 장군이 앞으로 달려
나가자 장병들도

용기를 내 북한군을 격파하기 시작했다.

1사단이 공격하자 북한군들이
크게 당황하고 달아났다.

그렇게 해서 국군은 목표인 488 고지를 다시 탈환했다.

세계 전사에서 유례가 없는 사단장의 고지 돌격이었다.

백선엽 장군과 1사단의 목숨을 건 사투가 없었다면

북한군은 부산까지 밀어붙였을 것이다.

백선엽 장군은 이후 최초로 평양 입성, 서울 재탈환 작전 등으로

국군 최초로 4성 장군에 올랐다.

낙동강 전투 당시 인근의 주민들도 지게를 메고 나와

탄약과 식량, 보급품을 고지까지 운반하면서 전투를 도왔다.

이렇듯 민, 관, 군이 하나가 되어 방어한 결과

다부동 지역에 투입됐던 북한군은 후퇴할 수밖에 없었다.

졌다

끙…

낙동강과 산악지대가 연결된 240km 낙동강 라인은

Walker Line

<워커 라인>이라고도 불렸다.

워커
미 8군
사령관

워커 장군의 임무는 부산 교두보를 확보하고

부산

방어

당시 극비리에 추진 중이던 인천상륙작전에 호응하여

1950년 9월 15일

즉시 공세 작전으로 전환할 수 있도록 준비하는 것이었다.

7월 29일, 워커 장군은 미 25사단을 방문한 자리에서 말했다.

후퇴는 없다!

Stand or Die!

지키느냐? 죽느냐?

죽는 한이 있어도 무조건 방어하라!

미국 언론들조차 비난할 정도였으나

워커 장군의 지휘 방식이 지나치게 가혹하다.

그는 단호한 태도로 지휘해 마침내 낙동강을 사수할 수 있었다.

돌격!

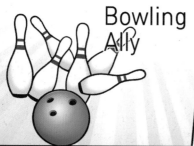

또한 <볼링 앨링 전투>라는 이름의 전투도 있었다.

Bowling Ally

마치 볼링공이 핀을 향하여 미끄러져 나가는 모양과 같다고 해서 붙은 이름이다.

전차의 포탄이 어둠을 뚫고 도로를 따라 쏜살같이 날아가는 모양이

쾅 쾅

슈우

8월 21일, 전차를 앞세운 북한군이 다부동 계곡으로 몰려왔다.

돌격!

미군 제27연대는 엠 26 전차로 맞섰다.

크르르르

다부동 골짜기에는 쌍방의 전차포에서 발사된 탄환이

쾅 쾅 쾅

5시간 동안이나 불꽃을 튀기면서 밤하늘을 수놓았다.

쾅

전차 포탄이 어둠을 뚫고 적군을 향해 날아가는 모양이

볼링공이 나가는 것과 같다고 <볼링 앨리 전투>라고 이름을 붙인 것이다.

슈우우우

대구를 목표로 다부동을 공격 하던 북한군은

75%의 병력을 잃고 도망쳤다.

후퇴!

후퇴하라!

국군 제1사단은 8차례의 공격 끝에 유학산 탈환에 성공했다.

하지만 아군이 두려워했던 것은 북한군이 몰고 온 소련제 전차 였다.

전차에 아군이 많이 당했다!

유엔군도 급히 일본을 통해 전차를 도입했다.

돌격!

결국 미군과 북한군 사이에 치열한 전차 전이 벌어졌다.

결과는 북한군의 완패였고 북한군은 기세가 꺾였다.

적은 전세를 역전시키고자 한밤중에 사단사령부를 기습했다.

1사단장 백선엽을 생포하라!

현상금도 걸었다.

소 1,000마리를 살 수 있는 상금을 주겠다.

이때를 전후해 북한 군인들이
투항하기 시작했다.

항복
합니다.

적들이 무너
지고 있다.

승리는
우리 것!

9월 15일, 국군과 유엔군의 인천상륙
작전이 실시되었고

Battle of Inchon

후방이 차단된 북한군은 국군과
유엔군 앞에 무릎을 꿇었다.

탕탕탕

독 안에 든 쥐가 된 북한군은
전투 의지가 꺾이고 말았다.

....

결국 김일성은 북한군 전 부대에 퇴각
명령을 내렸다.

후퇴!

낙동강 방어전투로 사망한 적군은 1만여 명이나 됐다.

낙동강 방어선 전투는 위기에 처한 대한민국을 구한 전투였다.

타타타타

만약 낙동강 방어선에서 국군과 유엔군이 북한군을 막지 못했다면

?

오늘날의 대한민국은 존재 할 수 없을 것이다.

대한민국과 자유 수호를 위해 목숨을 바쳤던 많은 장병들.

그들의 고귀한 희생이 있었기에 우리가 평화를 누리는 것이다.

Peace

북한군을 막아낸 다부동 전투의 승리는

6.25 전쟁의 전환점이 된 인천상륙작전을 성공하게 만들었다.

다부동 전투는 국군이 다시 북진을 할 수 있도록 만든 전투였다.

38선

북

국군

다부동 전투는 미국 군사학교 교재와 전사(戰史)에도 실렸다.

Battle of Tabu-dong

위대한 승리입니다!

이런 작전은 우리가 배워야 합니다.

다부동 전투는 피로 맺어진 한미 동맹의 상징이 되었다.

우리는 6.25 전쟁과 다부동 전투를 통해 자유의 소중함을 체험했다.

목숨 걸고 자유를 지켜야 한다.

과거의 불행을 잊으면 불행은 또다시 찾아온다.

지금 우리가 누리는 자유는 목숨을 바친 영웅들 덕분이다.

자유를 지키기 위한 전쟁은 지금도 계속되고 있다.

필승!

낙동강 방어선 (1950.8.4~9.15)

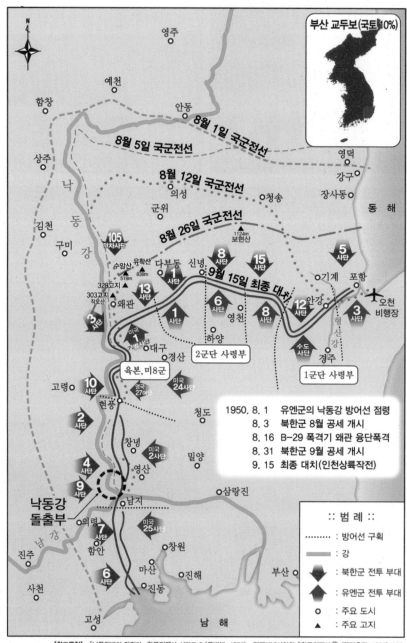

부산 교두보(국토10%)

8월 1일 국군전선
8월 5일 국군전선
8월 12일 국군전선
8월 26일 국군전선
9월 15일 최종 대치

영주
함창
예천
안동
상주
영덕
강구
의성
청송
장사동
동 해
군위
김천
구미
보현산
1124m
105 전차사단
다부동
신녕
8 사단
15 사단
5 사단
수암산 유학산
838m
519m
1 사단
6 사단
영천
8 사단
기계
포항
328고지
13 사단
12 안강
3 사단
오천 비행장
303고지 작오산
왜관
1 사단
하양
형산강
3 사단
미국 1 기병사단
대구
수도 사단
경주
경산
2군단 사령부
1군단 사령부
육본, 미8군
10 사단
영국 27여단
미국 24사단
고령
현풍
청도
2 사단
미국 2사단
밀양
창녕
영산
삼랑진
낙동강 돌출부
4 사단
9 사단
남지
의령
미국 25사단
진주
7 사단
함안
창원
마산
진해
부산
6 사단
진동
사천
고성
남 해

1950. 8. 1 유엔군의 낙동강 방어선 점령
8. 3 북한군 8월 공세 개시
8. 16 B-29 폭격기 왜관 융단폭격
8. 31 북한군 9월 공세 개시
9. 15 최종 대치(인천상륙작전)

:: 범례 ::
············ : 방어선 구획
──── : 강
◆ : 북한군 전투 부대
▲ : 유엔군 전투 부대
○ : 주요 도시
▲ : 주요 고지

[참고문헌] •「낙동강방어 작전기」, 한국전쟁사 시리즈 3 (국방부, 1970) •전쟁기념사업회, 「한국전쟁사①」(행림출판, 1992), 792.

성공확률 5,000:1
인천상륙작전

'인천상륙작전'을 성공시킨
해군첩보부대 작전명
' X-ray '

'인천상륙작전'은 성공확률 5000:1이라는 위험을 무릅쓰고 최악의 조건에서 전세를 역전시켜 패망 직전의 자유대한민국을 구한 작전이다. 더글라스 맥아더 장군의 결단과 용기, 장군 특유의 직관과 지략이 없었다면 절대 불가능했을 것이다. 반면에 엑스레이 작전에 투입된 해군 첩보부대의 활약이 빛을 발했다. 인천은 갯벌이 넓고 조수간만의 차가 크다. 딱 두 시간 만조에 물이 들 때 상륙해야 하는데, 그 사이에 인민군이 대항하면 연합군이 궤멸당할 수 있는 일촉즉발의 위험천만한 상황이었다. 이런 절체절명의 상황에서 인민군의 기뢰 매설 지도, 인민군의 방어시설 등의 정보를 목숨 걸고 얻어낸 해군 첩보부대의 활약이 있었다. 이들이 발로 얻은 정보를 가지고 맥아더가 상륙지점을 결정했다.

좌편향 평론가들의 천편일률적인 평가절하에도 불구하고 흥행에 성공한

우수 안보(반공) 추천영화

- 다시 강추 -

수십 년이 지나도 꾸준히 연극 등으로 재탄생될 수 있는 게 명작이 지닌 힘이라면 과연 '인천상륙작전'이 그런 텍스트로 남을 만하다. 반공영화 자체를 나쁜 영화라는 공식으로 보는 시각은 문제가 있다는 것이다. 표현의 자유는 모든 이들의 권리지만 이 시점에서 굳이 인천상륙작전이 반공영화이기 때문에 혹평당하는 것은 문제가 된다. 배우 이범수와 이정재가 언론 인터뷰를 통해 밝힌 대로 '반공영화라 나쁜 영화로 보지 말고 이 영화에 깔린 이면'을 봐주는 게 중요하다. 그 이면이 바로 해군 첩보 부대와 켈로 부대원의 사투인데 영화의 가장 큰 주제는 이름도 없이 희생한 켈로 부대가 있어서 인천상륙작전의 성공이 있었다는 점을 부각한 것이다.

이정재는 반공영화라는 비판과 민감한 이념적 논란에 휩쓸릴 걸 알면서도 장학수 역을 감행했던 이유에 대해 다음과 같이 말했다. "저는 잊혀진 전쟁영웅에 대한 존경심과 사명감으로 출연했습니다. 세계적인 배우 리암 니슨조차도 영화의 의미를 알고 출연했는데 저는 한국 사람이다 보니 더 진심으로 영화에 임했죠. 제 개인적으로도 전쟁 영웅을 그려냈던 이 영화가 왜 정치적 해석의 중심에 놓였는지 그 이유를 당최 알 수 없지만, 분명한 것은 이 나라는 호국영령들의 희생으로 지켜왔다는 것이죠"

역사의 주관자이신
하나님께서 계획하신 작전!

전세를 일거에 뒤집어 놓은 인천상륙작전

인천상륙작전이 없었다면 지금의 자유대한민국도 없다.

- 인천상륙작전의 3가지 전략적 평가 -
인천상륙작전의 성공은 전세를 역전, 전쟁사에 위대한 상륙작전으로 꼽히는
최고의 작전이었다.
1. 낙동강 방어선의 북한군 세력 급속 와해
2. 서울 탈환으로 북한군의 보급선 병참선을 차단, 끊음으로 전략적으로 이점.
3. 북진 작전에 필요한 병참 시설 교두보 확보

1950년 9월 15일
성공확률 5,000:1의 인천상륙작전 개요

북한군은 1950년 6월 25일 새벽 4시를 기하여 김일성이 전격 기습 남침을 하여 동족상잔의 비극인 6.25전쟁이 일어난 후 북한군은 3일 만에 서울을 점령하였고 파죽지세로 남진을 계속하다 유엔군의 참전으로 낙동강 전선에서 교착상태를 맞게 되었다. 국군과 유엔군은 낙동강 방어선에서 가까스로 버티고 있었다. 전 국토의 80% 이상이 전쟁의 무대로 초토화가 되다시피 했다.

이에 맥아더(Douglas MacArthur) 장군은 북한군의 후방을 차단해 전세를 역전시키기 위한 계획을 구상하여 인천상륙작전을 계획하였다. 크로마이트(Chromite Operation)로 명명된 이 작전은 조수간만의 차이로 북한군이 불가능하다고 생각하는 인천을 선택하여 감행되었고, 수도 서울은 단시일 내에 탈환해야 한다는 맥아더 장군의 결단으로 실행될 수 있었다. 인천상륙작전은 2단계로 전개되었다. 월미도를 선점한 후, 해안교두보를 확보하고 인천 시가지의 북한군을 소탕하는 것이었다.

1950년 9월 15일, 유엔군은 스트러블(Arthur. D. Struble) 해군 제독이 지휘 아래 연합군 261척의 함정과 약 75,000여 명의 병력으로 인천상륙작전을 개시하였다. 1단계로 미 제5해병 연대 제3대대는 06시 33분에 녹색 해안인 월미도에 상륙하였고, 2단계로 미 제5해병 연대와 한국 해병 제1연대가 적색 해안인 만석동 지역에 오후 만조 시 17시 33분에 방파제로 올라 상륙하였다.

미 제1해병 연대는 청색 해안인 송도 해안 도로 부근에 17시 32분 상륙하여 해안교두보를 확보하는 데 성공하였다. 이후 인천을 점령하고 경인가도 진격전을 전개함과 동시에 9월 18일부터 미 제7보병사단과 육군 제17연대가 서울 탈환을 위한 연합작전을 전개하게 되었다. 인천상륙작전은 9월 28일 마침내 서울을 완전히 수복함으로써 6.25전쟁의 전세를 역전시키는 계기를 마련한 성공확률 5,000:1의 역사적인 작전이다.

인천상륙작전 지점

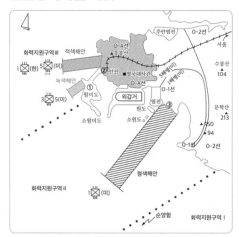

① 녹색해안(Green Beach) 표지석 위치
- 중구 월미문화의거리 선착장 우측 (인천광역시 중구 월미문화로 18)

② 적색해안(Red Beach) 표지석 위치
- 중구 북성동 대한제분 앞 (인천광역시 중구 월미로 50)

③ 청색해안(Blue Beach) 표지석 위치
- 미추홀구 용현동 낙섬사거리 남쪽 100m (인천광역시 미추홀구 아암대로 132)

맥아더 장군의 결단으로 1950년 9월 15일 전격적으로 인천 상륙작전이 감행되었다. 9월 15일 국군과 유엔군은 수도 서울을 탈환을 목표로 인천에 상륙하였다. 북한군의 전투력은 모두 낙동강 전투에 투입되어 인천과 서울에는 소수의 병력만이 남아 있는 상태였다. 그러나 낙동강 전선의 북한군은 철저히 비밀리에 붙여진 이 소식을 모른 채 완강히 저항하다가 결국 3일 후인 9월 18일에 이 소식을 듣고 순식간에 붕괴, 오합지졸로 지리멸렬하기 시작했다. 적의 허를 찌른 인천 상륙 작전의 성공으로 국군과 유엔군은 전쟁의 흐름을 단숨에 역전시키게 되었다. 워커 미 제8군 사령관은 9월 18일에 반격을 개시, 인천상륙작전 후 13일 만에 서울까지 진출하는 쾌거를 이뤄냈다.

최초의 구상

맥아더 장군(Douglas A. MacArthur:1880. 1.26-1964.4.5.)은 서울이 함락된 직후인 1950년 6월 29일, 한강 방어선이 바라보이는 언덕에서 전선 상황을 파악하던 중 작전을 구상하게 된다. 그는 미 지상군을 신속히 투입하여 남침 중인 북한군의 주력을 수원 부근에서 고착시키는 한편, 인천 부근에 미 제1기병 사단을 상륙시켜 적의 배후를 공격하려는 생각이었다. 맥아더 장군은 아몬드 소장(후에 주한 미 10군단장)에게 '서울의 적 병참선 중심부를 타격하기 위한 상륙작전을 계획하고 상륙 지점을 연구하라는' 지시를 내리면서 인천 상륙작전은 시작되었다.

암호명 블루 하트 (Blue Hearts) 작전계획

최초의 구상을 실천하기 위해 합동 전략기획 및 작전단(JSPOG)을 설치하여 수립된 블루 하트(Blue Heart) 작전계획은 남부전선의 미 제24사단과 25사단이 정면에서 반격작전을 시행하고 이와 동시에 미 해병 1개 연대전투단과 미 제1기병사단은 상륙부대로 인천에 상륙하여 내륙으로 진출, 서울을 탈환하고 북한군을 섬멸하겠다는 것이었다. 그러나 이 계획은 전선 상황의 급속한 악화로 상륙부대로 계획된 미 제1기병사단이 낙동강 전선 보강을 위하여 포항에 상륙함에 따라 취소되었다. 계획은 취소되었지만, 맥아더 장군은 인천 상륙작전에 대한 집념을 결코 포기 하지 않았다. 오히려 전항이 어려울수록 적의 후방에 대한 상륙작전의 필요성을 더욱 절감하였다.

낙동강 전선의 위기

북한군은 낙동강 방어선을 돌파하기 위하여 8월 4일 공격을 개시하여 한때 영산을 점령하고 기계, 포항까지 진출하였다. 최악의 전선 상황에 국군과 미군은 다부동, 신녕, 안강, 포항 선으로 후퇴하여 새 방어선을 형성하고 장병들은 혈전을 거듭하며 방어진지를 사수하였다. 9월 초 북한군은 5개 공격집단으로 낙동강 전선에서 부산으로 연결된 5개 지역에 분산 투입하여 격렬한 공세를 펼쳤다. 이러한 공세로 한때 낙동강 방어선을 돌파하여 영산, 다부동, 영천, 안강, 포항이, 북한군에게 점령되고, 대구와 경주가 위협받게 되면서 낙동강 방어선이 무너질 수 있는 위급한 상황으로 접어들게 되었다. 그러나 국군과 미군은 총력을 다해 낙동강 방어선을 사수하였으며, 9월 10일부터는 북한군의 전투력이 고갈된 듯 공격기세가 약화되었다. 그래서 반격 작전을 위한 새로운 상륙작전을 발전시키게 된다.

경인 지역의 북한군

북한군은 부산을 조기에 점령하기 위하여 낙동강 전선에 병력을 집중하였으며 서울을 비롯한 후방지역에는 지역 경비부대와 병참선 경비부대, 훈련이 미숙한 신편부대가 산재해 있었다. 인천지역에는 월미도에 제226 독립육전대 제3대대 소속 400여 명과 제918 해안포연대에 예하 부대가 방어 임무를 수행하고 있었으며, 인천 시가지에는 신편 제9사단 예하 제87연대가 8월 12일부터 인천방어 임무를 담당하고 있었다. 북한군은 유엔군의 상륙작전이 군산에서 실시할 것이라고 판단하고 인천에는 약간의 방어부대와 해안경비대만 두었다.

인천 상륙계획

미 해병대 제1사단을 상륙기동부대로 하여 인천에, 상륙 해안교두보를 확보하고 서울을 탈환한다.
- 미 해병대연대 3대대 녹색 해안(Green Beach) 상륙하여 (06:30) 월미도를 확보한다.
- 미 제5해병연대 적색(Red Beach) 해안에 상륙(17:30) 해안교두보 확보 후 서울을 탈환한다.

- 미 제1해병연대 청색(Blue Beach)) 해안에 상륙하여(17:30) 해안교두보 확보 후 서울을 탈환한다.
- 국군해병대는 적색 해안(Red Beach)에 상륙(18;00) 인천 시가지 소탕전을 편다.
- 미 육군 제7사단과 국군 17연대는 후속 상륙하여 서울 남측 방면으로 진격하여 북한군 퇴로를 차단한다.

크로마이트 작전계획 수립

1950년 7월 22일 개시하기로 되어있던 블루 하트 작전계획은 전선 상황의 악화로 7월 10일 돌연 취소되었지만, 상륙작전에 대한 맥아더 장군의 집념은 계속되었다. 전황이 불리해질수록 맥아더 장군은 북한군 후방에 대한 상륙작전의 필요성을 더욱 절감하게 되어 2개월 후 더욱 발전한 크로마이트(Chromite) 작전계획이 만들어진다. '크로마이트(Chromite)' 작전계획은 인천 군산, 해주, 진남포, 원산, 주문진, 등 해안지역을 상륙대상 지역으로 검토하여 계획-B(인천), 계획-C(군산), 계획-D(주문진)의 세 가지 상륙작전 계획안이 마련되었다. 그중 인천 상륙과 동시에 낙동강 전선에서 총반격을 취한다는 '계획-B' 채택되었다. 인천상륙작전의 가능성은 5,000:1의 도박과 같은 확률이라고 논박이 심했지만 이에 맥아더 장군은 인천상륙작전의 이유에 대하여 논리 있는 열변을 토하였다.

"적은 그의 후방을 무시하여 병참선이 과도하게 신장 되어있으므로 서울에서 이를 차단 할 수 있으며, 그들의 전투부대는 사실상 모두 낙동강 일대의 제8군 정면에 투입되어 있는데 훈련된 예비병력마저 없어서 전세를 회복할 만한 능력은 거의 없다."
"또한 인천이야말로 지리적인 곤란성 때문에 적이 상륙지역으로 불가능하다고 생각하고 있는데 바로 그 점 때문에 기습을 달성할 수 있다"고 하면서 "그것은 10만 명의 생명을 구할 수 있을 것"이라고 하면서 결론을 맺었다. 맥아더 장군의 확고하고 굳은 결의였다.

크로마이트(Chromite) 작전계획

인천에 상륙한 상륙부대가 경인가도를 확보한 후 경춘가도로 진출하여 적의 병참선 및 후퇴로를 차단하고, 낙동강 전선에서 UN군이 총 반격을 실시하여 적을 포위 섬멸한다. 적을 기만하기 위해서 동해안과 서해안 지구에 소규모 상륙을 감행하는 동시에 우리 쪽의 기밀을 유지하기 위해서 동해안과 서해안 양공을 실시하기도 하였고, 삼척지구에서는 양동 작전을 펼친다.

해상 지원계획

9월 1일 스트러블 중장 및 앤드류스 소장, 스미스 소장 등이 참석하고 해군 함포 지원을 결정하였다.

- 월미도와 소 월미도를 포함, 52개 공격 목표를 설정하고 항구의 수로 3개 지점에 화력 구역을 설정한다.
- 순양함과 구축함은 H-45~H-2분에 공격 준비 포격을 하며, 상륙 후 요청에 의거 사격 지원한다.
- D 일에는 순양함 4척이 공격 구역에서 I 에서 13,000-15,000야드의 근해에 정박하고 구축함은 공격구역 II, III에 800-26,000야드 거리에 배치되며, 3척의 로켓함은 월미도 상륙을 지원한다.
- 청색 해안에 상륙하기 2분 전에 모든 함정은 공격을 중지하고 해병대 항공기가 북한군 진지에 기총소사를 가하는 동안 구축함 4척이 집중적으로 공격한다.
- 모든 함포사격은 항공기의 안전도를 위하여 1,100피트의 최저 탄도 이하로만 사격한다.

인천지역의 지리적 조건
- 조수간만의 차가 평균 7m로 간조시에는 개펄이 드러나 상륙에 적합한 날짜가 한정되어 있다.
- 인천 외항은 화력지원을 위한 대규모 함대가 정박하기 협소하고 대부대 병참 지원에 필요한 하역 능력이 미흡하다. 또한 항구에 이르는 접근로(비어 수로)가 협소하고 굴곡이 심할 뿐만 아니라 3~5노트의 해류가 흐르기 때문에 함대의

기동에 제한이 많다.
- 상륙해안은 대부분 4~5m의 해벽을 이루고 있어 사다리가 필요하고 상륙 후 인천 시가지의 건물을 방벽으로 삼은 북한군과 시가전을 해야 하는 난점이 있다.

상륙작전을 위한 양동작전

인천상륙작전은 작전을 수행하기 전에 여러 가지 기만전술을 상용함으로써 기습에 필요한 여건을 조성했다. 미국 매스컴에서도 10월 이후에 반격이 개시되고 그와 동시에 인천으로 상륙작전을 할 것 같다고 보도했다. 이렇게 10월 이후에 한다는 것을 강조함으로써 9월 15일이라는 상륙 일을 기만하고, 인천으로 상륙할 것이라고 시사함으로써 '인천이 아니다.'라는 인상을 주어 북한으로 하여금 "인천은 양동 작전이고 주 상륙은 군산으로 할 것이다."라고 오판을 하게끔 만들었다.

- 9월 12일 영국 해병 코만도 부대를 군산 해변에 상륙시켜 양동을 목적으로 하는 위력수색을 시행.
- 9월 13일 미국과 영국의 전함들이 진남포, 삼척, 원산, 영덕 일개에 인천상륙작전의 공격 준비 사격과 같은 규모의 함포사격을 실시함으로써 상륙 지점을 기만, 미 해병 5연대가 부산에 집결해 상륙작전을 준비하는 동안 군산을 모델로 예행연습을 함으로써 아군에게까지도 '상륙지점은 군산이다."라는 인식을 심었다.

9월 14일

- 군산 해안 주변의 주민들을 철수토록 종용하는 전단을 살포하고 군산 주위의 50km 이내 지역에 항공 폭격을 가했다.
- 경상북도 장사리에서 북한군 후방교란을 위하여 학도병 722명이 LST 문산호를 타고 장사상륙작전을 감행하여 7번 국도를 봉쇄하고 북한군의 보급로를 차단하는 데 성공하고 철수하였다. 722명의 학도병 중 139명이 전사하고 92명이 부상을 입었으며, 이들을 제외한 학도병은 모두 행방불명 상태이다. 원래는 3일간 상륙한 뒤 귀환할 예정으로 총기, 식량들의 물자도 3일 치만 지급되었다. 그러나 문산호가 좌초되어 돌아오지 못하고 총알과 식량이 부족해진 가운데에서도 학도병들은 7번

국도 차단 임무를 계속 수행하였다. 장사상륙작전으로 인한 학도병들의 희생이 있었기에 인천상륙작전의 성공적인 수행이 가능하였다.

지상군 상륙계획

- 미 제5 해병연대의 제3대대는 D-일 H시(06:30) 그린비치에 상륙하여 월미도를 점령한다.
- 미 제5 해병대연대의(-3대대)는 D-일 H시(17:30) 레드비치에 상륙하여 목표물을 점령하고 해안 교두보를 확보한다.
- 미 제1해병연대는 블루비치에 상륙하여 목표를 점령하고 해안교두보를 확보한다.
- 미 제11해병연대는 H-시에 제1, 2대대를 그린비치에 상륙시켜 월미도를 점령한 다음 화력 지원한다.
- 한국 해병은 레드비치에 상륙하여 인천 시가지 작전을 실시한다.
- 제1 전차대대는 명령에 따라 LST 함정으로 1개 중대를 블루비치에 상륙시키고 그 나머지는 명령에 따라 상륙한다. 제1공병대대는 레드비치 또는 항구에 상륙하여 교두보 점령을 지원한다.
- 제1 LVT대대는 블루비치에 미 제1 해병연대를 수송하여 상륙시킨 다음 철수할 때까지 이를 지원.

상륙지역의 고립을 위한 공중폭격

상륙부대의 향진과 보조를 맞추어, 제7기 합동기동부대의 항공모함에서 출발한 함재기들이 월미도와 인천 시가지 폭격은 물론 상륙지역을 고립시키는 데 목표를 두고 공중폭격을 가하였다. 또 9월 13일부터 4척의 항공모함, 6척의 구축함, 그리고 5척의 순양함이 인천만의 어귀에 들어서 월미도를 폭격하기 시작하였다. 한편, 사전폭격은 상륙계획의 작전 보안 유지를 위해 평양으로부터 군산까지 상륙작전 가능 지역에 고루 폭격을 시행하였으며, 상륙이 가장 유력시되는 군산에 맹폭격을 가하였다. 인천에 대한 본격적인 함포 사격을 9월 13일부터 실시하도록 계획한 것도 그때에는 북한군이 설사 인천이 상륙지역이라는 것을 안다고 하더라도 시간상으로 대응조치를 취할 수 없으므로 기습은 가능하기 때문이었다.

1단계 월미도 상륙작전

인천상륙작전은 썰물일 때 수심이 너무 얕아 대형 군함의 기동이 쉽지 않은 전략적인 어려움이 있어서 상륙작전을 밀물시간에 맞춰 두 단계로 나눠야 했다. 인천의 관문인 월미도는 해발 105m의 작은 섬으로 인천의 울타리와 같은 역할을 하고 있어 이 섬의 확보는 인천 상륙작전의 성패를 좌우하는 중요 지점이었다. 월미도에 대한 공격준비사격은 9월 10일 해병대의 공격으로 시작되어 기동함대의 해군기가 공격을 계속하고 나서, 13일부터는 각종 함포의 사격으로 북한군의 방어력을 약화했다.

9월 15일 아침 항공모함에서 출격한 해군기가 목표를 강타하고 이어서 순양함과 구축함들이 함포사격을 집중하는 동안 미 제5 해병 연대 제3대대가 06시 33분에 녹색 해안에 전차 9대와 함께 상륙하였다. 월미도 일대의 북한군은 소련제 76mm 포로 장비된 제918 해안포대의 2개 중대로 증강된 제226연대의 일부였다 이들은 이미 아군의 항공·함포사격에 의하여 궤멸하여 상륙부대의 상륙 시에는 일부만 남아 저항했을 뿐이었다.

제3대대는 06시 55분 월미도 정상에 성조기를 꽂고 나서, 08시 00분에는 월미도를 완전히 장악하고 G 중대가 소(小) 월미도까지 탈환하였다. 월미도 점령 후 오후 밀물까지 병사들은 경계에 들어갔다. 월미도 상륙작전 당시 총 피해는 부상자 17명뿐이었고, 적 사살 108명, 포로 136명, 150여 명이 매몰된 것으로 추정된다.

- 05:00 공격준비사격으로 시작
- 06:33 미 제5해병 연대 제3대대는 전차 9량과 함께 Green Beach) 월미도 전면에 상륙 월미도는 2시간 만에 완전히 미군에 의해 장악되었다.
- 07:50 월미도 장악, 소탕전 실시. 미군은 부상 7명의 경미한 피해를 입었으며, 북괴군은 108명이 전사, 106명이 포로로 잡혔다.

2단계 인천상륙작전

9월 15일 오후 4시 45분 만조가 시작되자 적색 해안과 청색 해안을 상륙할 상륙주정들이 인천 수로를 따라 인천항에 접근하기 시작했다. 그동안에도 해군과 공군의 작전은 계획대로 진행되어, 90분 간격의 8대 해병기가 인천 시내를 공격하고, 12대의 해군기는 인천 부근을 중심으로 차단 공격을 감행하였으며, 함포 사격으로 톨레도 호는 시가의 북단, 로체스터 호(USS Rochester)는 블루비치, 케냐 호(HMS Kenya)와 자메이카 호(HMS Jamaica)는 동족과 남쪽, 그리고 주변 지역은 구축함과 순양함들이 포격을 담당하여 중요한 모든 목표를 성공적으로 분쇄하였다.

적색 해안(Red Beach) 상륙

한국 해병대 3대대를 배속받은 미 제5해병 연대 제1대대, 제2대대는 상륙주정(LCVP)에 탑승하여 상륙돌격을 개시, 첫 번째 상륙부대(LCVP8척)가 17시 33분 적색 해안에 상륙을 시작하여 20시까지 주어진 목표를 확보하였다. 상륙하는 동안 밀물이 점점 불어나고 있었으나 해안 벽이 상륙주정(LCVP)램프보다 1m 이상 높아 사다리를 놓고 해안 벽을 넘을 수 있었다.

청색 해안(Blue Beach) 상륙

미 제1해병 연대는 상륙장갑차에 탑승하여 상륙돌격을 개시, 첫 번째 상륙부대(LVT9척)가 17시 32분에 청색 해안에 상륙하였고, 16일 01시 30분까지 주어진 목표를 확보하였다. 이 작전에서 상륙 돌격부대의 피해는 전사 21명, 부상 174명이었고 북한군 포로 300명을 생포하였다. 이날 인천에 상륙한 병력은 약 13,000명에 달했으며, 450대의 차량을 포함하여 다량의 장비와 보급품이 양륙 되었다.

서울수복 작전

- 9월 19일 인천에 상륙하여 해안교두보 확보에 성공한 미 제10 군단은 미제 1해병사단에 서울 공격 명령을 하달, 김포지구의 제5해병 연대는 즉시 그곳에서 적절한 도착 지점을 선정하여 한강 도하 준비를 하고 제1해병 연대는 영등포 이남 지역에 대한 작전 책임을 미 제7사단에 인계 후 한강 선으로 진출하여 도하 준비를 서두르도록 명령하였다.

- 9월 20일 미 제5해병 연대 제3대대 한강 도하 개시, 한강 북쪽 해안의 교두보 확보, 한국 해병대 2대대는 북쪽 측방 방호를 담당하였다.

- 9월 22일 미 제7해병 연대는 영등포 시가를 완전히 장악하고 9월 24일 한강을 도하, 치열한 시가전에 돌입하였다.

- 9월 24일 미 제7해병 연대(한국군 해병 1개 대대 배속)는 서울 북쪽 북악산 방향으로 우회 공격을 하였다. 미 제7해병사단이 서울 외곽으로부터 진격을 계속하고 있을 때, 영등포 남쪽에서 서울 측방에 대한 엄호와 견제 임무를 수행 중이던 미제 7사단의 제32 영대와 예비 군단인 한국 제17 보병 연대는 한강을 도하 서빙고 일대를 장악하였다.

- 9월 25일 미 제7 해병 연대가 성루 북쪽 외곽에서, 미 제5해병 연대가 서쪽에서, 그리고 미 제1해병 연대가 남쪽에서 북한군을 포위 섬멸코자 이날 밤 동쪽에서 서빙고를 점령하였고, 미 제32 영대 및 한국 제17연대가 서울 시가지를 한눈에 내려다볼 수 있는 남산(265고지)을 점령하고 치열한 시가전을 전개하였다.

인천상륙작전의 의의 및 결과
인천상륙작전은 제2차 세계대전 당시 '노르망디상륙작전'을 방불케 하는 작전으로써, 그 규모에서도타에 비할 수 없을 뿐만 아니라 가장 어려운 조건(수로, 조수 간만의 차, 상륙해안, 지리적 장애물 등)의 인천에 작전을 감행하여 공산 치하의 수도 서울을 수복하고 낙동강 전선에 몰려있던 북한군을 독 안의 쥐로 만들어 전세를 크게 역전시켜 총반격 작전의 발판을 만들었다.

인천상륙작전에 아군의 손실은 인천으로부터 서울에 이르는 동안 가장 격렬한 전투를 치렀던 미 제1해병사단이 전사 415명, 부상 2,029명, 그리고 실종 6명으로 가장 큰 손실을 보았으며, 그다음으로 한국 해병대가 전사 97명 부상 300명, 실종 16명이었다. 미 제7사단 중 제32연대도 전사 66명, 부상 272명, 그리고 실종이 47명이었다.

따라서 국군과 유엔군의 총 손실은 대체로 4,000여 명 정도였다. 이에 비하여 북한군이 직접적으로 입은 손실은 사살이 14,000여 명, 포로 7,000명, 전차 손실 50대였다. 만약 인천에 상륙작전을 실시하지 않고 지상으로 반격 작전을 수행하였다면 양군 합쳐 10만여 명의 피해가 있었을 것이다.

맥아더 장군 약력 (1880~1964)

그는 미국이 낳은 세계적인 전쟁영웅으로 한국전쟁을 승리해서 자유 통일을 이루려고 노력하며 헌신한 자유대한민국을 살린 대한민국의 영웅이요 은인이다.

1980년 1월 26일 미국 아칸소에서 태어남

1903년 웨스트포인 육군사관학교를 수석으로 졸업

1917~1919년 제42사단의 참모진에 배속된 맥아더 장군은 제1차 세계대전의 프랑스 전투와 라인 지구 점령군의 전투에 참여하면서 참모장 여단장 사단장 등으로 직책을 바꾸며 활약.

1922년 미 육군 사관학교장으로 재임하면서 광범위한 개혁을 시행

1925년 4군단 사령관,

1930년 50세 때 육군참모총장(대장)

1937년 퇴역하여 필리핀 케손 대통령의 요청으로 필리핀군을 창설하여 7년간 육군 원수로 복무.

1941년 태평양전쟁 직전에 미 현역에 복귀해서 미 극동 사령관으로 일본군과 전투를 하다가 1942년 3월 바탄 요새를 탈출하면서 나는 반드시 돌아오고 일본군을 몰아내겠다고 약속했다.

호주에서 서남태평양 총사령관으로 대일 반격을 지휘하고 1944년 12, 18일 육군 원수로 승진. 1945년 4월에 필리핀에 돌아와서 나는 다시 돌아왔다고 선언했다.

1945년 8월 14일 연합군 최고사령관으로서 8월 15일 일본의 무조건 항복으로 9월 2일 동경만 미조리 전함에서 일본의 항복을 접수했다. 일본인들은 자신의 나라를 점령하고 통치하는 맥아더를 구국의 신으로 섬기고 있다.

1950년 6.25전쟁 시에는 유엔군 총사령관으로서 인천상륙작전을 성공적으로 지휘하여 서울을 탈환하고 북한의 침략을 물리침.

1952년 레밍턴 랜드사의 이사회 회장을 엮임.

1964년 워싱턴에서 타게 하여 버지니아주 노퍽에 묻힘.

맥아더의 신앙적 멘토는 우드로 윌슨이다. 프린스턴대 총장을 지낸 그는 장로교 신자이며 칼빈의 계약 신앙을 굳게 믿고 상대의 동의하에 전제나 왕정에서 자유민주주의를 이루는 것이 자신의 사명이고 미국의 책무라고 민족 자결주의를 발표했다. 이에 크게 감동받고 이를 실천한 사람이 맥아더와 트루먼이다. 그래서 맥아더는 자국과의 전쟁에서 패한 일본을 노예 삼기보다 기독교 자유 민주국이 되는 것을 도우려고 했다. 원수를 은혜로 갚는 일이다.

윌슨 총장의 집에서 일찍이 육군 소령 때 만난 이승만과는 친형제 이상의 깊은 신앙과 자유민주주의의 동반자였다. 자유민주주의, 기독교 입국론에 의한 강력한 국가 건설을 꿈꾸는 이승만 박사를 나의 십자가라 여기며 마음을 다해서 전폭적으로 지원했다.

1948년 8월 15일 대한민국 정부수립 축하 연설에서 그는 만일 대한민국이 적의 침략을 받는다면 나와 미국은 즉시 달려와서 도울 것이라고 약속했다.

1950년 6월 29일 이승만은 6.25 전쟁 터졌는데 빨리 와서 돕지 않고 뭐 하냐고 호통하고 맥아더는 즉시 달려와서 약속을 지켰다.

중공군은 왜 전쟁에 개입했을까?
중국의 모택동은 6.25전쟁 발발 이전 회담에서 "미군이 참전하면 북한을 지원하겠다,"라고 한 약속대로 김일성의 요청으로 6.25전쟁에 참전하였다. 중국은 공산정권을 계속 유지함으로써 한·중 국경선으로부터의 위협을 제거하여 자국의 안전 보장을 유지하는 한편, 북한을 지원함으로써 소련으로부터 경제 및 군사원조를 획득하고, 동북아시아에서의 정치적 주도권을 장악할 목적도 있었다.

중공군 개입과 새로운 전쟁
1950년 10월 1일. 중화인민공화국은 건국 1주년을 맞이하여 국군과 유엔군이 38도선을 돌파하면 좌시하지 않겠다. 모택동은 국군이 38선을 돌파하고 맥아더가 북한에 최후통첩을 하던 날 미국을 격렬한 어조로 비난하였다. 모택동은 10월

4일에 공산당 중앙정치국 회의를 개최하였고 북한의 군사 지원 요청을 받아들여 참전을 결정하였다. 대규모 중공군으로부터 기습당한 국군과 유엔군은 통일을 눈앞에 둔 채 후퇴하지 않을 수 없었다.

전쟁의 결과와 교훈
우리 자유민주주의 체제의 대한민국을 유엔군과 함께 지켜냈다. 그러나 6.25전쟁은 우리 민족에게 씻을 수 없는 아픔과 고통도 안겨 주었다. 수많은 전사자와 유가족, 상이군경, 고향을 버리고 떠나온 피난민, 전쟁고아 등 전쟁이 할퀴고 간 상처는 여전히 휴전선을 경계로 남과 북이 군사적으로 대치한 상태이다.

끝나지 않은 전쟁 결코 잊어서는 안 될 전쟁
북한은 남조선 혁명과 한반도의 공산 통일이라는 대한민국에 대한 적화전략을 포기하지 않고 있다. 북한의 도발은 6.25 전쟁 중 말할 수 없는 야만성과 폭력성 그리고 잔혹함을 여실히 보여주었다. 오늘도 수십 만여 건에 이르는 정전협정 위반사항들과 무장 공비 침투, 대통령 암살 기도, 민간 항공기 테러 등 전쟁에 버금가는 각종 도발은 대한민국을 경악게 했다.

특히 2010년 이후에는 해군 군함인 천안함 폭침, 연평도 포격, 핵무기 장거리 미사일 개발 등을 통해 한반도의 평화 상태를 깨트리고 군사적 도발을 자행하며 한반도를 '전쟁의 공포와 긴장' 속으로 몰아넣고 있다. 6.25전쟁은 자유대한민국과 국민 모두에게 북한 공산주의 실체를 여실히 보여주는 시대의 아픔이었다. 우리는 그때 겪었던 참담했던 전쟁의 고통을 우리 후손들에게 물려주어서는 안 될 것이다. 그런 점에서 6.25전쟁은 끝난 전쟁이 아니라 결코 잊어서는 안 될 전쟁으로 기억되어야 할 것이다.

발도메로 로페즈 Baldomero Lopez 중위
(1925. 8. 23.~1950. 9. 15.)

▲ 발도메로 로페즈 중위가 사다리에 오르는 모습. 그가 죽기 불과 몇 분 전에 찍힌 사진이다.

"용기 있는 죽음은 인간을 위대하게 만든다."

〈 스크립스 하워드 종군기자 '제리소프' 〉

1950년 8월 15일, 인천 상륙작전 '크로마이트(Chromite)'가 개시되고, 적색 해안으로 미 해병 5연대가 상륙정을 타고 돌격을 개시했다. 높은 방벽에 사다리를 놓고 올라가야 했으나, 포화로 인해 그 누구도 먼저 사다리에 오르려 하지 않아 난항을 겪고 있을 즈음, 한 용기 있는 청년이 사다리에 올랐다. 그 청년의 이름은 발도메로 로페즈.

1950년 9월 15일, 적의 침략행위에 대항하기 위한 인천상륙작전에서 제1해병사단(증강) 제5연대 제1대대 A 중대 소대장으로서, 임무의 수준을 넘어 생명의 위험을 무릅쓰고 용기를 보여주었다. 로페즈 중위는 상륙파와 해안에 도착하여 즉시 적 방어진지를 분쇄하는 작전에 돌입했다. 적의 사격 벙커로부터 가해온 사격 때문에 그가 담당한 상륙 구역의 전진은 중도에서 기세가 꺾인 상태였다.

적의 자동화기 사격에 몸을 노출한 채 수류탄을 투척하려는 순간 오른쪽 어깨와 가슴을 피격당해 뒤로 쓰러지며 수류탄을 떨어뜨렸다. 그러나 곧 몸을 돌린 그는 수류탄을 다시 집어 적에게 투척하기 위해 기어가기 시작했다. 그러나 부상의 고통과 과다 출혈로 수류탄을 투척할 수 없게 되자 소대원의 생명을 지키기 위해 자신을 희생하기로 했다. 부상당한 팔을 크게 휘둘러 수류탄을 배 아래 깔고 수류탄 폭발의 충격을 모두 자기 몸으로 방어해서 소대원들의 생명을 지킬 수 있었다.

* 미 제1군단 새로 편성:
미 제1기병사단, 미 제24사단.
국군 제1사단
* 낙동강 전선 방어작전 계속

인천상륙작전 : 한미 해군, 해병대

한국전쟁 기간 중 해군은 크고 작은 여러 차례의 작전을 수행했지만, 인천상륙작전만큼 극적이고 통쾌한 순간은 없었다. 한국 해군 단독으로 치른 대한해협 해전(PC-701함 대첩)과는 달리 이 작전은 UN군 연합작전의 일환이었다.

우리 해군과 해병대에 큰 경험과 교훈을 남겨 준 작전이었다는 점에서 길이 역사에 남을 일이다. 인천상륙작전은 적에게 빼앗긴 수도 서울을 3개월 만에 탈환하는 계기가 되었고, 그리고 수세에 몰린 전쟁을 공세로 전환시킨 전략적인 쾌거였으며, 한국의 명운(命運)을 구원한 작전이었다.

이 작전은 누구나 상륙이 불가능하다고 여긴 인천(仁川)을 선택해 보기 좋게 성공시킨 맥아더 장군의 걸작품이기도 하다.

이 작전으로 10만 명을 구했다는 것은 부산 교두보에서 반격을 개시해 북괴군을 38선 이북으로 밀어내려면 적어도 10만 명의 피해를 각오하지 않고는 불가능하다는 얘기였다.

작전 암호명은 크로마이트 작전(Operation Chromite)이었고, 상륙 작전 부대의 명칭은 '제7 합동기동부대'였다. 스트러블 7함대 사령관(해군 중장)이 사령관으로 겸직 발령이 났다.

▲ 스트러블 제독, 제7합동기동부대 사령관
(Admiral Arthur Dewey Struble, US Navy)
28 June 1894 - 1 May 1983

▲ 스미스 미 해병 제1사단장(소장)과
도일 공격부대 사령관(해군소장)

상륙작전 부대 구성

* 공격 부대 : 도일 미 해군 소장

* 상륙 부대 : 알몬드 육군 소장 (상륙 부대 지휘관 발령은 이렇게 났지만 주력 부대가 미 해병대여서 실질적으로는 스미스 해병대 1사단장이 지휘)
* 봉쇄와 호송 부대:앤드류스 영국 해군 소장
* 초계와 정찰 부대:헨드슨 미 해군 소장
* 고속 항공모함 부대:어윈 미 해군 소장
* 군수지원 부대:오스틴 미 해군 대령
* 동원 함정은 8개국 261척, 동원 병력은 7만 5천 명이었다.

스트러블 제독의 작전 계획 개요
9월 15일 첫 만조 시간인 아침 6시 30분 미 해병대 1개 대대가 투입되는 월미도 상륙으로 시작. 월미도 상륙 후 인천 지역 교두보 확보를 위해 두 번째 만조 시간인 오후 5시에 해병 1사단을 투입하고 해안두보를 신속히 확장시켜 김포 비행장과 서울을 점령하며 화력 지원은 순양함과 구축함이, 근접 항공 지원은 항공모함 함재기들이 담당하는 것으로 짰었다.

▲ 인천상륙작전에 특별 선발된 육군 제17연대 또 다른 장병들, 승함 대기 중(부산, 1950. 9. 12)

▲ 인천상륙작전 참전 차 부산에서 수송선에 승함하고 있는 해병대 (1950.9.12)
이들은 어제까지 낙동강 전선에서 전투하다가 '인천'에 차출되었다.

▲ 알몬드 육군 소장 / 상륙부대 사령관, 후에 제10군단장

자유는 공짜가 아니다! 237

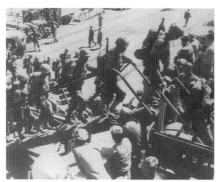
▲ 인천상륙작전에 참전하기 위해 해군함정에 승함하고
있는 미 해병대 병사들(부산, 1950. 9. 12)

함명수 정보참모부장
(후, 해군참모총장)의
당시 해군 첩보작전 일화(옮김)

모든 임무가 끝나자 13일 영흥도에서 철수하라는 명령이 떨어졌다. 무사히 작전을 마친 것은 모두가 주민들의 협조 덕분이었다. 아쉬운 작별을 고한 뒤 대원들의 상륙작전 참가를 위해 인천 근해에 와 있는 해군함정으로 철수시켰다.

그러나 잔무 처리를 위해 임병래 소위와 홍시욱 병조 등 일부 대원을 남겨 두었다. 인천상륙작전을 위해 수백 척의 함정이 인천 앞바다를 가득 메우다시피 했고 우리 해군 포함이 철통같이 경비하고 있으니 설마 무슨 일이 있으랴 했다. 그러나 허를 찔리고 말았다. 우리가 철수한다는 사실을 탐지한 인민군 중대 병력이 14일 0시 대부도와 선재도를 통해 섬으로 들어와 우리 첩보대 잔여 병력과 해군 의용대를 기습해 전투가 벌어졌다.

이 전투에서 임 소위와 홍병조가 전사하고 많은 주민이 죽거나 다쳤다. 인민군이 쳐들어오자 임 소위가 중대장이 돼 잔여 병력과 해군 의용대를 지휘, 방어전에 임했다.

그러나 정규군에 대항할 무기를 갖추지 못한 의용대는 인민군의 대적이 되지 못했다. 쫓기고 쫓겨 다다른 곳이 십리포 야산. 더 이상 퇴로가 없었다.

이제 마지막이라고 판단한 홍병조는 도망치지 않고 숲에 숨어 있다가 산등성이를 타고 내려오는 적병 6명을 M-1 소총으로 쏘아 쓰러뜨렸다. 그리고 마지막 한 발을 남겨 자기 가슴에 대고 발가락으로 방아쇠를 당겼다. 임 소위도 장렬한 최후를 맞았다. 왼팔을 접어 권총을 지지해 놓고 적병 셋을 쏜 뒤 자기 이마에 대고 나머지 한 발을 발사했다.

상륙작전이 끝난 뒤 나는 영흥도 십리포 해변에 전 첩보 대원을 소집해 임 소위와 홍병조를 화장하고 간소한 영결식을 거행했다.

"이제 그만들 우시지요." 전우의 마지막 가는 길을 슬퍼하던 우리들의 모습을 바라보던 어느 노인의 말에 우리는 정신을 가다듬었다. 그리고 인천항이 잘 바라다보이는 양지바른 언덕에 두 전우의 유해를 매장하고 섬을 떠났다.

그 뒤 정부는 그들에게 각각 1계급 특진과 을지무공훈장을 추서했고, 미국 정부도 은성무공훈장을 추서했다. 고인들의 유해는 1960년대 초 국립묘지에 이장됐다. (임병래 중위 19 묘역 5판 063호, 홍시욱 하사 21 묘역 1448호)

문화방송이 1980년 10월1일부터 45일간 방송한 '한국전쟁 비화' 제1편 '인천상륙작전 17인의 결사대' 편은 바로 해군 첩보대의 작전이다.

* 장사동 상륙 양동작전 감행
* 인천상륙작전 준비단계-2, 1950년 9월
* 상륙 기동함대 : 일본 출항 부대와 합류, 서해 向
* UN군 및 국군, 포항 서남방 8km 지점 진지 탈환

인천상륙작전 준비단계-2

9월 13일 오전에 함포지원 전대(미 중순양함 2척, 영 경순양함 2척, 미 구축함 7척)는 월미도를 포격하기 위해 인천 수로에 진입하였다. 11시 45분에 구축함들이 기뢰를 발견하기 시작했는데, 다행히 간조 시간이었기 때문에 기뢰들이 수면상에 노출되었던 것이다. 구축함들은 40mm 기관포로 기뢰를 폭파하면서 수로를 통과하였다.

이날 12시 42분에 선두의 거크(Gurke)함이 제일 먼저 월미도 앞 해상 800야드에 투묘하였고 이어 다른 구축함들도 포격 위치에 투묘하였다. 순양함들은 인천 남쪽 수 마일 되는 포격 위치에 투묘하였다. 13시가 되기 직전에 구축함들의 포격이 시작되었다. 몇 분 후에 월미도

의 적 포대에서 반격을 가해 왔는데, 적의 사격은 주로 월미도에 가깝게 위치한 구축함 거크, 스웬슨(Swenson) 및 콜릿(Collett) 함에 집중되었다.

콜릿 함에는 75밀리 포탄 9발이 명중되었고 거크 함에는 3발이 명중되었다. 이날 전사 1명과 부상 5명의 피해가 있었다. 구축함들은 약 1시간 동안 월미도의 적진지에 5인치 포탄 1,000여 발을 발사한 후 14시에 자리를 이탈하였다.

순양함들은 16시 40분까지 월미도를 포격한 후 외해로 철수하였다.

▲ 순양함 세인트 폴 호(CVL-73 USS-St. Paul), 인천 외해. 1950. 9)

9월 14일 월미도에 대한 함포사격이 재개되었다. 이날도 수로에 진입할 때 발견된 기뢰는 역시 함포로 처치되었다. 이날 구축함 5척이 월미도 주변에 포진하여 12시 55분부터 14시 22분까지 함포사격을 실시하여 5인치 포탄 약 1,700발을 발사하였다. 이날 월미도 적 포대의 반격이 아주 미약하고 부정확했는데, 이

는 2일간의 공격 전 포격으로 적의 포진지가 상당히 파괴되었다는 것을 말해준다.

▲ 영국 순양함 쟈마이카 호

장사(長沙) 상륙작전(1950년 9월 13일)

▲ 장사상륙작전 요도 : LST-문산호
9월 13일 부산항 출항, 14일 장사 해안 도착, 좌초 북괴군과 전투 계속

9월 13일 경북 영덕군 장사리, LST-문산함으로, 대구 등지에서 자원입대한 '펜 대신 총을 달라'라는 학도의용군 고등학생 772명, 지원 요원 56명이 적전상륙을 감행하였다.

▲ 작전 중 좌초된 LST 문산함
(영덕군 장사리 해안. 1950. 9. 13)

▲ 장사상륙작전 전몰 용사 위령탑

<육본 작명 174호>, 이는 인천상륙작전을 지원하는 '양동작전' 목적으로서, 훈련도 받지 못하고 제대로의 군장도 갖추지 못한 학도병들이 근 1주간을 악전 분투한 역사적 거사였다. 태풍으로 인한 기상악화로 선박이 좌초까지 되는 마당에, 죽기로 싸운 그들의 애국정신을 길이 빛내주어야 할 것이다.

전사 139명, 부상 92명, 행방불명 수십 명의 군번도 계급도 없는, 이 땅에 뿌려진 젊은 피의 희생된 양의 거름이다. 국가에서는 그 후 여러 조처를 했다고 하지만….

▲ 학도의용군 사진 (출처/한국민족문화대백과)

문산호는 9월 14일 새벽에 상륙지점 근처까지 도착했으나, 당시 상황은 태풍 케지아가 접근하는 여파로 인해 파고가 3~4m로 매우 심해서 풍랑이 거칠었으므로 배는 좌초되고 적의 집중사격을 받게 된다. 이런 악조건하에서도 학도병들은 장사리에 성공적으로 상륙하여 전투를 벌이고 며칠간 북괴군의 보급로를 차단하는 데 성공한다.

특히 인천상륙작전의 양동작전으로서 적군이 2개 연대가 동해안에 상륙했다고 말할 정도로 주의를 분산시키는 성과를 거두었다. 하지만 원래 3일간의 작전 예정이 잡혀 있었으나 문산호가 좌초된 관계로 철수하지 못하는 사태가 벌어졌다. 당연하게도 9월 16일부터는 후방을 차단당한 북괴군 제5사단의 정예부대인 2개 연대 규모의 부대가 T-34 전차 4대를 앞세우고 북상하여 상륙부대와 치열한 전투가 벌어졌다.

상륙부대는 9월 19일까지 치열한 전투 끝에 간신히 상륙지점으로 되돌아와서 해군이 지원한 LST 조치원호를 타고 귀환할 수 있었다. 하지만 이 과정에서 막대한 희생을 치렀으며, 40여 명 정도는 적의 집중사격 등으로 인해 승선 기회를 놓치고 적의 포로가 되는 큰 손실을 기록한다.

맥아더 장군으로부터, 친필로 장사상륙작전이 인천상륙작전의 성공에 크게 기여했다고 할 정도로 작전 자체는 성공적이었다고 평가된다.

▲ 장사상륙작전 후 철수하는 장면
(출처=장사상륙작전 기념사업회)

9월 14일 (82일째 / D-1)
상륙기동함대 인천 외해 도착

* 미군, 아침 일찍 낙동강 도하. 정오까지 1km 전진
* 국군, 안동 서방 8.5km 지점에서 공격 개시

유엔군 구축함, 인천 맹폭격 중 북괴군의 지상군 포로 3척 경상
* B-29, 북한 지역 철도 폭격
* 팔미도 등대 작전

▲ 미 제24보병사단 병력 부교를 통하여 낙동강을 도하.
(1950. 9. 14. 출처-주한미군 시설관리사령부)

D-1

▲ 인천상륙작전 기함(旗艦) 마운트 맥킨리(USS Mount Mckinley)호
맥아더 사령관이 작전을 지휘

▲ 한국 해군참모총장 손원일 제독(왼편),
미 함선 피카웨이 호 함교에서 함장과 함께. (1950. 9. 14)

팔미도 등대 작전

▲ 팔미도 등대(현재)

인천상륙작전이라는 역사적 작전을 수
행하기 위하여 자그마한 작전이 그 앞길
을 열어 주었다. 지름 2m, 높이 7.9m의
등대 불빛 하나였으며, 한국 해군 첩보
부대의 협조를 받으면서 수행한

KLO(Korea Liaison Office), 이른바 '팔
미도등대 작전'이었다.

"등대에 불을 밝혀라 !" 그리고
"성조기를 게양하라"
상륙기동함대 사령관의 명령이다.

9월 14일 밤 KLO 최규봉 대장이 이끄는
한미연합 특공대가 팔미도 등대 탈환에
성공하였고, 등대 불을 밝힘으로써 261
척의 함선이 인천상륙작전을 수행할 수
있었다.

▲ 인천상륙작전 직전 팔미도에 침투해 등대의 불을 밝힌
최규봉 씨와 KLO부대 대원들이 작전 성공 후 소형 보트를
타고 기함 '마운트 매킨리'호로 복귀하고 있다. (최규봉 대장,
사진 오른편에 작업모 쓰고 앉아 있음)

▲ 인천상륙작전 직전에 영흥도, 팔미도 등 주변에서 활약한
연정 해군 소령 (가운데 허리에 권총)과 클라크 대위
(맨 오른쪽) 팀 일행

▲ 최규봉 씨가 맥아더 장군이 보내준 감사의 친필 서한 《전쟁기념관 소장》을 들어 보이고 있다. 이 서한은 최 씨가 팔미도 등대에 내걸었던 성조기를 기증한 데 대한 답례로 보낸 것이다.

맥아더 사령부는 특공대를 조직해 「팔미도 등대 탈환 작전」에 나서기로 했다. 이 작전에는 KLO부대(Korea Liaison Office·미 극동사령부 한국 연락사무소)가 투입됐다.

KLO부대는 1948년 미국이 대북 정보수집 등을 목표로 만든 특수부대로 통상 「켈로부대」라 불렸다. KLO는 고트, 선, 위스키 등 3개 예하 부대로 구성돼 있었으며, 부대마다 1,000여 명의 요원들이 각지에서 첩보 임무를 수행하고 있었다.

특공대는 한국인 3명과 미국인 3명 등 모두 6명으로 구성됐다. 유진 클라크 미 해군 대위, 클락 혼 미 육군 소령, 존 포스터 미 육군 중위, 계인주 육군 대령, 연정 해군 소령, 최규봉 KLO 고트 대대장 등 6명이었다.

9월 12일경, 미국 소해함 두 척이 월미도 앞바다에 모습을 드러냈다. 두 척이 바다를 이리저리 휘저으며 한동안 무엇인가 작업을 하더니 갑자기 기관포를 바닷속으로 발사하기 시작했다. 순간 천지를 뒤흔드는 굉음과 함께 수십 m의 하얀 물기둥이 솟아올랐다. 소해함에 의해 탐지된 기뢰 세 발이 폭발한 것이었다. 보름 가까이 기뢰를 옆에 두고 수심 측정 작업을 했던 최 대장은 등줄기가 오싹했다고 했다.

9월 10일, 최 대장에게 드디어 팔미도 등대를 확보하라는 명령이 떨어졌다. 그날 밤 소음총으로 무장한 그와 켈로대원 25명은 영흥도를 떠나 발동선을 타고 들어가 팔미도를 기습했다. 북괴군들의 저항이 완강했지만, 교전 끝에 북괴군 8명 중 5명을 사살하고 등대를 확보하는 데 성공했다.

그 후 상륙작전 개시 전까지 5일 동안 최 대장 측과 북괴군 사이에는 등대를 뺏고 빼앗기는 전투가 계속됐다. 팔미도 등대를 보니 무슨 연유에서인지 인민군은 이 등대를 전혀 쓰지 못하고 있었다. 조사해 보니 반사경의 전선이 끊어졌을 뿐 등대는 멀쩡하였다. 그들은 동경(도쿄) UN군 총사령부에 『필요하다면 등대를 켜 놓겠다』고 연락을 취했다. 그러나 등대의 불을 켜라는 명령은 떨어지지 않았다.

D-1, 14일 오후 7시 30분,
최 대장은 「15일 0시 40분을 기해 불을 켜라」는 최후명령에 따라 등대 탈환전에 나섰다. 6명의 대원들은 대검, 수류탄 두 발, 권총 등 경무장만 한 채 목선을 이용해 해안가에 배를 댔다. 배에서 내리는데 바닷물에 발이 빠져 「철벅철벅」하고 소리가 났다. 이날은 어찌 된 일인지 북괴군들의 저항이 느껴지지 않았다.

인민군 경비병이 눈치채지 못하도록 60m가 채 안 되는 정상까지 기어오르다시피 올랐다. 정상에 다다랐을까. 막사(등대지기 숙소)에서 경계를 하던 인민군으로 보이는 시커먼 그림자가 등대 뒤에 있는 벼랑 쪽으로 「휙」하고 사라졌다. 곧이어 「첨벙첨벙」 소리가 났다. 소리로 보아 두 명의 인민군이 대원들의 기습에 놀라 바다에 몸을 던진 것이었다.

이때가 9월 14일 23시 30분, 등대를 점령하였으나 대원들은 등대를 점화시킬 수 없었다. 점등 장치의 나사못이 빠져 등대에 불을 붙일 수 없었기 때문이었다. 대원들은 칠흑 같은 어둠 속에서 3시간가량 나사못을 찾아 헤매다 포기하고 기

진맥진해 엎드려 있었다.

이때 등대 바닥에서 최 대장의 손에 「선뜻한」 느낌의 금속이 잡혔다. 바로 나사못이었다. 특공대는 드디어 등대의 불을 밝히는 데 성공했고, 아군이 점령했음을 알리기 위해 등대 철재 난간에 성조기를 게양했다.

팔미도의 등대를 애타게 바라보던 연합군 함대의 눈에 불이 훤히 밝혀진 건 정해진 시각보다 1시간 40분 늦은 새벽 2시 20분. 초조하게 기다리던 맥아더는 등댓불과 성조기를 확인하자, 연합국 함대에게 인천 앞바다로 진격 명령을 내렸다. 이를 신호로 7개국의 연합함대는 등대를 길잡이 삼아, 곧바로 인천상륙작전에 돌입할 수 있었다.

극심한 간만의 차 등 여러 악조건으로 성공 확률이 거의 없다던 이 운명적 작전에 10만 병력과 대함대가 무사히 인천에 상륙할 수 있도록 팔미도 등대가 바닷길을 이끈 것이다. 등대에 환한 불을 밝혔던 한국인 켈로 부대원들과 클라크 대위 등은 작전 성공의 숨은 공로자였다.

한편, 9월 14일 팔미도 등대 탈환 작전에 나선 6명의 대원을 제외한 영흥도 잔류

대원 20여 명은 이날 밤 11시경 대부도에 주둔하고 있던 북괴군 1개 대대의 습격을 받아 전멸당했다.

14세 소년 스파이 에디 고(Eddie KO), 몹시 자랑스러운 전쟁 영웅

ddie Ko, worked as a spy for American forces in Korea in preparatio for the invasion at Inchon.   He was only 14.

▲ 에디 고 씨의 생전 시 강연 장면 모습

- 전선 넘나들며 미군에 정보 제공
- 맥아더 상륙작전 감행 이틀 전엔 계획 알아차린 북괴군 모두 처단
- 상부 보고 막아 작전 성공 이끌어
- 목숨 걸고 등대도 밝혀 진격 도와
- 휴전 후 워싱턴에서 이 애를 보내달라 요청
- 영주권 받고 미군 부대 근무하며 미국에 정착
- 한국전쟁 관련 명강사로 활동 중, 6. 25 전쟁과 한국을 알리는 데 열정 쏟아

▲ 14세 에디 고. (뒷줄 왼쪽 세 번째, 흰옷, 총 메고 있는 소년)

미국 플로리다 템파시에 거주하던 에디 고(2017년 82세 별세 한국명 고준경) 씨. 그는 2016년 6월 23일 프로리다 템파 교외의 '참전용사 추모 공원'에 '한국전쟁 참전용사비'를 건립하는 데 큰 역할을 했다. 강원도 철원 출신인 그의 부친은 설교를 아주 잘하는 목사여서 인민군의 요주의 관찰 대상이었다. 해방 이듬해(1946년) 부친은 그의 형과 함께 임진강을 건너 남으로 탈출했다. 반역자 가족으로 몰린 어머니와 에디 고는 이후 쫓겨 다니다 1948년에야 겨우 탈출에 성공했다. 당시 철원은 이북 땅이었다. 평화롭던 시절도 잠시, 1950년 전쟁이 발발했다.

동숭동 서울대학교 의과대학 광장에서 국군 30여 명이 처형당하는 장면을 목격한 소년은 서울을 떠나야겠다고 결심했다. 집에 들렀지만 아무도 없자 인천 영흥도가 고향인 교회 친구가 떠올라 무작정 서쪽으로 걸었다. 거기서 그는 자기 인생의 항로를 바꾸게 될 한 사람을 만났다. 유진 F. 클라크 미 해군 대위였다. 인천상륙작전을 구상한 맥아더가 정보 수집을 위해 영흥도로 미리 보낸 정찰대원이었다. 클라크 대위는 당시 소년들을 모아 정보를 수집하고 있었지만, 뭍에서 온 소년을 경계했다. 하지만 함께 생활하면서 그 됨됨이를 관찰하더니 같이 일을 하자고 제안했다.

어릴 때부터 선교사에게 배운 영어가 큰 도움이 됐다. 주 임무는 인천항과 월미도 등지에서 인민군 동태를 관찰하고 보고하는 것이었다. 소년들은 전시라도 제재받지 않고 전선을 드나들 수 있었기에 가능했다.

인천상륙작전 이틀 전인 9월 13일 인천을 다녀오라는 클라크 대위의 명에 따라 친구와 함께 나섰다. 친구는 그때 "아무래도 유엔군이 인천으로 오려나 보다"고 말해 그제야 전황 파악을 할 수 있었다. 도중 친구는 부모님을 뵈러 영흥도에 들렀다가 인민군에게 붙잡혔다. 소년들이 미군 스파이로 활동하고 있다는 소문을 들은 듯했다. 어디론가 끌려가더니 2시간쯤 뒤 친구는 부모와 함께 공개 처형을 당했다. 그 장면을 목격한 소년(에디 고)은 친구가 고문에 의해 상륙작전 계획을 토설했다는 것을 직감했다.

다행히 그날은 물때가 맞지 않아 인민군은 보고를 위해 배를 타지 못했다. 그날 밤 소년은 인민군들이 기생집에서 술판을 벌인다는 사실을 알고 주민 몇 명과 함께 새벽에 잠입, 상륙작전 계획을 알았을 법한 인민군들을 모두 죽였다. (이 대목에서 에디 고 씨는 당시 처음 이 사실을 공개한다고 했다. 만일 다음날 그 인민군들이 인천으로 떠나 상륙작전 계획을 상부에 보고했다면 전황은 크게 달라졌을 것이라는 게 에디 고 씨의 설명이었다.)

클라크 대위에게 이 사실을 보고하자 그는 15일 인천상륙작전이 개시되기 때문에 앞서 인천의 관문인 팔미도 등대를 밝혀야 한다고 했다. 클라크 대위와 소년 에디 고를 비롯한 정찰대는 전날 밤 작은 보트를 타고 팔미도에 내려 치열한 전투 끝에 인민군을 물리친 후 등대를 밝혔다.

인천상륙작전 성공 후 소년은 부모님이 계신 서울로 가겠다고 하자 클라크 대위는 추천장을 써 주었다. 덕분에 소년은 미 해병 제1사단의 정식 정보원이 됐다.

이후 소년은 미군과 함께 정보 수집을 위해 원산 흥남 함흥 장진호 등지를 오가다 중공군의 포로가 됐다. 다행히 중공군 장교는 보스턴에서 공부한 엘리트로 영어를 잘했다. 소년은 전쟁에서 부모를 잃은 고아라고 하며 동정심을 유발했다. 그 장교는 12만의 중공군이 장진호 주변에 배치돼 있고, 20만 명은 만주에 대기 중이라 미군의 승리는 어렵다고 설명한 후 소년을 풀어줬다.

미 해병대에 재합류한 이 소년은 이 사실을 보고한 후 장진호 전투 등에 참전하며 정보 수집에 매진했다. 그해 12월 흥남 부두 철수 땐 피란민들의 안전 승선을 위해 마지막 배가 떠날 때까지 돕고는 걸어서 남하했다. 휴전 때까지 그는 미군의 정보원으로 활동했다.

휴전 후 가족과 상봉한 그는 생사고락을 함께한 미군 전우 3명에게 편지를 썼다. 그중 한 명이 부친에게 6.25 때 에디 고의 활약상을 소개했고, 부친은 이를 친구인 상원의원과 워싱턴DC 정가에 전달했다. 마침내 이승만 대통령에게 에디 고를 찾아 미국으로 보내달라는 편지가 전해졌다. 실제로 1955년 미 영사가 여권을 만들어 에디 고를 찾아와 마침내 그는 그해 6월 뉴욕에 도착했다. 이후 미 영주권을 받은 에디 고 씨는 다시 미군에 입대, 한국에서 CIC(주한미방첩대) 요원으로 1년 8개월간 근무했다. 제대 후 그는 대학에서 항공학을 전공, 항공회사에 근무하다 뉴욕에서 무역회사를 차려 제법 돈을 모았다. 한국 여인과의 결혼도 이즈음에 했다.

1989년 그는 플로리다 템파로 이주해 10년 전까지 골프장 두 개를 운영했다. 2000년부터 6.25 참전용사들에게 입은 은혜를 조금이나마 갚기 위해 매년 이 지역의 참전용사들을 골프장으로 초대, 라운드와 함께 식사를 대접했다. 모든 사업을 정리한 그는 6.25전쟁과 한국을 알리는 강의에 매진했다. 지역 초중고와 로타리 등 봉사단체, 그리고 군부대 등에서 전쟁 관련 특강을 했다. "6, 7년째 관련 자료도 찾고 공부를 하다 보니 제가 생각해도 실력이 늘었어요." 명강사로 제2의 삶을 살았던 그의 한 해 강의 일정은 이미 지난해 말 모두 잡혀 있을 정도였다.

템파지역 한국전 참전용사회 회원으로, 그들을 위해 한국을 대신해 헌신하는 것도 그의 몫이었다. 에디 고 씨는 "현지 한인들도 애쓰고 있지만 한국 정부도 이제 외롭게 노후를 보내고 있는 참전용사들에게 좀 더 관심을 가졌으면 좋겠다"는 말을 했다.

플로리다 템파 교외에 위치한 '참전용사 추모 공원'내 '한국전쟁 참전용사비'옆에는 85kg의 제법 큰 둥근 돌이 기단 위에 소중히 올려져 있어 눈길을 끈다.

인천상륙작전 때 전사했던 로페즈 중위의 기념비이다. 쌍안경을 들고 있는 맥아더와 함께 방벽을 넘는 그의 뒷모습은 인천상륙작전의 기념비적 사진으로 꼽히고 있지만 아쉽게도 그는 이 사진이 찍힌 직후 전사했다. 그는 후에 미군이 받을 수 있는 최고의 무공훈장인 명예훈장을 추서 받았다. 템파 한국전 참전용사회는 에디 고 씨의 주도로 2007년 재향군인의 날, 인천 앞바다에서 공수해 온 이 돌에 'The Green Beach Point of Incheon Landing Operation'이라는 문구를 적어 템파 인근 키스톤 에드레디스 공원 한국전쟁 기념광장에 로페즈 중위 기념비를 세웠다.

▲ 개인 기부와 함께 템파 한국전 참전용사회의 모금 등으로 로페츠 기념비를 세운 에디 고 씨.

이후 2016년 7월 27일 차로 10분 거리인 참전용사 추모 공원 내 한국전쟁 참전용사비 제막식에 맞춰 로페즈 중위 기념비를 이곳으로 옮겼다. 함께 공수된 작은 돌은 에디 고 씨의 제안으로 로페즈 중위의 모교인 힐스보로고교에 기증돼, 그의 유품과 함께 전시되고 있다.

"당시 인천에서 직접 공수해 온 돌을 보고 참전용사회도 나도 하염없이 눈물을 흘렸다"고 말했다. (일부, 국제신문 이흥곤 기자 방문 기사 옮김)

"We are appreciative to Americans," said Ko, who also served in the U.S. Army after coming to America. "Who knew that (South Korea) would one day sell cars in America?"

Lieutenant Baldomero Lopez

Lieutenant Baldomero Lope:
Honor Graduate Award

▲ 로페즈 미 해병 중위와 상패

* 월미도 탈환, 오후 5시 30분에 주력
공격 개시
* 월미도 상륙은 미 제1해병사단, 주력부대
는 미 제10군단, 상륙전 지휘는 도일 소장.
맥아더 원수도 진두지휘
* 유엔군, 김포시 및 김포 비행장 점령

크로마이트 작전 (Operation Chromite), D-day 개요 〈H-hour : 06:30〉

상륙 부대의 병력은 함정 262척, 총 7만
5천여 명에 달하였다. 주력 부대의 일부
는 이미 9월 초부터 부산 근처에 집결해
있었고, 나머지는 9월 11일 제90기동함
대와 함께 일본에서 출발하였다. 때를
같이하여 한국해병대는 UN 해군함대
의 지원 포격을 받으며 군산·목포·포
항·영덕 등 동서 해안 여러 곳에서 일련
의 양동작전을 전개하였다.

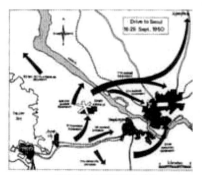
▲ 맥아더의 수도 탈환 전술 계획

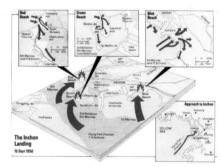
▲ 인천상륙작전, D-day 상륙 현황

9월 15일 새벽 2시 함포 지원 전대를 포
함한 미 해군 공격전대가 상륙부대의 제
1진인 미 제5해병 연대 3대대와 M26 퍼
싱 전차 1개 소대를 싣고 월미도를 향해
떠나기 시작하였다. 새벽 5시 북괴군의
방어진지에 폭격을 가하기 시작하였
고, 05시 40분, 17척의 LCVP에 상륙
선봉 부대가 탑승했고 같은 시간 토레도
호의 200mm 포 일제 사격을 신호로 전
함대의 상륙 지원 사격이 시작됐다. 06
시 15분부터는 세 척의로켓포함이 탄막
사격을 개시, 월미도 상륙 해안 일대는
불바다가 됐다. 작전 계획상 미 해병대 5
연대 3대대 병력의 월미도 해안 도착 예
정 시간은 06시 30분이었다.

LCVP에서 내린 미 해병대 1제대 선발대
가 실지로 해안에 도착한 시간은 06시
31분, 주력 도착 시간은 06시 33분이었
다. 06시 35분 제2제대가 상륙했고 10분
뒤에는 전차를 적재한 LSU가 도착, 포

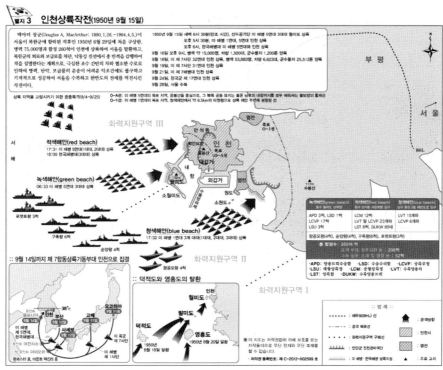

▲ 인천상륙작전 전체 요도

격과 화염방사기를 발사하면서 산 쪽으로 진격했다. 북괴군들은 산기슭의 동굴 속으로 도망쳐 수류탄을 던지며 저항을 기도했는데 이 문제를 전차들이 해결했다.

미 제5해병연대 3대대의 월미도 일대 녹색 해안(Green Beach) 상륙작전은 오전 중에 성공리에 진행되었다. 이어 인천항이 만조가 된 오후 5시경부터 UN 해군과 공군의 엄호사격이 다시 시작되면서 미 제5해병연대의 2개 대대가 인천항 북쪽의 적색 해안(Red Beach)에 상륙하였다.

또한, 월미도 맞은편의 황색 해안(Yellow Beach)에서는 인천 시가지에 대한 정면 공격이 시작되었다. 당시 공산군은 서울 위수 제18사단과 인천경비 여단, 그리고 제31여단 예하의 1개 대대 등을 인천 일대에 배치하고 있었다.

▲ 5000 대 1의 성공확률이라 한 인천상륙작전 현장을 지휘하는 맥아더 사령관, 기함 맥켄리 호 함교

▲ 인천, 작전지휘 하는 맥아더 사령관. 1950. 9. 15

▲ 인천 적색 해안 접근 중. 1950. 9. 15

▲ 인천, LCVP 대행진의 장관! 1950. 9. 15

▲ 인천 상륙해안으로 접근 중. 1950. 9. 15

▲ 인천 상륙, 손원일 해군 참모총장, 미 해군 피카웨이 함장과 더불어.
1950. 9. 15

▲ 미군 전함 '미조리'호

▲ LSMR 로켓포함이 월미도에 사격을 하고있다. 1950. 9. 15

▲ 인천, 적색 해안 포격. 1950. 9. 15

▲해병대는 최초일(D-day 작전) 상륙작전을 완수하였으며, 인천시를 장악하였다.

▲ 이 사진은 인천상륙작전의 2개의 기념비적 사진 중 하나.
맥아더 사령관이 기함 함교에서 망원경을 들고 있는 사진과 더불어, 로페즈 중위가 제일 먼저 사다리를 타고 암벽을 오르는
사진이다. (촬영자 미상) 로페즈 중위는 상륙한 직후 전사하였다. Baldomero Lopez, (1925년 8월 23일~1950년 9월 15일)

▲ 2007년 11월 11일 미국 재향군인의 날에, 로페즈 중위의 기념비가 탬파市 인근 키스톤 에드레디스 공원 한국 전쟁기념광장에 세워졌다. 이 기념비는 로페즈 중위가 전사한 인천 앞바다에서 공수해 온 85kg의 돌로, 'The Green Beach Point of Incheon Landing Operation' 이라는 문구가 새겨졌다.
사비를 털어 이 기념비를 세운 재미교포 고준경(당시 75세. 미국명 에디 고) 씨 "인천에서 직접 공수해 온 돌을 보고 그들(6·25 참전용사)도 나도 하염없이 눈물을 흘렸다"고 하였다.

▲ 인천, 시가전 중 민간인 통제 모습, 1950. 9. 15

하는 쾌거를 이루었다. 만일 인천항을 즉시 확보하지 못했다면 서울로 향한 진격은 힘들었을 것이었다. 후속하는 부대와 물자가 상륙한 후에야 내륙으로 진격이 가능한데, 이를 위해서는 해안가에 교두보를 확보하여야 한다. 그런데 인천상륙작전은 작전 개시와 동시에 최고의 교두보를 확보하는 쾌거를 이룬 것이었다.

▲ 인천으로 직접 상륙하는 맥아더 사령관. 1950. 9. 16

▲ 인천 상륙, 항공 지원작전. 1950. 9. 16

9월 16일 새벽이 되자 적 치하에서 신음하던 인천은 완전히 탈환되었고, 한반도 중부의 가장 큰 항구인 인천항을 온전하게 확보하였다. 인천상륙작전은 세계전사에서 보기 드문, 직접 항구로 상륙하여 장악한 작전이었다. 사상 최대의 상륙작전이었던 '노르망디상륙작전'에서 알 수 있듯이 전략 시설인 항구 일대는 항상 경비가 엄중하므로 이곳을 피해 작전을 펼치는 것도 초기의 피해를 최소화 할 수 있는 방법이었다.

하지만 맥아더는 항구로 직접 상륙하는 발상의 전환으로, 초전에 인천항을 확보

▲ 인천, 수송함에서 주정으로 하선하는 해병들. 1950. 9. 16

자유는 공짜가 아니다! **255**

▲ UN군 반격에 주역을 맡은 미국 셔먼 탱크 위용

▲ 인천상륙군 미 해병들이 서울로 가는 길로 접어들고 있다.
1950. 9. 16

▲ 인천,한 해병 어린이와 조우. 1950. 9. 16

▲ 투항하는 북괴군 병사. 인천 1950. 9. 16

▲ 낙동강 전선의 국군과 연합군은 반격에 나서기 시작했다.
경북 왜관 근처의 낙동강에서 한국인 인부들이
미 제1기병사단의 중화기 도하를 돕기 위해 흙을 집어넣은
마대를 깔아 강바닥을 다지고 있다.
(미 육군부 자료)

▲ 인천상륙작전과 낙동강 전선 반격으로 후퇴를 하던 북괴
군의 일부가 붙잡혀 포로가 된 모습이다. 공세에 밀렸던 북괴
군의 일부 병력은 지리산 등 깊은 산 속에 숨어 들어가 빨치
산에 합류했다. 이들은 앞으로 대한민국의 후방치안을 크게
위협한다. (미 국립문서기록보관청)

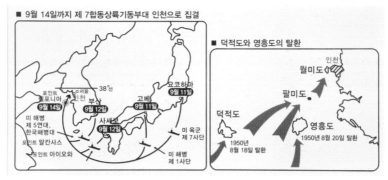

■ 9월 14일까지 제 7합동상륙기동부대 인천으로 집결

■ 덕적도와 영흥도의 탈환

▲ 상륙군 출항지도

전쟁의 흐름을 바꾼 인천상륙작전
Incheon Landing Operation
仁川登陆作战 / 仁川上陸作戰

상륙군 출항지도

▲ 상륙군 출항지도

▲ 로페즈 미 해병 중위가 사다리를 타고 올라가는 모습

6·25전쟁 상황도

1 북한군 남침기 | 1950.06.25 ~ 09.14
Invasion of North Korea

2 유엔군 반격 및 북진기 | 1950.09.15 ~ 11.24
Counterattack and advance of United Nations Forces

3 중공군 침공 및 재 반격기 | 1950.11.25 ~ 1951.01.24
Invasion of Chinese and re-counterattack

4 전선교착 및 휴전 | 1951.01.25 ~ 1953.07.27
Deadlock and Armistice Agreement

장사상륙작전 長沙上陸作戰
1950년 9월 14~15일

陸本作命 174호
장사동 상륙작전 長沙洞上陸作戰 (다른 표기 언어)

장사상륙작전은 1950년 9월 14일~15일에
경상북도 영덕군 남정면 장사리에서 벌어진
인천상륙작전을 지원하는 '양동작전(陽動作戰)' 목적으로
계획되었던 작전이었다.

아울러, 북괴군 방어병력의 분산 및 보급로 차단이 목적이기도 하였다. 이 작전에는 학도병, 주로 고등학생으로 구성된 772명이 문산호해운공사 소속 LST, 용선, 문산호에 승선하였으며, 경북 영덕 장사리 해안에 상륙하여, 남침하고 있는 북괴군이 남하하는 국도 해안 7번 해안에 상륙하여, 북괴군의 보급로를 차단하고자 하는 작전이기도 하였다.

인천상륙작전은 성공률 5000:1이라는 위험(도박)을 무릅쓰고 최악의 조건에서 전세를 역전 시켜 패망 직전의 대한민국을 구한 작전이다. 전술적인 면에서도 인천상륙작전은 뛰어났다. 서울에서 서쪽으로 32km 지점에 위치하고 있는 최단 거리 항구이고, 수도 서울을 탈환함으로써 적에게 전술적으로나 심리적으로도 치명적인 타격을 가 할 수 있는 한편, 남한 깊숙이 투입된 북한군의 보급선을 차단하고 동시에 낙동강 전선에서 총반격을 실시함으로 북한군 주력을 압축시켜 섬멸하고 소수의 희생으로 많은 성과를 획득한 작전이었다.

인민군은 38선에서 낙동강 방어선까지 진격하는 데 81일이 걸렸지만, 인천상륙 이후 국군이 38선까지 다시 돌아오는 데는 불과 15일밖에 걸리지 않았으니, 적의 배후를 기습한 이 작전의 성과는 이루 말할 수 없이 컸다.

인천상륙작전은 수도 서울을 탈환하는 발판이 되었을 뿐 아니라 낙동강 전선의 북한군 주력 부대를 포위, 붕괴시키는 데 결정적인 역할을 했다. 더구나 인천상륙작전 성공 이후 유엔군과 국군은 상대적으로 적은 인명피해로 전세를 일거에 역전시키는 데 성공했다.

인천상륙작전이 성공할 수 있도록 초석이 된 장사상륙작전長沙上陸作戰, 이 작전은 맥아더 사령관이 직접 진두지휘하는 인천 상륙작전의 양동작전陽動作戰으로 실시된 작전이었다. 양동작전으로서는 성공하였으나, 훈련받지 못하고, 제대로 된 군장도 갖추지 못한 학도병學徒兵들의 일주일간의 악전 분투한 역사적 거사였다.

인천상륙작전을 성공시키기 위해 수많은 희생을 내며 장사 해변에 상륙, 죽기를 각오하고 싸운 그들의 애국정신을 길이 빛내 주어야 할 것이다. 139명이 전사하고 92명이 부상을 입었으며, 사망한 학도병을 제외하면 모두가 행방불명의 상태였다. 상륙작전에 동원되었던 LST 문산호는 1991년 3월쯤 난파선으로 발견되었다.

소련군의 화력 지원을 받은 북한군은 38도선을 넘어 침략(남침)전쟁을 감행했다. 그리고 근, 한 달 만에 낙동강 전선까지 밀고 내려갔다. 낙동강 전선까지 밀린 대한민국은 절체절명의 위기에 빠지게 되었다. 이에 연합군 사령관 맥아더는 인천상륙작전을 감행시키고 작전 비밀 유지를 위해 원산, 주문진, 군산, 영덕, 장사리 네 곳의 지역에 교란작전을 지시했다.

최후의 보루인 낙동강 전선으로부터 정규군을 뺄 수 없는 절박한 상황에서 인천상륙작전 하루 전날 1950년 9월 13일 23시 772명의 어린 학도병을 태운 문산호가 장사리 해변으로 출항했다. 문산호는 9월 14일 새벽에 상륙지점까지 도착했으나 당시 상황은 태풍 케지아가 접근하는 여파로 파고가 3~4m로 매우 심해서 풍랑이 거칠어 기상 악화로 배는 좌

인천상륙작전이 실패하면 미국은 한국을 포기하려 했다. 인천상륙작전이 있던 날 '펜 대신 총을 달라' 는 호국 일념 하나로 한국의 작은 학도병(평균 나이 17세) 부대가 반대편 해안에서 위장 작전을 수행했고 결국, 북한군의 병력을 교란시키는 데 성공했다. 군번조차 없는 학도병으로만 구성된 결사 항쟁의 목숨을 건 용감무쌍한 게릴라 부대였다.

초되고 인민군의 집중 사격을 받게 된다.

이런 악조건 속에서도 학도병들은 장사리 해변에 성공적으로 상륙하여 인민군과 전투를 벌이고 며칠간 인민군의 보급로를 차단하며 적의 주의를 분산시키는 성과를 거두었다. 하지만 문산호가 좌초되는 바람에 철수하지 못하는 사태가 발생했다. 9월 16일 후방을 차단당한 인민군 제5사단의 정예 부대인 2개 연대 규모의 부대가 T-34 전차 4대를 앞세우고 북상하여 학도병들과 치열한 전투가 벌어졌다.

학도병들은 9월 19일까지의 치열한 전투 끝에 간신히 상륙지점인 장사리 해변으로 되돌아와서 LST 조치원호를 타고

귀환할 수 있었다. 하지만 이 과정에서 막대한 희생을 치렀으며, 40여 명은 인민군의 집중 사격 등으로 인해 승선 기회를 놓치고 적의 포로가 되는 큰 손실을 가져왔다.

인천상륙작전이 실패하면 미국은 한국을 포기하려 했다. 인천상륙작전이 있던 날 '펜 대신 총을 달라'는 호국 일념 하나로 한국의 작은 학도병(평균 나이 17세) 부대가 반대편 해안에서 위장 작전을 수행했고 결국, 북한군의 병력을 교란시키는 데 성공했다. 군번조차 없는 학도병으로만 구성된 결사 항쟁의 목숨을 건 용감무쌍한 게릴라 부대였다.

김일성은 장사상륙작전과 양동작전으로 전개한 인천상륙작전이 성공하자 인천 상륙 8일 만인 9월 23일 토요일(6·25 전쟁 발발 91차)에 인민군(북한군) 총후퇴 명령을 하달하게 된다.

문산호 선원들은 6·25 한국전쟁에 '동원된 인력'이라는 이유로 서훈이 누락되었었다. 이에 해군은 작전에 참가한 생존자 증언을 청취하고, 관련 전사 기록을 발굴해 2017년 국방부에 선원들의 서훈을 추천했다. 그 결과 2018년 6월 25일 대한민국 해군은 민간인 신분으로 전사한 황재중 선장에게 충무무공훈장

을 수여했고, 이어 2019년 6월 27일 6·25 한국전쟁 당시 민간인 신분으로 장사상륙작전에 참전했다가 전사한 문산호의 선원 10명에게도 69년 만에 화랑무공훈장을 수여하였다.

포항여중에서 사투를 벌인
71명의 학도병 전투처럼
장사리 전투에서의 학도병들에게도
훈장은 고사하고
그 어떤 후속 조치도 없었다.
그 후 국가에서
여러 조치를 했다고는 하지만...
군번도 계급도 없이
죽기 살기로 싸운 결기로
이 땅에 뿌려진
꽃송이와 같이 아름다운 피들이여!

▲ 장사상륙작전 전몰용사 위령탑

1. 당시 학도의용군
2. 장사리상륙작전(양동작전)을 지원한 미 해군 전함의 함포사격 모습. 1950년 9월 12일
3. 장사리 상륙작전에 참전한 LST문산호, 1950년 9월 14일

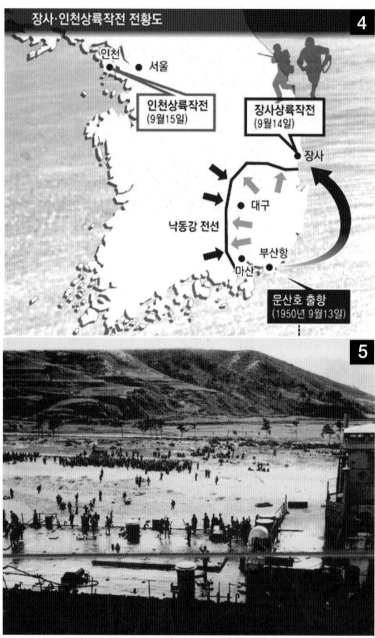

4. 인천상륙작전, 장사리 상륙(양동작전) 전황도, 1950년 9월
5. 1950년 9월 13일 LST-문산호가 태풍에 의해 좌초되었고, 작전을 위하여 학도 전투병들이 해안으로 상륙하고 있는 모습.

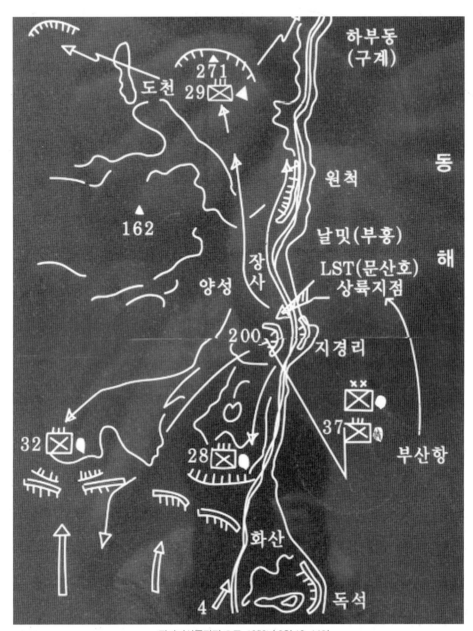

▲ 장사리상륙작전 요도, 1950년 9월 12~14일

국군은 인천 상륙작전 실시에 맞추어 북한군을 교란하기 위해 인천과 정반대 방향인 경북 영덕군 장사리 일대에 상륙작전을 시도했다.

돌격하라!

그러나 유격대와 전투 경험이 없는 772명의 학도병들을 태운 LST 문산 호는

악천후 속에서 좌초하고 만다.

아악!

발사!

깡그리 죽이라우!

그때 북한군의 대대적인 공격을 받고 평균 나이 17세, 훈련 기간 단 2주에 불과했던 많은 학도병들이 희생되었다.

……

하지만 장사리 상륙작전은 악전 고투 끝에 성공하여 북한군의 주요 보급로인 7번 국도를 차단했다.

절대 포기 할 수 없다.

끝까지 지켜야 돼.

휘이이

4일 넘게 방어한 장사리 상륙작전은 인천 상륙작전의 성공과 북한군 전력 약화에 큰 힘이 됐다.

쿵

정말 중요 하고

의미 있는 전투였다.

잊지 않겠다.

인천 상륙 작전이 성공한 뒤, 장사리 아군 구조작전이 진행되어 철수 했지만 전사 139명, 포로 39명의 막대한 피해는 막을 수 없었다.

맥아더는 죽기 전에
장사상륙작전에 참여한
722명에게 편지를 보냈다.

"인천상륙작전을 지원하여 수행한 작전은
최고의 찬사를 받을 만하며
대원(학도병)들이 보여준
용기와 희생적인 행동은
한국 젊은이들에게 귀감이 될 것이다."

- 더글러스 맥아더 -

장진호 전투 (1950. 11. 27~12. 11)

"우리는 후퇴하는 것이 아니라 다른 방향으로 공격하는 것이다"

-스미스 사단장 -

장진호 지역은 해발 2000m 이상의 높은 산이 7개나 둘러 쌓여있는 1000m 이상의 개마고원으로서 한반도의 지붕이라고 하며 10월이면 눈이 내리고 겨울에는 낮엔 영하20도, 밤에는 영하35도까지 내려가는 눈이 많고 아주 추운 곳이다.

▲ 진혼 나팔을 부는 장의병. 흥남 부근에 임시로 마련된 미 제1해병사단 묘지. 1950. 12

▲ 장진호에서 철수하는 미해병 병사 (미해병대 대표사진)

▲ 후퇴 도중 길가에서 쉬고 있는 미 해병대원. 1950. 12

인천 상륙작전의 성공, 국군과 유엔군은 서울 탈환, 전면 반격작전으로 전환

인천 상륙작전의 성공으로 국군과 유엔군은 서울을 탈환하고 전면적인 반격작전으로 전환했다. 전쟁의 주도권을 장악한 미8군단과 국군2군단이 신의주, 압록강까지 진격하고 초산에 이른다. 동부의 10군단은 국군 1군단이 10월10일 원산을 점령하고 해안선을 따라서 성진을 거쳐 무산, 두만강까지 진격한다.

10월27일 원산에 상륙한 미 해병 1사단은 함흥을 거쳐 장진호까지 진격했다.10월29일 이원항에 상륙한 미 7군단은 부전호를 거쳐서 혜산진과 압록강으로 진격한다. 놀라운 진격속도에 도쿄에 유엔사령부에서는 동부의 미 해병사단이 장진호에서 서진하여 적의 사령부인 강계를 점령하고 서부의 8군을 만나서 전쟁을 종결한다는 계획이다.

모택동, 참모들의 반대묵살, 미국과의 전면전쟁으로 국제사회에 등장

하지만 1950. 10. 1. 중공이 북경에서 건

국1주년 기념행사를 하면서 모택동은 주변참모들의 반대를 묵살하고 미국과의 전에 60만 명의 중공군을 대기시키고 항미원조 순망치한 구호로 정치교육을 하고 미국은 공산주의의 철천지원수라는 사상교육과 소수로 공격하고 재빨리 숨어라. 밤에 이동과 공격을 하고 낮에는 깊숙이 숨어라. 나팔로 공격하고 징으로 이동한다. 등의 군사교육을 한다.

총사령관 팽덕회는 사령부에서 기동권, 진지전, 게릴전의 종합작전으로 내전에서 사용하던 전략의 선택과 집중의 작전을 채택하고 발표한다. 적을 선택하고 유리한 곳으로 유인해서 전 부대가 집중해서 전멸시킨다는 작전이다. 팽덕회가 압록강을 넘어서 강계의 산속에서 김일성을 만나서 조, 중 연합군을 결성하고 중공군 13병단 18만 명의 대부대가 압록강을 넘는다.

▲팽덕회

이들의 기습적인 공격으로 운산에서 미 제1기갑사단과 제38기병대대가 전사하거나 포로가 되는 전멸을 당한다. 적은 게릴라전으로 폭풍처럼 왔다가 바람처럼 사라진다.

동부의 알몬드 1군단장은 신속한 진격을 명령하지만 미제1해병사단장 스미스 소장은 부대가 원산-함흥-장진으로 종으로 너무 늘어져서 장병의 보호와 경계에 허점이 있다고 판단하고 진격을 멈춰 세웠다. 그리고 추위를 대비하고 보급품의 수송을 위해서 하갈우리에 사령부를 설치하고 간이비행장을 건설한다. 또한 5연대와 7연대를 장진호 서북쪽 유담리에 배치하고 1연대를 하갈우리와 고토리에 경계부대로 배치하고 미 7사단에서 지원 나온 3연대를 장진호 우측에 신흥리에 배치해서 부대를 공격과 경계를 동시에 구사할 수 있게 조직화 시킨다.

장진호 지역은 해발 2000m 이상의 높은 산이 7개나 둘러 쌓여있는 1000m 이상의 개마고원으로서 한반도의 지붕이라고 하며 10월이면 눈이 내리고 겨울에는 낮엔 영하20도, 밤에는 영하35도까지 내려가는 눈이 많고 아주 추운 곳이다.

중공군 9병단, 산악지대를 침투해서 소리

없이 미 해병 전 부대를 이미 포위

중공군 9병 단장 43세의 송수륜은 16세에 황포 군관학교에 입학해서 정식으로 지휘관 교육을 받은 자로서 모택동과 함께 20년간 국공내전을 거치면서 게릴라전의 명수라고 하며 곱상한 얼굴과는 달리 잔인한 악인 형의 인간이다. 그는 전 세계 최강 미 해병선임사단을 전멸시킨다는 작전의 전략과 자신감으로 상당히 흥분해 있었다.

▲ 중공군 제9병 단 송시륜 사령관

중공군 9병단은 이미 연합군의 서부와 동부사이에 120km 벌어진 산악지대를 침투해서 소리 없이 미 해병 전 부대를 이미 포위하고 있었다. 유담리의 미 해병5연대와 7연대를 중공군 27군단, 79, 59, 89사단이 겹겹이 에워싸고 신흥리

의 미 7사단 31연대를 20군단 2개 사단이 포위하고 하갈우리로 이어지는 길목마다 적의 연대급 병력이 포진하고 있었다. 또한 미 해병1사단 사령부가 있는 하갈우리에도 적의 58사단이 포위하고 길목을 지키고 있었다.

더군다나 하갈우리-고토리-진흥리로 이어지는 외길도로 길목마다 이미 적의 대부대가 겹겹이 둘러싸고 지키고 있었다. 송수륜의 전략은 양파껍질 전략이다. 겹겹이 들러 싸고 쉼 없이, 때 없이, 수 없이 나타나서 전멸시킨다는 선택과 집중의 전략인 게릴라전이다.

한편 스미스 해병1사단장은 부대의 재배치를 마치고 보급과 공격로의 점검을 마치고 11월27일 사령부의 명령대로 강계의 북한군 전선 사령부를 목표로 유담리의 미 해병5연대, 7연대에게 진격명령을 내렸다. 이들이 진지에서 나와 북으로 진격을 개시하자마자 겹겹이 포위하고 있던 적의 박격포와 수류탄이 소낙비처럼 쏟아졌다. 동시에 중공군 79사단은 북쪽능선을, 89사단은 서북쪽 능선을, 59사단은 남쪽으로, 우회하여 덕동 고개와 유담리 간 보급로를 차단했다.

미 해병5연대의 진지인 서부 쪽 능선을 적의 89사단이 벌떼처럼 공격해왔다. 분당 240발의 기관총이 불을 뿜고 죽이고 또 죽여도 괴성을 지르며 달려왔다. 우측 방어선이 무너지기 시작했다. 대대는 모든 화력을 집중했다. 밤 10시부터 적이 물러나기 시작했다. 대대 우측의 7연대 3대대도 적의 사단 급 공격을 받고 격전을 벌이고 있다. 밤 9시경 중대장이 전사했다. 그러나 우수한 화기와 강하게 훈련된 3대대 해병은 적을 물리쳤다. 자정부터 공격을 늦추던 적이 28일 03시부터 적의 79사단이 집요하게 공격해왔다. 결국 대대장은 철수를 명령하고 서북쪽 능선의 중요한 고지인 1403고지를 내주고 말았다.

지옥에서 뛰쳐나온 마귀처럼 괴성을 지르며 죽으러 수 없이 달려들었다.
또 다시 적의 북쪽능선은 중공군 특유의 제파식 공격을 해왔다. 빼갈을 먹고 괴성을 지르며 방망이 수류탄을 가지고 수없이 끊임없이 달려왔다. 1진이 쓰러지면 2진이 달려와서 방망이 수류탄을 집어 들고 달려온다. 대대는 3시간의 혈전으로 수백 명을 사살했지만 03시 이후 병력이 끊임없이 투입되어 지옥에서 뛰쳐나온 마귀처럼 괴성을 지르며 죽으러 오는 적에 의해서 05시 방어진지가 무너지고 고지 아래로 방어진지를 옮겼다. 또한 적의 59사단은 해7연대 2대대의 남쪽 보급로인 덕동 고개와 1대대의 동쪽

의 1419고지를 밀물처럼 공격해 왔다.

02시경 시작된 전투는 날이 밝을 때까지 치열한 격전을 벌였다. 날이 밝자 적은 소리 없이 사라졌다. 적의 대대적인 기습공격을 받은 미 해병사단은 공격작전을 변경하고 진격을 중지하고 부대 간의 결속을 유지하면서 현 위치를 사수하게 했다. 적은 27일부터 28일까지 전투에서 미 해병 16개 중대 가운데서 3대 중대를 전멸시키고 많은 고지를 빼앗았다. 적은 그들의 작전대로 미 해병을 4개 지역으로 고립시키고 유담리, 신흥리, 하갈우리, 고토리의 연결도로를 차단시키고 포위망을 좁혀왔다.

미 해병은 신속히 방어 작전으로 전환해서 병력소모를 절약하고 부대 간의 연결과 진지편성을 노력했지만 중공군은 이미 황초령 고갯길부터 장진호까지 좁고 험한 산길을 따라 포진해 있으면서 분산된 미 해병을 압도적으로 많은 병력이 포위하고 있었다. 문제는 적의 수가 얼마인지 적의 포위망이 어디까지 뻗쳐 있는지 알 수 없다는 점이다.

한편 중공군은 이틀에 걸친 공격으로 1선 공격부대인 79, 89사단이 병력을 보충하고 재편성을 하느라고 미 해병 5, 7연대를 포위하고 있으면서도 대규모 공

격을 실시할 능력이 되지 못했다. 중공군은 28일 자정부터 80사단이 미 7사단 31연대를 변칙으로 공격했다. 미 해병과 달리 전투력과 결속력이 약했던 31연대는 2일 만에 연대장이 전사하고 부대가 급속히 무너지자 페이스 중령이 연대의 지휘를 맡았다.

전선이 급박해지자 알몬트 10군단장은 전선지휘권을 스미스 해병1사단장에게 맡기고 페이스부대를 구출하고 하갈우리에서 고토리까지의 보급로를 확보하라고 했다. 또한 미 7사단 부사단장 헨리 준장이 스미스 소장에게 31연대의 구조 요청을 보냈지만 미 해병 주력부대인 5, 7연대가 유담리에서 적의 3개 사단에 포위 고립되어 있었고 하갈우리에서 고토리까지의 보급로 확보병력은 커녕 자체 방어도 어려우므로 페이스부대가 무슨 일이 있어도 병력을 인솔해서 하갈우리로 집결하라고 명령을 내렸다.

▲ 미 제10군 단장 알몬드 소장

▲ 미 해병 제1사단장 스미스 소장

하나님의 보호하심을 뜻하는 고토리의 별
구름 걷히고 산위에서 빛나 병사들 위로...
이날 밤 9시 30분 무렵 구름이 걷히고 고토리 남서쪽에 산위에 굉장히 큰 별이 홀로 빛났다. 당시 고토리에 수많은 미군들은 그 별을 보고 크게 위로를 받았다. 여러 증언이나 기록에서 이들은 하나님의 보호하심을 뜻하는 고토리의 별이라고 말했다. 2017년에 미국 버지니아주 콴티코소재 미 해병대 박물관에 장진호 전투 기념비를 제막했는데 석비 상단에 고토리의 별을 표현한 상징물을 세웠다.

전투 결과
중공군 9병단은 미 해병1사단을 전멸시킨 다음에 함흥지역의 연합군을 타격하고 수원에서 서부의 13병단과 만난다는 계획을 전혀 실시할 수 없었다.

장진호 전투에서 중공군 9병단은
-전사 37,500명

-부상 7,500명
-항공기에 의한 전사 11,000명

그리고 대부분이 심한 동상으로 부대가 무너졌다. 이들의 실패 원인은 수송능력 부족으로 보급 지원과 부대 기동의 제한, 그리고 전술적 결함으로 전투력 상실이었다. 이에 따라 부대 운용이 불가능해지자 9병단 지휘부는 3개월에 걸쳐 부대를 재편성하고 병력 및 물자를 보충한 후에 1951년 3월 중순에 전선에 투입하게 된다. 만약 9병단이 처음 작전대로 서부의 13병단과 수원에서 12월 말에 만났다면 한반도는 공산화 되었을 것이다.

반면에 미 제1해병 사단은 중공군의 강력한 포위망을 돌파하여 함흥으로 철수하는데 성공했으며 해상으로 안전하게 후퇴했다. 또한 중공군 9병단이 서부의 13병단을 지원하지 못하게 함으로 미 8군의 위기를 모면하게 했다.

이러한 미 해병의 전투 효과는
① 미 해병은 전술적으로 공,지 협동작전을 전개하며 모든 부상자와 전투 장비를 후송했다.
② 적의 강력한 포위망 속에서도 철저한 단결력과 강한 전투력으로 적을 제압했다.
③ 적의 주력을 장진호 부근에 고착시킴

으로서 동부전선에 미 7사단과 국수도1사단과 3사단의 철수를 도와준 결과가 되었다.
④ 중공군 9병단의 전투력 약화로 미 10군단이 함흥에서의 철수가 안전하게 이루어지고 자유를 찾는 피난민 9만8천명을 안전하게 구원 하였다.

미 해병은 모든 철수로의 방어진지를 설치하고 철저하게 병력을 보호하였다.
또한 24대의 항공기가 철수부대를 근접 엄호 하였다. 무엇보다 공중철수를 거부하고 3중의 포위망을 정면 돌파한 미 해병대의 왕성한 사기와 강력한 단결력이 있었고 스미스 해병1사단장의 명예를 목숨처럼 여기는 해병정신을 실천한 것이 이 작전 성공의 큰 원동력이었다.

미 해병의 손실은
-전사 463명
-후송 후 전사 9명
-실종 182명 부상 2,872명 동상 3,659명이었다.

국 군				
국군 1군단	군단장	소 장	김백일	
	사단장	준 장	송요찬	
수도 사단	1연대장	대 령	한 신	
	18연대장	대 령	임충식	
	제1기갑연대장	대 령	김동수	
	10포병 대대장	중 령	이규삼	배속 부대
3 사단	사단장	준 장	최 석	
	22연대장	대 령	김응조	
	23연대장	대 령	김종순	
	26연대장	중 령	서정철	
	11포병 연대장			배속 부대
북 한 군				
북한군	4군단장	상 장	박종덕	
	41사단장	소 장		
	507여단장	소 장		
	8군단장	상 장	김창식	
	5사단장	소 장		
	6사단장	소 장		
	7사단장	소 장		
미 군				
미 군	1해병사단장	소 장	올리버 스미스	
	1연대장	준 장	루이스 풀러	
	5연대장	대 령	레이먼드 머레이	
	7연대장	소 령	호비 리첸버그	
	11포병 연대장	소 령	칼 영데일	
	1공병 대대장	대 령	존 피트리지	
	1전차 대대장	중 령	해리 마이런	
	1해병항공단장	소 령	필드 해리스	
영 국				
영 국	41해병 대대장	소 령	더글러스 드라이스네일	
중 공 군				
중공군	9병단장	송수륜	20군단장	장이상
	58사단장	왕자우징	29사단장	차이거린
	60사단장	서 방	89사단장	?
	26군단장	장런후	76사단장	손계현
	77사단장	심 평		
	27군단장	펑더칭	79사단장	속임해
	80사단장	오란정	81사단장	라 기
	94사단장	?		

"저에게 내일을 주십시오!"

▲ 장진호(長津湖)에 포위당한 채 사투를 벌이고 있던 미 해병대원들

1950년 6월 27일, 28세인 미국의 한 여성 신문기자 마거릿 하긴스가 6.25 전쟁을 취재하기 위해서 자유대한민국에 왔습니다. 그녀는 이후 인천상륙작전과 장진호 전투 등 전쟁의 최전선에서 한국의 참혹한 현실을 전 세계에 알렸으며 1951년 여성 최초로 퓰리처상을 받게 됩니다.

영하 30~40도에 육박하는 강추위가 몰아치는 가운데 연합군과 중공군 사이의 공포에 지친 병사들과 함께 얼어붙은 통조림을 먹고 있었습니다.

그녀의 옆에 있던 한 병사가 극도로 지쳐 보이는 표정으로 멍하니 서 있었는데 그녀는 그에게 물었습니다. 만일 제가 당신에게 무엇이든지 해줄 수 있는 존재라면 제일 먼저 무엇을 요구하겠습니까?"

그러자 이 병사는 한동안 아무 말 없이 서 있다 이렇게 답했습니다.
"저에게 내일을 주십시오!"
그 병사에게는 포탄도 따뜻한 옷과 음식도 아닌 이 전쟁에서 죽지 않고 살아남을 수 있다는 희망 '내일'이 절실하게 필요했습니다.

▲ 1950년 12월 13일 흥남항에서 철수하는 선박에 승선하기에 앞서 미 해병 임시묘지에 묻힌 전사한 동료 병사들을 찾은 미 제1해병사단장 올리버 스미스 소장과 지휘부는 세 발의 예포에 맞춰 희생된 전우들을 추모하였다. 이들은 자유민주주의 국가 대한민국을 공산주의자들의 손에서 구출하느라 자신을 희생한 영웅들이었다.

▲ 미 해병제1사단장 스미스 장군이 흥남에 설치된 해병 전사자 임시묘지에서 부하 전사자들에게 마지막 이별을 하면서 묵념을 하고 있다.

▲ 추위에 동사한 병사들 모습, 1950년 장진호 전투 중

▲ 장진호는 중공군의 기습보다 추위가 더 무서웠다.

▲ 철수 행군 중 휴식을 취하는 해병대원들, 그래도 웃음을 잃지 않았다.

▲ 이 사진은 LIFE 지의 종군기자 데이비드 더글러스 던컨(David Douglas Duncan)이
철수작전에서 전사자들의 뒤를 따르는 미 해병대의 모습을 찍은 것이다.
1950년 12월 25일 자 LIFE 지에 개재된 당시 미 해병대원들이 고군분투했던
장진호 전투 사진들 가운데 한 장이다.

6·25전쟁의 물줄기를 바꾼

장진호 전투

1950년 중반, 인천 상륙 작전의 성공과

북한군의 후퇴 이후 한국 전쟁은 끝난 것처럼 보였다.

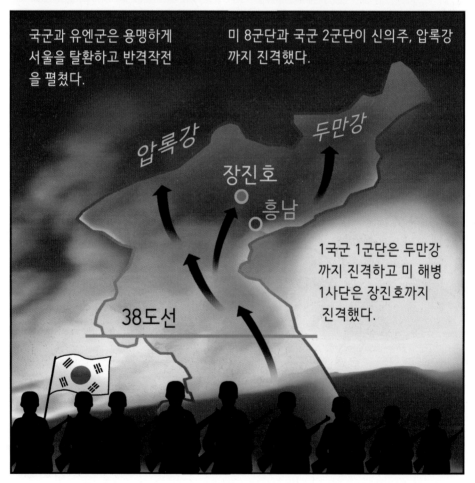

국군과 유엔군은 용맹하게 서울을 탈환하고 반격작전을 펼쳤다.

미 8군단과 국군 2군단이 신의주, 압록강까지 진격했다.

1국군 1군단은 두만강까지 진격하고 미 해병 1사단은 장진호까지 진격했다.

10월 29일 이원항에 상륙한 미 7군단은 압록강으로 진격했다.

북한은 험악한 태백산맥을 중심으로 갈라져 후퇴했다.

미국 제8군은 한반도 서해안을 따라 북한으로 진격했고

국군 제1군단과 미국 제10군단은 동해안을 따라 진격했다.

장진호 전투는 미 해병 1사단이 주축이 된 유엔군 3만 명과

30,000

12만 명의 중공군 간에 벌어진 치열한 전투였다.

타타타탕

탕

장진호 전투는 1950년 11월 27일부터 12월 11일까지

美 제10군단 예하 미 해병 제1사단 등 유엔군이

함경남도 개마고원의 장진호 북쪽으로 진출하던 중, 중공군의 포위망을 뚫고

흥남에 도착하기까지 2주간 전개한 철수작전이다.

장진호 전투는 현대전에서 미국과 중국의 군대가 맞붙어 싸운

최초의 전투로 기록됐다.

미군은 북한이 평양을 잃고 후퇴해 임시수도로 정한 강계를 공격하기 위해

장진호 방면으로 미 해병대 1만 2천여 명을 전진시켰다.

그러자 중공군은 경고를 날렸다.

우리도 전쟁에 참여하겠다!

미군은 그 경고를 무시했지만 결국 중공군이 전쟁에 뛰어들었다.

1950년 10월 1일, 북경에서 건국 1주년 기념행사를 하던 모택동은

……

주변의 반대를 묵살하고 미국과의 전면전쟁을 결심했다.

항미원조!

抗美援朝

항미원조 전쟁은 미국에 대항하면서 북조선을 지원하는 전쟁이라는 뜻이다

미국은 공산주의의 철천지원수다!

때려 부셔!

장진호 전투는 영하 40도가 넘는 추위 가운데 벌어졌는데

전투에서 죽은 사람보다 동상으로 죽은 사람이 더 많았다.

미 해병대를 공격하기 위해 투입된 장군은 중공군 제9병단장 송시륜은

생긴 것과는 달리 성격이 불같고 난폭했다.

宋時輪

장진호에 도착한 중공군 첫 부대의 임무는

동해안을 따라 진격하는 유엔군의 공세를 막는 것이었다.

10월 25일 진격 중이던 국군 제 1군단이 장진호 남쪽의 중공군과 만났다.

장진호 전투는 최악의 추운 날씨 상황에서 벌어졌다.

100년 만에 왔다는 혹독한 추위.

영하 40도에 육박하는 날씨.

덜덜덜. 너무나 춥다.

공격에 대비해 구덩이를 파야 했지만 땅이 얼어 그럴 수도 없었다.

극심한 영하의 날씨.

총 쏘는 것도 어렵습니다.

격발 핀의 용수철이 얼어서

총탄 발사가 잘 안됩니다.

틱

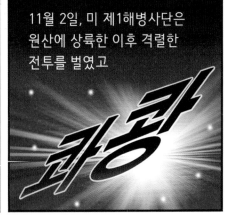

11월 2일, 미 제1해병사단은 원산에 상륙한 이후 격렬한 전투를 벌였고

콰콩

이 전투로 인해 중공군은

많은 사상자가 발생했다.

콰콰! 콰쾅! 타타타타타

장진호 전투는 미 해병대 창설 이후 ... 가장 치열한 전투였다.

휘이이이

장진호 전투는 세계 3대 동계 전투 중 하나로 불린다.

장진호 전투

모스크바 전투

스탈린그라드전투

영하 40도까지 내려가는 강추위 앞에서는

휘이이이

전투기와 탱크도 고철에 불과했다.

중공군은 유엔군을 장진호로
유인하기 위해 북쪽으로
철수했다.

미 해병대 1사단은 장진호 남단의
하갈우리 까지 진격했으나

장진호

하갈우리

강추위는 미군들에겐 엄청난
고통이었다.

휘이이

11월 24일 맥아더 장군은 계속
해서 공격 명령을 내렸다.

휘이이이

공격하라!

크리스마스까지는 고향으로
돌아갈 수 있을 것이다!

미 해병 1사단이 장진호에 도착할 무렵

휭

중공군 12만 명이 미 해병대가 들어오길 기다렸다.

휘이이 휘잉

중공군은 사흘간 공격을 하다 갑자기 사라졌다.

?

중공군의 미끼 작전이었다.

미군을 끌어들인 후 퇴로 차단해!

그리고 박살 낸다.

대어를 잡으려면 미끼 맛을 보여줘라!

송시륜

청천강 북쪽에서 중공군이 기습 공격을 했다.

철천지원수 미군들을 완전히 섬멸하라!

결국 미 8군이 큰 타격을 받았다.

중공군이 덫을 놓고 있었구나.

미 해병 1사단장 스미스

스미스 장군은 선견지명이 있었다.

·····

충분한 탄약과 보급품을 확보하라.

병참기지와 비행장 등 지원 시설을 갖춰라.

그러나 중공군은 나팔을 불어 대며 끊임없이 내려왔다.

뿌뿌뿌뿌뿌

마치 개미 떼 같구나.

우리보다 10배는 많은 것 같다.

와아아아

지독하다. 저들은 중공군의 시체도 밟고 내려온다.

엄청난 숫자의 중공군은 인해 전술로 UN 군을 공격했다.

人海戰術

와아아

고토리에서도 중공군과 치열한 전투가 벌어졌다.

중공군은 매복했다가 밤에만 기습적으로 공격했다.

중공군은 승리를 확신하고 무섭게 밀어붙였다.

고토리 전투는 가장 많은 사상자가 나온 끔찍한 전투였다.

중공군의 역습 작전에 유엔군은 속수무책으로 당했다.

유담리 일대도 아비규환의 장소로 바뀌고 말았다.

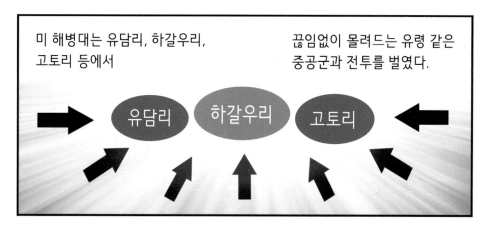

미 해병대는 유담리, 하갈우리, 고토리 등에서

끊임없이 몰려드는 유령 같은 중공군과 전투를 벌였다.

중공군의 목적은 유엔군을 이 땅에서 완전히 몰아내는 것이었다.

와 공격!

목숨 걸고 전진하라! 돌격!

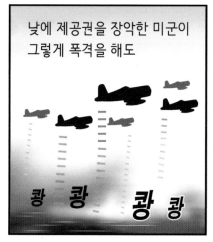

낮에 제공권을 장악한 미군이 그렇게 폭격을 해도

쾅 쾅 쾅 쾅

중공군은 밤만 되면 도깨비처럼 사방에서 나타났다.

미 8군은 치명적인 타격을 받고
후퇴할 수밖에 없었다.

미 해병대 1사단과 육군 7사단 2개
연대도 포위되었다.

11월 29일, 맥아더 사령부는 철수를
명령했다.

공격하기
힘들겠다.

안전한 퇴로를 확보하고
흥남으로
집결하라.

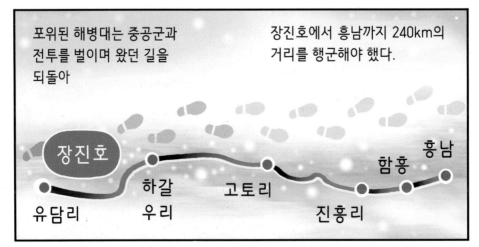

포위된 해병대는 중공군과
전투를 벌이며 왔던 길을
되돌아

장진호에서 흥남까지 240km의
거리를 행군해야 했다.

장진호

유담리   하갈   고토리   진흥리   함흥   흥남
          우리

12월 1일, 철수를 시작한 해병 2개 연대는

매복 중인 중공군 4개 사단으로부터 공격을 받았다.

후퇴 경로를 포위하고 있던 중공군과

총격전을 반복했다.

박살 내라!

하갈우리까지 22 km를 가는 데 77시간이 걸렸지만

방어 전투와 철수를 계속했다.

멈출 수 없다.

그들은 600여 명의 부상자를 들것에 태워 이동하면서

질서 있게 철수를 계속했다.

휘이이이

당시 하갈우리에는 1만여 명의 병력과 1500여 명의 피란민.

그리고 1,000여 대의 차량이 집결해 있었다.

대규모 병력이지만 반드시 함흥까지 철수해야만 한다.

미 사단은 간이 활주로에 C-47 수송기를 착륙시켜 봤다.

위이이이이

위잉

미 사단은 항공기의 이, 착륙이
가능하다는 사실을 확인했고

4,300여 명의 부상자를 항공기로
후송할 수 있었다.

그때 극동군 수송 사령관 터너
준장이 제의했다.

철수!

전투 장비를 버리고 병력
만이라도 공중 철수하라.

그러나 미 해병 1사단 사단장
스미스는 정면 승부를 택했다.

우리는!

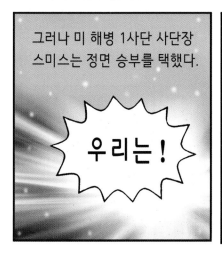

장비, 시신, 부상자를 데리고
함께 가지 않으면 철수하지
않겠다.

해병대 역사상 이런 불명예는 없었다.

우리는 정상적인 방법으로 철수하겠다.

항공 철수를 할 경우 활주로 엄호를 위해

최소한 2개 대대 정도는 마지막까지 공항에 잔류해야 했다.

2개 대대를 죽게 하는 것은 불명예스럽다.

결국 미 해병 1사단은 전투를 하면서 걸어서 후퇴하기로 했다.

도보 후퇴는 다른 부대에게
시간을 벌어주는 효과가 있었다.

엄청난 결단과 희생이었다.

휘이이이이

결국 이렇게 후퇴
하는 것입니까?

우리 사단은 후퇴
하는 것이 아니다.

함흥까지 진출하는 새로운
방향의 공격이다.

후퇴가 아니고
다른 방향으로
진격 중이다.

12월 7일, 두 번째 집결지인 고토리에 도착했다.

공산군의 격퇴에 협조했던 민간인도 함께했다.

1,500여 명.

해발 1,200m 황초령 철수 작전 때 다시 한번 위기가 찾아왔다.

STOP!

유일한 퇴로인 수문교를 중공군이 폭파해 버린 것이다.

콰쾅

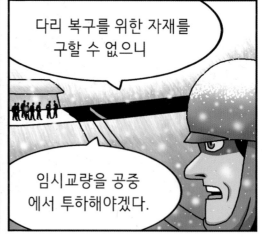

해병사단은 새로운 조립교를 설치하기로 했다.

다른 우회로 가 없다.

다리 복구를 위한 자재를 구할 수 없으니

임시교량을 공중 에서 투하해야겠다.

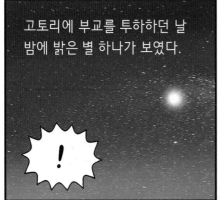

고토리에 부교를 투하하던 날 밤에 밝은 별 하나가 보였다.

작전의 성공을 의미하는 좋은 징조였다.

우리는 성공할 것이다.

현장에 있던 미군들은 그 장면을 인상적으로 보고

장진호 전투의 상징으로 생각해 고토리의 별이라고 불렀다.

Star of Koto-ri

7일부터 극동 공군 전투 공수 사령부가 C-119 수송기 8대를 이용해

낙하산으로 임시 교량 경간 목을 공중에서 투하했다.

위이이잉

공사 중에도 중공군의 간헐적인 공격이 계속됐지만

탕 타타타타

드디어 공병 대대가 수문교 복구를 마쳤다.

GOOD!

다리를 복구하지 못했으면 차량과 전차들을 버려야 했지만

결국 수문교를 확보하고 후퇴를 계속할 수 있었다.

멈출 수 없다.

해병사단은 사투를 거듭하면서 결국 황초령을 넘을 수 있었다.

해발 1,200m

힘내자.

우리는 다른 방향으로 진격 중이다.

미군은 후위 부대가 모두 수문교를 건넌 것을 확인한 뒤

다시 다리를 폭파해 중공군의 추격을 막았다.

콰쾅

중공군은 추위와 굶주림에 지쳐 전의를 상실하고 물러섰다.

끙.

12월 10일, 미군은 유담리에서 출발한 지 2주 만에

병력과 장비뿐 아니라 다수의 피난민과 함께

드디어 흥남에 도착하게 됐다.

성공 했다!

미군들은 중공군과 격렬한 사투를 벌이며

장진호
유담리 ➡ 하갈우리

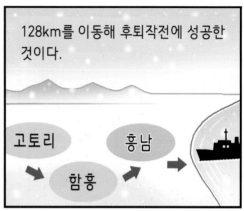

128km를 이동해 후퇴작전에 성공한 것이다.

고토리
➡
함흥
➡
흥남
➡

흥남에 방어선을 구축한 아군은 남은 중공군과 전투를 계속했다.

타타타타

타타

공격 하라!

함포와 항공 포격을 계속 하라!

미군이 철수할 때 수많은 북한 피난민들도 자유를 찾아 남하 했다.

자유.

화물선에 피난민도 태워야 한다.

마지막 남은 화물선 메러디스 빅토리호는 단 한 명의 피난민이라도
더 태우기 위해 군수물자를 버렸다.

탱크와 대포를
내려놓고 사람을
태워!

피난민 1만
4,000명을
태워라.

12월 25일, 흥남철수작전을 통해
연합군 10만 5천 명과 피난민
10만여 명은

와

기적
입니다!

거제도에 안전하게 도착했다.

뚜우우웅

12월 24일, 흥남 항에 남은 마지막 병력이 흥남 부두를 폭발시켰다.

장진호 전투에서 중공군은 5만여 명이 전사했다.

……

중공군의 인해전술과 춘계공세는 장진호 전투 때문에 실패했다.

장진호 전투

실

패.

결국 중공군은 후방으로 철수하였다.

장진호 전투는 6·25 전쟁의 물줄기를 바꾼 분수령이었다.

이국땅에서 목숨을 걸고 싸운 장진호 전투의 영웅들이 없었다면

대한민국은 어떻게 되었을까?

결코 잊어서는 안 되는 전투가 장진호 전투이다.

유엔군의 북한지역 최대진출선 (1950.10.25~11.30)

[참고문헌] 「중공군 참전과 유엔군의 철수」, 6·25전쟁사 시리즈 7 (국방부 군사편찬연구소, 2010)

중공군의 침투 경로 및 1,2차 공세 (1950.10.25~12.3)

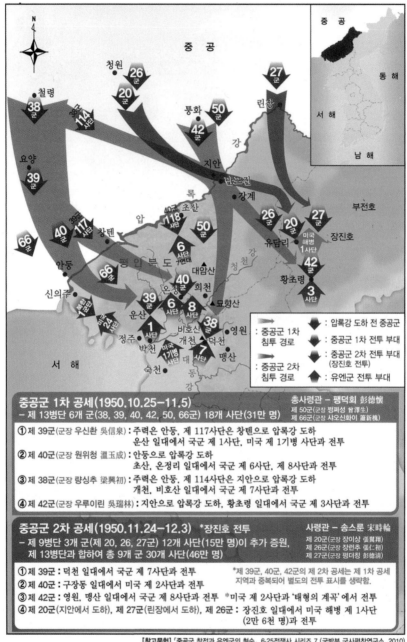

중공군 1차 공세(1950.10.25–11.5)
– 제 13병단 6개 군(38, 39, 40, 42, 50, 66군) 18개 사단(31만 명)

총사령관 – 펑더화이 彭德懷
제 50군(군장 쩡쩌성 曾澤生)
제 66군(군장 샤오신화이 蕭新槐)

① 제 39군(군장 우신촨 吳信泉) : 주력은 안동, 제 117사단은 창톈으로 압록강 도하
  운산 일대에서 국군 제 1사단, 미국 제 1기병 사단과 전투
② 제 40군(군장 원위청 溫玉成) : 안동으로 압록강 도하
  초산, 온정리 일대에서 국군 제 6사단, 제 8사단과 전투
③ 제 38군(군장 량싱추 梁興初) : 주력은 안동, 제 114사단은 지안으로 압록강 도하
  개천, 비호산 일대에서 국군 제 7사단과 전투
④ 제 42군(군장 우루이린 吳瑞林) : 지안으로 압록강 도하, 황초령 일대에서 국군 제 3사단과 전투

중공군 2차 공세(1950.11.24–12.3) *장진호 전투
– 제 9병단 3개 군(제 20, 26, 27군) 12개 사단(15만 명)이 추가 증원,
  제 13병단과 합하여 총 9개 군 30개 사단(46만 명)

사령관 – 쏭스룬 宋時輪
제 20군(군장 장이샹 張翼翔)
제 26군(군장 장런추 張仁初)
제 27군(군장 펑더칭 彭德淸)

① 제 39군 : 덕천 일대에서 국군 제 7사단과 전투
② 제 40군 : 구장동 일대에서 미국 제 2사단과 전투
③ 제 42군 : 영원, 맹산 일대에서 국군 제 8사단과 전투
④ 제 20군(지안에서 도하), 제 27군(린장에서 도하), 제 26군 : 장진호 일대에서 미국 해병 제 1사단
  (2만 6천 명)과 전투

*제 39군, 40군, 42군의 제 2차 공세는 제 1차 공세
 지역과 중복되어 별도의 전투 표시를 생략함.

*미국 제 2사단과 '태형의 계곡'에서 전투

[참고문헌] 「중공군 참전과 유엔군의 철수」, 6·25전쟁사 시리즈 7 (국방부 군사편찬연구소, 2010)

장진호 전투는 역사상 가장 성공한 전투

세계3대 동계 전투이자 6.25 한국전쟁의 분수령이었던 장진호 전투
이 작전으로 대규모의 중공군 저지, 국군과 유엔군, 피란민 등
20만여 명이 남쪽으로 철수 할 수 있었다.

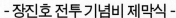

- 장진호 전투 기념비 제막식 -

장진호 전투는 1950년 11월26일 함경남도 개마고원 장진호까지 북진했던 미 해병 제1사단 등 13,000여 명이 중공군 12만 명에게 포위되면서 큰 피해를 입은 전투이다. 미 해병 역사상 가장 참혹한 전투로 알려져 있다. 당시 미군은 영하 35도까지 내려가는 혹한에서 철수 작전을 벌이다 중공군의 포위를 뚫기까지 17일 걸렸다. 하지만 이들이 중공군의 남하를 막아낸 덕분에 북한 주민 20만 명이 남한으로 피난한 '흥남철수작전'이 가능했다.

2013년 미국 참전용사들이 나서서 모금을 시작하면서 건립이 추진 됐다. 당시 박승훈 보훈처장이 우리 정부 지원을 주도했고, 2년 뒤인 2015년 7월 기공식을 가질 수가 있었다. 당시 총 건립비용 60만 달러(약 6억 8,000만 원) 중 우리 정부예산이 3억 원이 투입됐다.

한미 양국 정부 인사들이 참석한 기념비 제막식도 열렸다. 아버지 장진호 전투에 참가했던 조셉던퍼드 미 합참의장과 각 군 참모 총장 등이 참석했고, 한국 측에서는 정부 대표로 박전 처장과 6.25참전 용사 등 200여 명이 참석했다.

"공산주의자에게 굴복하지 마라"

Don't surrender to communists

- 이승만 -

지평리를
사수하라!

1945.10.24.UN 창설,
최초로 한국전쟁에 UN군 참전
UN군 최초의 大승리 지평리 전투

주요병력

유엔군 5,600명 / 전사자 52명, 부상 259명, 실종 42명
중공군 50,600명 / 전사자 4,946명, 포로 79명

폴 프리먼 대령

몽클라르 중령

크롬베즈 대령

펑더화이

세계 10위의 경제 대국, 세계 최고의 IT 강국, 세계 군사력 6위, 그리고 전 세계 젊은이들의 대세로 자리 잡은 'K-culture'의 본산, 바로 대한민국이다.

하지만 이 자랑스러운 업적은 당장 하루아침에 이뤄지고 거저 얻어진 꿈이 아니다. 70~80년대 경제부흥의 사명을 띠고, 전 세계로 퍼져나간 부모 세대들의 피땀 흘린 헌신과 희생이 있었고, 그들이 목숨을 걸고 지켜낸 자유민주주의가 우리의 시대 역사 속에 고스란히 녹아 있기에 가능했다.

그리고 이 모든 것을 침탈하고자 했던 북한 공산당의 침략에 당당히 맞섰던 6·25전쟁의 한복판에서 피로 얼룩진 위대한 영웅들의 오열과 함성이 한반도 곳곳에 스며들어 있다.

하지만 안타깝게도 이 시대의 기억 속에 영웅들의 빛나는 이름들이 점점 바래, 역사의 뒤안길로 멀어져가고 있다. 이제는 아무도 불러주지도, 그 누구도 기억하지 않는 안타깝고도 통탄할 현실 앞에, 6·25역사기억연대는 지난 72년 전 전장의 한복판에서 피를 토하며 이 땅에서 자유를 수호하다 산화한 위대한 영웅들의 빛나는 전투와 그 빛나는 이름들을 다시 한 번 이 시대로 초청, 그때 전장 터에서 사선을 함께 넘나들던 그들의 숭고한 희생을 기리려 한다.

오늘을 사는 우리에게 너무나도 당연히 되어버린 자유와 평화라는 단어가 그리 멀지 않은 과거의 누군가에게는 가장 소중한 목숨까지도 걸어야 했던 일생의 소원이었다는 사실은, 왜 우리가 그들의 이름을 꼭 기억해야 하는지를 충분하게 말해주고 있다. 6·25 전쟁은 한반도의 동족상잔의 비극이었지만 전 세계에도 돌이킬 수 없는 아픔과 큰 상처를 주었다.

UN 참전용사들의 결연한 의지와 자유민주주의 수호를 위한 희생이 한반도의 자유민주주의를 지켜냈다. 그들의 희생 위에 지금 대한민국은 눈부신 발전으로 경제 대국, 군사 강국을 이루었으며 세계에서도 가장 주목받는 나라, 배우고 싶은 나라, 닮고 싶은 나라로 급부상하게 되었다.

이에 우리 6·25역사기억연대가 6·25전쟁의 역사를 사실적 근거 위에 가감 없이 그 역사를 바로 세우고 알리는 첫걸음이 바로 UN군이 첫 승리를 한 위대한 전장 '지평리 전투'다.

지평리 전투, 그 반격의 서막
유엔군 창설, 참전 이후 최초의 승전보 '지평리' 전투

▲ 1951.2 맥아더, 리지웨이... 지평리 작전을 승리로...

1950년 9월 15일, 더글러스 맥아더 유엔군 사령관의 지휘 아래 인천상륙작전의 성공으로 북한군을 중국 국경 압록강까지 내몰며 진격하던 연합군(국군+UN군)은 1950. 10월 19일 중공군의 참전으로 눈물을 머금고 퇴각하기 시작한다. 중공군의 참전으로 6·25전쟁은 소련을 비롯한 공산국가의 지원을 받는 조.(북한) 중 연합군 대 유엔군의 전쟁, 즉 공산 진영 대 자유 진영의 전쟁으로 전쟁의 양상이 바뀌면서 새로운 국면으로 전환되었다.

당시의 전투는 바로 청천강 전투, 장진

호 전투 이 전투가 중요했던 것은 멸망 직전까지 갔던 북괴군이 이로 인해 기사회생 됐고, 반대로 이 전투 이후 급속히 밀린 연합군은 평양은 물론, 서울까지 다시 북한군에게 내주게 됐다. 이로써 6·25 전쟁의 판세가 다시 뒤바뀌게 된 것이다.

상황은 생각보다 매우 심각했다. 전쟁은 기세와 흐름이 매우 중요한데 거세게 물밀듯이 밀고 들어오는 중공군의 공세는 미군으로 하여금 한반도 철수까지 검토하게 할 정도로 1950년 12월, 유엔군의 패배 의식은 만연해 있었다. 그때 지상군 총사령관이 된 매튜 리지웨이 (Matthew B. Ridgway) 장군은 장병들의 사기진작을 위해 공격작전을 계획하면서 베일에 감추어져 있던 중공군의 실체를 파악해 나가게 된다.

그야말로 대한민국의 운명이 백척간두에 놓인 그 순간, UN군은 다시 한번 반격을 준비한다. 평택-원주-삼척에 라인을 구축하고, 1951년 2월 본격적인 반격에 나선 것이다. 선더볼트 작전, 라운드업 작전, 킬러 작전, 리퍼 작전, 러기드 작전, 돈틀리스 작전 등 전열을 정비한 연합군은 차근차근 전선을 회복해 나갔다.

이에 중공군은 지금의 횡성과 홍천 사이 지평리에서 6·25 전쟁의 승패를 결정지을 결정적 전투를 준비하는데 전쟁 234일째가 되는 '지평리 전투'의 시작이다.

1950년 10월 이후 중공군이 6·25전쟁에 개입하기 시작하면서 계속해서 후퇴에 후퇴를 겪어야만 했던 UN 군은 전열을 재정비하고 1951년 2월부터 재 반격에 들어가기 시작했다. 지평리 전투는 UN 군이 중공군의 대규모 공격에 물러서지 않고 진지를 고수하며 승전한 UN 군 최초의 대전투였다. 이 전투를 기점으로 해서 UN 군이 중공군에 대한 자신감을 갖기 시작했으며, 이후 38도선을 회복하는 반격의 중요한 기폭제가 되었다.

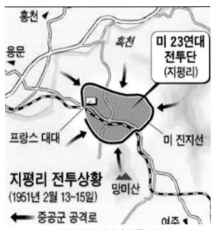
▲ 1951.2.13 지평리 전투 요도-1

'지평리' 전투가 전장 지형에서 매우 중요했던 요인은 바로 서울로 통하는 요충지요 길목이었기 때문이다. 서울은 전쟁의 전체 승패를 가를 한반도의 중심으로, 당시 상황에 비춰 서울 한강을 다시 잃게 된다면, 남쪽은 그대로 북괴군에게 속수무책으로 밀릴 가능성이 컸다. 이때 중공군은 양평을 확보해서 서부전선의 국군과 UN 군을 다시 북위 37도 선까지 물러나도록 압박한다는 계획으로 지평리 방면으로 중공군 39군 제40군, 제42군 4개 사단 규모의 병력을 집결시켰다. 이리하여 지평리 전투는 서부전선과 중부 전선의 향배에 큰 영향을 끼치는 아주 치열한 전장터가 되었다.

미 8군 단장 리지웨이 장군은 미 제2보병사단 제23연대 전투단에 "무슨 수를 써서라도 지평리를 사수하라 지평리를 포기하면 인접한 9군단의 우측이 개방되어 전선에 균열을 초래하고, 반격에 중요한 거점을 잃게 된다"라는 명을 내렸고, 폴

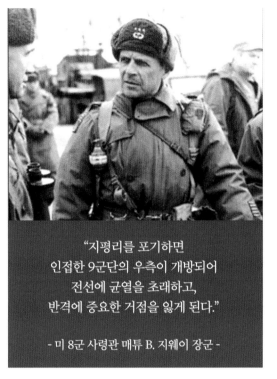

"지평리를 포기하면
인접한 9군단의 우측이 개방되어
전선에 균열을 초래하고,
반격에 중요한 거점을 잃게 된다."

- 미 8군 사령관 매튜 B. 지웨이 장군 -

프리먼 대령은 5,600명 규모의 미 제23연대 전투단을 이끌고 지평리에 결사의 전투진지를 구축한다.

미 제2보병사단 소속 23연대 전투단에 배속된 프랑스 대대를 주축으로 미군 37포병 대대, 82방 공포 대대 B 포대, 503포병 대대 B 포대가 연대 전투단으로 편성되어 있었다. 좌우 인접 부대가 모두 철수하는 바람에 고립상태가 된 미 제23연대 전투단의 철수를 미 제10군단이 제8군 사령부에 요청했으나 매튜 리지웨이 제8군 사령관은 진지 절대 사수를 명령했다.

반면 지평리 탈환을 위해 중공군이 투입한 부대는 39군 산하 4개 사단, 무려 50,600명의 병력이었다. UN군과 중공군의 병력 규모만 무려 10배, 1대10의 말도 안 되는 중과부적의 치열한 전투가 시작된 것이다. 중공군은 지평리에 주둔하고 있던 UN군을 몰아낸 다음 남한강을 도하하여 서울 남쪽으로 진출하고자 했다.

삼마치 고개에 진출했던 한국군 및 미군은 중공군의 공격을 버텨내지 못하고 후퇴했고 2월 초 미 제9군단의 우측 방어를 엄호하기 위해 지평리에 진주한 미제23연대 전투단(23RCT)의 방어 진지는 견부진지로 남게 되었다.

낮은 산으로 둥그렇게 병풍처럼 둘러쳐져 있는 지평리는 일종의 분지 형태를

띠고 있다. 끝도 보이지 않는 중공군의 군세가 새카맣게 산 전체를 에워쌌다. 압도적인 병력 차이로 패배는 도저히 생각할 수도, 있을 수도 없다는 듯 자신만만한 중공군은 산 아래를 내려다보며, 언제든지 UN 군을 초토화시킬 만반의 전투태세의 전열을 갖추고 있었다.

반대로 사방에서 치고 들어올 막강한 적을 막아야 하는 지형적 단점은 병력이 적은 U군에 있어 절대 불리할 수밖에 없었다. 하지만 지평리 사수를 명받은 U군에 있어 불리하다는 판단은 단순한 생각일 뿐, 그것이 결코 패배를 의미하는 것은 아니었고, 반드시 이겨야 한다는 각오와 사기는 그 어느 때보다 충천한

상태였다. 미 제23연대 전투단을 지휘하던 연대장 폴 프리먼(Paul. L Freeman) 대령은 5,000명의 병력으로 지평리 주변의 고지들을 모두 방어하기에는 어렵다고 판단, 포대를 중심으로 1.6km 길이의 원형 방어진지를 편성, 구축했다.

중앙에 포병부대를 배치해서 사방으로 포병 지원이 가능케 했다. 북쪽에 1대대, 동쪽 3대대, 남쪽 2대대, 서쪽 프랑스 대대가 배치됐다. 이렇게 미불 장병은 원형진지를 형성해 전투준비를 하였다.

그렇게 1951. 2. 13 ~ 15, 3일간 한 치의 양보할 수 없는 피아간의 치열한 전투가 전개되었다. 2월 13일 지평리 전투가 본

▲ 지평리 전투

격적으로 시작됐다. 승리를 예측한 중공군의 기세는 그야말로 맹렬했고 기세등등했다. 사방에서 UN 군을 집중 포위하며 쏟아져 내려오는 중공군은 그야말로 장마철에 둑이 터진 것처럼 거세게 UN 군을 몰아쳤다.

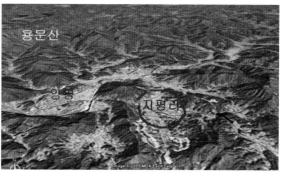
▲ 지평리 중심, 경기 동북부 항공촬영 사진

하지만 이에 대항하는 UN 군 특히 프랑스 대대의 활약은 그야말로 눈이 부실 지경이었다. 2차 대전 당시 유럽에서 수많은 전투를 경험했던 프랑스의 특수부대(해병대, 공수부대)원들은 병력의 한계를 전술, 전략으로 극복해 냈다. 당시 중공군은 피리와 꽹과리를 치면서 심리적으로 불안하게 하여 압박하며 공격해 왔는데, 프랑스대대 몽클라르 대대장은 기지를 발휘하여 수동식 사이렌을 울리며 맞대응했다. 사방에서 총소리와 포탄이 난무하는 상황에, 수동식 사이렌 소리는 시시각각 연합군의 동태를 파악해야 할 중공군에게 엄청난 혼란과 판단 미숙을 가져다줬다.

프랑스 특수부대원의 교란 작전에 그대로 말려든 중공군에게 UN 군의 기관총과 포탄 세례가 사정없이 쏟아부어졌다. 중공군의 참패, 첫날 전투는 UN 군의 대승리였다.

이날 중공군 2개 사단이 전방 2개 대대에 8차례에 걸친 파상 공격을 해왔으나, 미군은 이를 모두 격퇴했다. 그날 저녁 미 9군단은 중공군에 둘러싸인 미 제23연대 전투단을 지원하기 위해 국군 6사단과 영국 미 9군단은 중공군에 둘러싸인 미 제23연대 전투단을 지원하기 위해 국군 6사단과 영국 27여단을 지평리 전투에 투입하지만, 중공군의 포위망을 뚫지 못하고 결국 후퇴하게 된다.

그렇게 하루가 지난 2월 14일 중공군의 총공세가 다시 시작된다. 저녁 7시, 중공군은 4개 사단 규모의 병력으로 다시 일제히 공격을 감행했다. 막강한 인해전술을 앞세운 중공군에 결국 UN 군의 방어선 일부가 뚫리게 된다. 중공군 1개 연대 병력이 방어선을 돌파해 아군 진지 한가운데로 밀고 들어왔으나, 미 23연대 전투단은 전혀 후퇴하지 않고, 진지를 사수했고, 끝내 중공군은 새벽녘에 다시 철수할 수밖에 없었다.

특히, 이날 전투에서 지평리 전투의 그 유명한 프랑스군의 총검 돌격이 등장했다. 중공군이 20m 앞까지 밀고 들어와 백병전이 불가피해지자 몽클라르 대대장을 비롯한 프랑스대대원들은 철모를 벗어 던지고 머리에 빨간 수건을 동여매고 총검과 개머리판으로 맞서 싸웠다. 이때 폴 프리먼 대령은 전투 중 큰 부상을 입었지만, 후송을 거부하고 계속 전투를 지휘하는 투혼을 보였다.

또 다른 영웅의 등장 '크롬베즈' 대령

2월 15일은 지평리에 또 다른 영웅 크롬베즈(Marcel G. Crombez) 대령이 등장한 날이다. 연합군의 입장에서는 중공군의 포위망에 꼼짝없이 갇힌 미 제23연대 전투단과 이 전투단에 배속되어있는 프랑스대대와의 합류가 매우 시급한 상황이었는데, 반대로 지평리 탈환에 사활을 건 중공군 역시 쉽게 길을 터줄 리 만무했다.

2일간의 전투를 치른 제23연대 전투단과 배속되어 있는 프랑스 대대는 더 이상 버틸 힘도 탄약도 없었다. 그러나 진지를 보수하며 결전의 밤을 대비하고 있었다.

이에 미9 군 단장은 크롬베즈 대령에게

▲ 1951. 2. 14 새벽 전투 막바지 중공군과 육탄전을 펼치는 프랑스 대대

5기병 연대, 2개 포병대대, 2개 전차부대를 편성해, 포위망을 뚫고, 지평리 전투에 합류할 것을 명령했다. 크롬베즈 특수임무부대는 대신 방향에서 북쪽으로 길게 뻗은 좁은 도로를 따라 지평리로 전속 돌진하였다.

크롬베즈 대령은 좌우에 전차 부대를 1대대씩 배정해 날개를 펼쳤고, 뒤에서는 2개 포병대가 작전을 지원했다. 전차 간격은 13m(15야드)를 유지했다.

그렇게 전투를 계속하는 동안 크롬베즈 대령은 전차 대대를 이용한 전선 뚫기를 시도한다. 포위망을 내주지 않으려는 중공군의 반격이 워낙 거센 탓에 전차 외에는 쉽사리 엄두를 낼 수 없었다. 그는 연대에 배속된 전차 23대를 진격 대열에서 분리해 보병만을 태워 적의 포위망에 뛰어들기로 했다.

그러나 이 작전에 대해 주변의 반응은 그리 좋지 않았다. 사실상 총알과 포탄이 집중이 될 적의 한복판으로 뛰어드는 것이었기에 주변에서는 이를 강력히 만류했다. 하지만 크롬베즈 대령은 사전에 헬기를 타고 직접 진격로를 점검, 최소한의 성공 가능성을 찾아냈고, 전차대대 투입을 결정한다.

선두는 M46을 갖춘 제6전차대대가 맡았다. M4A3을 주력으로 하는 제70전차

▲ 지평리 1.6km 원형진지를 사수하는 야간전투

대대 A 중대가 그 뒤를 따랐다. 그때가 오후 3시, 그렇게 지평리 전장의 판세를 바꾸는 크롬베즈 대령의 위대한 한판 돌격이 시작됐다.

불안한 예상은 틀리지 않았다. 적진과 마주하는 순간 중공군의 엄청난 집중포화 세례가 전차로 빗발치듯이 날아들었다. 그야말로 쏟아붓는다는 표현이 맞을 정도로, 쉬지 않고 날아오는 포탄은 천지의 공기를 찢어내고 지축을 마구 소용돌이치게 했다. 지평리로 들어가는 길목과 고개마다 중공군은 크롬베즈 특임부대(Task Force Crombez)를 공격하였다. 중공군의 반격은 결사적이었다.

좁은 길은 양쪽이 높은 고지 군으로 둘러싸여 있었고 이곳은 중공군이 미 제23 연대 전투단의 퇴로를 차단하고 있는 곳이어서 중대한 어려움에 직면하게 되었다. 전차 위에 탑승한 보병들은 중공군의 집중적인 포화에 맞아떨어져 나뒹굴었고 중공군은 폭약을 들고 전차를 저지하기 위해 필사적으로 기어들어오고 있었다.

결국 사고가 발생한다. 선두 전차가 지평리 정남 측 망미산 자락과 248고지 사이의 애로 지형 입구에 들어섰을 때 중공군의 대전차포에 전차의 양측 궤도가 피격당해 불길에 휩싸였다. 그리고 네 번째 전차도 박격포에 맞게 된다. 피해는 생각보다 컸다. 중대장 히어스 대위를 포함한 승무원 전원이 전사했다. 하지만 더 큰 문제는 전진이었다. 뒤를 잇는 수많은 전차들이 앞 전차에 가로막혀

▲ 지평리 전투, 크롬베즈 특임대 진격 모습, 195. 2.15

오도 가도 못할 상황에 놓였다. 자칫 모든 전차 부대가 한순간에 몰살될 수 있는 일촉즉발의 상황, 다행히 네 번째 전차 안에 살아남은 조종수가 전차를 움직여 고립되지 않고 그대로 애로 지형을 빠져나갈 수 있었다.

그렇게 목숨을 건 전투 끝에 크롬베즈 대령의 전차부대는 공격 개시 1시간 30분여 만에 6마일의 거리를 뚫고 파죽지세로 돌진, 악전고투 끝에 지평리 아군 진영 안으로 합류하게 됐다. 크롬베즈 대령이 지휘하는 전차 공격조는 중공군의 무차별 공격 속에서도 2월 15일 17시쯤 드디어 미 제23연대 전투단과 프랑스대대와 성공적으로 연결이 되었다. 치열한 분전 끝에 크롬베즈 특임대가 도착하면서 중공군은 지리멸렬 퇴각하였다

그러나 중대원들의 피해가 컸다. 전차 세 대가 파손되고, 히어스 대위가 몰던 전차가 완파됐다. 전차 위에 보병 1개 중대(165명)를 탑승시켰으나 이중 L중대원의 생존자는 23명, 142명은 전사하거나 중공군의 포로가 되었다. 하지만 전차부대도 진격하는 동안 적군 약 500여 명을 사살(추정)하는 전과를 올렸다.

결국 2월 16일 중공군은 수많은 사상자를 남기고 지평리에서 퇴패, 완전히 물

미 23연대와 프랑스대대의 기막힌 전술, 전략, 죽음을 각오한 백병전 앞에 중공군은 5,000여 명(전사 4,946명, 포로 79명)의 엄청난 사상 피해를 입었다. 반면 연합군은 300여 명(52명 전사, 259명 부상, 42명 실종)에 그쳤다. 그야말로 대승이었다.

러가게 된다. 중공군들이 물러난 틈을 타서 인접 전선들과 연결시켰다. 이로써 중공군의 4차 공세는 지평리 전투에서 좌절되고 말았다.

미 23연대와 프랑스대대의 기막힌 전술, 전략, 죽음을 각오한 백병전 앞에 중공군은 5,000여 명(전사 4,946명, 포로 79명)의 엄청난 사상 피해를 입었다. 반면 연합군은 300여 명(52명 전사, 259명 부상, 42명 실종)에 그쳤다. 그야말로 대승이었다. 이렇게 지평리 전투의 승리로 중공군을 몰아냈고 중공군은 전의를 상실한 채 완전히 퇴각하였으며, 이로 인해서 중공군은 더 이상 남진을 할 수 없게 되었다.

3일간 치러진 치열한 전투 속에서 프랑스대대를 비롯한 미 제23연대 전투단은 중공군의 2월 지평리 공세를 저지시키

지평리 전투의 패배로 동력을 상실한 중공군은 남진을 포기하고 38선 이북으로 결국 후퇴했고, 국군과 UN군은 그 기세를 몰아 서울을 재탈환하게 된다. 6 · 25 전쟁에 있어 지평리 전투를 빼놓을 수 없는 이유는 바로 서울 재탈환의 결정적 계기를 마련하는 교두보 역할을 했기 때문이다.

고 다시 반격에 나설 수 있게 되었으며 서울 재탈환을 눈앞에 두게 되었다. 지평리 전투이었다. 이렇게 지평리 전투의 승리로 중공군을 몰아냈고 중공군은 전의를 상실한 채 완전히 퇴각하였으며, 이로 인해서 중공군은 더 이상 남진을 할 수 없게 되었다.

1950년 말 연이은 전장의 참패로 떨어질 대로 떨어졌던 UN군의 사기는 지평리 전투의 대승으로 다시 고무되었으며 중공군의 막강한 인해 전술을, 화력과 견고한 방어진지 구축과 일심동체의 정신 무장으로 물리친 UN군 최초의 전투가 되었으며 UN군의 사기진작에도 크게 기여했다.

지평리 전투의 패배로 동력을 상실한 중공군은 남진을 포기하고 38선 이북으로

결국 후퇴했고, 국군과 UN군은 그 기세를 몰아 서울을 재탈환하게 된다. 6·25 전쟁에 있어 지평리 전투를 빼놓을 수 없는 이유는 바로 서울 재탈환의 결정적 계기를 마련하는 교두보 역할을 했기 때문이다.

당시 지평리를 수호하던 UN군에게 있어서 또 하나의 위협은 단순히 중공군의 대병력과 포탄, 총탄만이 아니었다. 그들이 가장 힘들어했던 것은 모든 것을 얼려 버렸던 영하 20도 혹한의 추위였다. 제대로 된 방한용품 하나 없이 추위를 정면으로 맞으며 꼼짝없이 며칠을 견뎌야 했던 병사들에게 지평리 혹한의 추위는 생명을 위협하는 또 다른 적이었다.

특히 프랑스 대대는 한반도에 올 당시 이곳의 날씨나 추위에 대한 아무런 인지도 없어 침낭이나 방한용품은 고사하고 반팔 군복 달랑 한 벌만 입고 왔다. 미군에게 부랴부랴 침낭을 빌려 쓰기는 했지만, 매서운 추위를 견뎌내기에는 턱없이 부족할 수밖에 없었다.

▲ 한국 대통령(이승만) 표창을 받는 프랑스 대대

▲ 지평리 전투 5일 후, 중공군을 격퇴한 지평리 전장을 찾은
맥아더 사령관을 맞이하는 몽클라르 프랑스 대대장

▲ "단 한 사람도 내 허락 없이 물러나지 마라. 총알이 없으면 몸으로라도 막아라." - 랄프 몽클라르 -

▲ 지평리 전투. 중공군 포로

세계 10위의 경제대국, 세계 최고의 IT 강국, 세계 군사력 6위

세계 젊은이들의 대세인 K-컬처의 본산이 대한민국이다.

하지만 이 자랑스러운 업적은 하루아침에 이루어진 꿈이 아니다.

대한민국

70~80년대 경제부흥의 사명을 띠고 전 세계로 나간 부모 세대들의 피땀과 희생이 있었다.

목숨을 걸고 한국 자유민주주의를 지켜낸 그 들의 투쟁으로 가능한 일이었다.

自由民主

하지만 북한 공산당의 6,25 침략에 맞섰던 영웅들은 점점 역사의 뒤안길로 멀어져 가고 있다.

콰콰   콰콰쾅

6.25 전쟁은 한반도의 동족상잔 비극이 되었고 큰 아픔과 큰 상처를 주었지만

6.25 전쟁

UN 참전용사들의 결연한 참전과 국군들의 희생이 한국의 자유민주주의를 지켜냈다.

6.25역사기억연대는 지난 72년 전 전장의 한복판에서 자유를 수호하다 산화한

위대한 영웅들의 전투와 그들의 숭고한 희생을 다시 조명하려고 한다.

쿵쿵쿵

그들의 희생 위에 지금 대한민국은 눈부신 발전으로 경제 대국, 군사강국을 이루었다.

6.25역사기억연대가 그 역사를 바로 세우는 첫걸음은 바로 UN군이 첫 승리한 지평리 전투이다.

지평리 전투

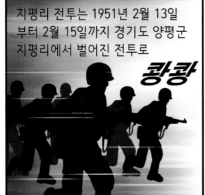

지평리 전투는 1951년 2월 13일부터 2월 15일까지 경기도 양평군 지평리에서 벌어진 전투로

콰콰

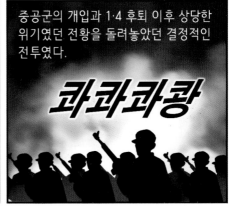

중공군의 개입과 1·4 후퇴 이후 상당한 위기였던 전황을 돌려놓았던 결정적인 전투였다.

콰콰콰쾅

당시 폴 프리먼이 중공군을 격퇴한 작전은 미 육군 지휘참모 학교의 교과서에 소개되었다.

Paul Lamar Freeman, Jr

수적으로 우세한 적에 맞서는 최고의 전투 방법은 지평리 전투이다.

지평리

1950년 9월 15일, 더글라스 맥아더 유엔군 사령관의 지휘 아래 인천상륙작전의 성공으로 북한군을 압록강까지 내몰며 진격하던 연합군은

압록강

평양

38도선

서울

인천상륙작전

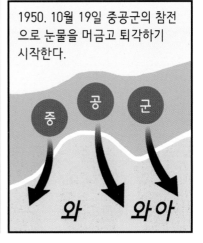

1950. 10월 19일 중공군의 참전으로 눈물을 머금고 퇴각하기 시작한다.

중 공 군

와 와아

6.25전쟁은 중공군의 참전으로 소련을 비롯한 공산국가의 지원을 받는 북한과 중국 연합군 대

자유 진영인 유엔군의 전쟁으로 바뀌면서 새로운 국면으로 전환되었다.

!

청천강 전투, 장진호 전투 이후 패망 직전까지 갔던 북괴군이 이로 인해 기사회생했고

돌격!

앞으로!

반대로 이 전투 이후 급속히 밀린 연합군은 평양, 서울까지 다시 북한군에게 내주게 됐다.

쿵쿵쿵쿵

중공군의 공세로 전쟁의 판세가 바뀌고 있다.

상황이 너무 심각해.

미군이 한반도에서 철수해야 되나?

그만큼 유엔군의 패배의식은 만연해 있었다.

당시 지상군 총사령관인 매튜 리지웨이 장군은 공격작전을 계획했다.

아군이 승리 하려면

먼저 중공군의 실체를 파악 해야 한다.

1951년 2월, UN 군은 본격적인 반격에 나섰다.

평택
원주
삼척
Line

선더볼트 작전, 라운드업 작전 등등

전열을 재정비 해서 전선을 회복해 가야 한다.

옛 썰~

전쟁 234일째 시작된 지평리 전투는 UN 군이 중공군의 대규모 공격에 물러서지 않고

진지를 고수하며 승전한 UN 군 최초의 대전투였다.

콱 타타타

타타타타타타

이 전투를 기점으로 해서 UN 군은 중공군에 대한 자신감을 갖기 시작했으며

이길 수 있다!

38도선을 회복하는 반격의 기폭제가 되었다.

38선

반격!

서울로 통하는 길목인 지평리는 전투 지형에서 중요한 요충지였다.

서울

지평리

서울은 전쟁의 전체 승패를 가를수 있는

한반도의 중심이다.

서울과 한강을 잃게 된다면?

남한은 북한군에게 속수무책으로 뺏길 수 있다.

이겨야 한다.

이러한 사실을 잘 알고 있던 중공군도 양평을 확보하기 위해 벌떼처럼 몰려들었다.

와아아아아아아

낮은 산으로 둥그렇게 병풍처럼 둘러쳐져 있는 지평리는 일종의 분지 형태를 띠고 있었다.

그곳에 끝도 보이지 않는 중공군의 군대가 새카맣게 산 전체를 에워 쌌다.

휘이이이이이~

중공군 39군 제40군, 제42군 4개 사단 규모의 병력 50,600명이 지평리로 집결했다.

와아아아~

UN 군과 중공군의 병력 규모는 무려 10배 가까이 차이가 났다.

1:10

1:10의 대결, 말도 안 되는 중과부적의 치열한 전투가 시작된 것이다.

쾅

중공군은 지평리에 주둔하고 있던 UN 군을 몰아낸 다음 원주, 대전, 안동선으로 진출하고자 했다.

자유는 공짜가 아니다! 339

중공군은 자신만만했다.

패배는 생각할 수도 없다.

압도적인 병력의 차이다.

UN 군을 박살 낼 자신이 있다.

껄껄

폴 프리먼 대령은 5,600명 규모의 미 제23연대 전투단을 이끌고 지평리에 진지를 구축했다.

23연대   23연대

미 제2보병사단 소속 23연대 전투단에 배속된 프랑스 대대가 주축을 이루었다.

필승!

미군 37포병 대대, 82방공포 대대, 503포병 대대가 연대 전투단으로 편성됐다.

쾅 쾅

쾅

그러나 미 10군단 주력이 횡성에서 철수했기 때문에 미 23연대는 고립되고 말았다.

독안에 든 쥐다.

이에 연대장 폴 프리먼 대령은 철수를 건의했다.

여주로 갑시다!

미 8군 사령관 매튜 리지웨이는 거부했다.

철수는 안 된다!

사방에서 치고 들어올 막강한 중공군을 막아야 하는 지형적 단점은

중공군

병력이 적은 UN 군에 있어 절대 불리할 수밖에 없었다.

중공군

UN 군은 지평리에서 중공군을 최대한 흡수해 유엔군의 막강한 화력을 집중해 격멸시켜야 했다.

STOP

방어진지를 구축하라!

진지를 사수하라.

5천명의 병력으로 지평리 고지를 방어하기는 어렵다.

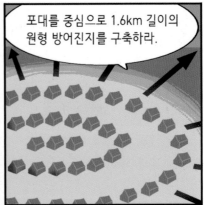

포대를 중심으로 1.6km 길이의 원형 방어진지를 구축하라.

중앙에 포병부대를 배치하면 사방으로 포병 지원이 가능할 것이다.

이렇게 미국과 프랑스 장병은 원형 진지를 구축해 전투준비를 하였다.

예비 병력을 모두 배치하고 진지 주위에 철조망과 개인참호, 지뢰 설치도 완료했다.

13일 오후 5시 30분을 기해 중공군의 공격이 개시됐다.

밤새워 전 방어선에 걸쳐 계속된 포탄 공세를 아군들이 잘 버텨냈으나

타타타타타

쾅

탕

연대장이 중공군의 박격포탄 파편에 다리 부상 당하고, 군수참모가 전사하는 피해를 입었다.

……

100여 명의 병력 손실이 발생하고 프리먼 대령도 부상을 입었지만

그는 후송 명령을 거부했다.

신임 연대장 자문을 위해 24시간 동안 지평리에 남겠다.

!

아군은 강풍 등 기상 악화로 유엔 공군의 항공지원도 어려운 상태에서 악전고투를 해야 하는 상황이었다.

그래도 지평리를 지켜야 한다.

탕탕탕탕

발사!

탕 탕 탕

14일, 중공군은 2개 연대를 추가 투입해 야간 공격에 나섰다.

남쪽의 제2대대를 집중 공격하라!

아군은 백병전으로 버티면서 저항했으나 순간적으로 진지를 빼앗기게 됐다.

인근에 있던 미군은 200m 가량 이동한 곳에 진지를 구축해 끝까지 저항했다.

진투의 중요성을 파악한 미 제9군단장은 장호원에서 전열을 정비 중이던 제5기병연대에 명령했다.

지평리로 진출하라!

그날 저녁 미 9군단은 중공군에 둘러싸인 미 제23연대 전투단을 지원하기 위해

국군 6사단과 영국 27여단을 지평리 전투에 투입했다.

그러나 중공군의 포위망을 뚫지 못하고 결국 물러서게 된다.

저녁 7시, 중공군은 4개 사단 규모의 병력으로 다시 공격을 감행했다.

결국 UN군의 방어선 일부가 뚫리게 된다.

중공군 1개 연대 병력이 방어선을 돌파해 아군 진지 한가운데로 밀고 들어왔으나

물러서지 마라!

타타타타타타

콱

타탕

방어하라!

콱

타타탕

타타타타타타

미 23연대 전투단은 전혀 후퇴하지 않고 진지를 사수했다.

이길 수 있다!

으…

뿌드득 분하다.

결국 중공군은 철수할 수밖에 없었다.

후퇴하라!

쿵쿵쿵쿵쿵

2차 대전 당시 유럽에서 수많은 전투를 경험했던 프랑스의 특수 부대원들은 (해병대, 공수부대)

병력의 한계를 전술, 전략으로 극복해 냈다.

철컥

당시 중공군은 피리와 꽹과리를 치면서 심리적으로 불안하게 하여 압박 공격했는데,

꽹 꽹 꽹꽹

삐이이

프랑스 대대 몽클라르 대대장은 기지를 발휘하여 수동식 사이렌을 울리며 맞대응했다.

앵

애애앵

사방에서 총소리와 포탄이 난무하는 상황에, 수동식 사이렌 소리는

애앵

앵 앵

중공군에게 엄청난 혼란과 판단 미숙을 가져다줬다.

앵앵

으아!

정신이 하나도 없다.

앵 애애앵 앵

애앵

프랑스 특수부대원의 교란 작전에 말려든 중공군에게

UN 군의 기관총과 포탄 세례가 사정없이 쏟아졌다.

중공군의 참패, 첫날 전투는 UN 군의 대승리였다.

이날 전투에서 프랑스군의 총검 돌격이 등장했다.

중공군들이 20m 앞까지 밀고 들어오자 백병전이 시작된 것이다.

몽클라르는 1, 2차 세계대전을 다 겪은 3성 장군이었다.

그를 비롯한 프랑스 대대원들은 철모를 벗어던졌다.

그들은 머리에 빨간 수건을 동여매고 총검과 개머리판 으로 맞서 싸웠다.

이 싸움에서 프랑스군은 승리 했고 중공군들은 도망쳤다.

프랑스 대대는 한 달 전 원주 전투에서도 25명의 소대원이

총검으로 인민군 1개 대대를 섬멸한 강력한 부대였다.

2월 15일은 지평리에 또 다른 영웅 크롬베즈 대령이 등장한 날이다.

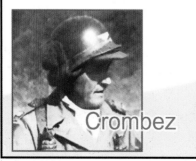

연합군은 미 제23연대 전투단과 프랑스 대대와의 합류가 매우 시급했다.

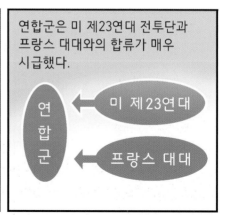

그러나 지평리 탈환에 사활을 건 중공군은 쉽게 길을 터주지 않았다.

절대 물러서지 마라!

타타타

탕탕

돌격!

제23연대 전투단과 프랑스 대대는 지쳐가고 있었다.

더 이상 버틸 힘이 없다.

탄약도 다 떨어졌다.

이에 미 9군단장은 크롬베즈 대령에게 명령했다.

무슨 작전 입니까?

5기병 연대, 2개 포병대대 2개 전차부대를 편성해 지평리 전투에 합류하라.

Yes, Sir

크롬베즈의 특수부대는 대신 방향에서 지평리로 돌진했다.

좌우에 전차 부대를 1대대씩 배정했고 2개 포병대가 뒤따랐다.

● 대신 ⟶ ● 양평 ⟶ ● 지평리

크르르르

크롬베즈 대령은 전차 대대를 이용해 전선 뚫기를 시도한다.

전선

뚫기

주변에서는 이 작전을 만류했다.

포탄이 쏟아질 적의 한복판으로 뛰어드는 건 위험해.

아…

작전개시 전에 크롬베즈 대령은 헬기를 타고 직접 진격로를 점검했다.

성공 가능성을 찾았다.

타타타

이길 수 있다.

전차 대대를 투입하라!

돌격하라!

돌격

자유는 공짜가 아니다! 351

크롬베즈의 전차대대와 마주친 중공군은 엄청난 집중포화로 반격했다.

쾅 쾅 쾅

전차 위에 탑승한 보병들이 포화를 맞고 떨어졌다.

쿵쿵

악!

그러다 결국 문제가 발생했다.

?

선두 전차가 지평리 정남 측 망미산 자락과 248고지 사이의 애로 지형 입구에 들어섰을 때

중공군의 대전차 포에 피격당해 불길에 휩싸였다.

펑

네 번째 전차도 박격포에 맞았고 중대장 히어스 대위를 포함한 승무원 전원이 전사했다.

쾅!

악

선두 전차가 멈춰 서자 뒤따르던 전차들도 움직이지 못하게 됐다.

끙.

모든 전차 부대가 몰살될 수 있는 일촉즉발의 상황이다. 위험해.

그때 놀라운 일이 벌어졌다. 구사일생으로 살아남은 조종수가 전차를 움직이기 시작한 것이다.

끼이익

이제 됐다. 고립되지 않고 지형을 빠져나갈 수 있다.

크르르

돌격!

전차부대는 다시 파죽지세로 돌진했다.

전차부대

중공군

크롬베즈 대령의 전차 공격조는 2월 15일 17시쯤 드디어 미 제23연대 전투단, 프랑스 대대와 성공적으로 연결이 되었다.

미 제23연대

프랑스 대대

전차 공격조

지평리 전투는 우리가 졌다.

후퇴 하라!

분하다

치열한 전투 끝에 크롬베즈 특임대가 도착하면서 중공군은 결국 퇴각하고 말았다.

후퇴!

지평리를 다시 찾았다. 승리의 깃발을 올려라!

와

와

와

중공군은 전투의 패배로 더 이상 남진을 할 수 없게 되었다.

실패.

중
공
군

지평리

3일간 치러진 치열한 전투에서 프랑스 대대를 비롯한 미 제23연대 전투단은 중공군의 공세를 저지시키고

STOP

다시 반격에 나설 수 있게 되었으며 서울 탈환도 가능해졌다.

서울

양평

지평리

전투에서 패배한 중공군은 공격 개시 1주일 만에 북으로 철수하였다.

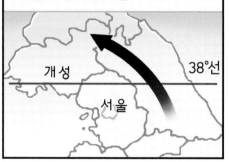

지평리 전투는 미군이 중공군과 싸워서 얻은 최초의 전술적인 성공 작전이었다.

이 전투로 유엔군이 중공군에 대해 자신감을 갖기 시작했으며

이후 38도선을 회복하는 반격의 중요한 기점이 되었다.

지평리 전투로 중공군은 약 5,000여 명(전사 4,946명, 포로 79명)의 사상 피해를 입었다.

반면 연합군은 300여 명(52명 전사, 259명 부상, 42명 실종)에 그쳤다.

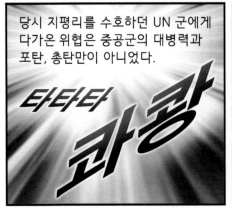

당시 지평리를 수호하던 UN 군에게 다가온 위협은 중공군의 대병력과 포탄, 총탄만이 아니었다.

그들이 가장 힘들어했던 것은 영하 20도 혹한의 추위였다.

으.

병사들은 제대로 된 방한용품 하나 없이 며칠을 견뎌야 했다.

춥다.

지평리의 강추위는 그들의 생명을 위협하는 또 다른 적이었다.

덜덜덜

특히 프랑스 대대는 한국에 올 당시 날씨나 추위에 대한 대비가 부족했다.

휘이이이

침낭이나 방한용품 도 없고

달랑 반팔 군복만 입고 왔습니다.

폴 프리먼의 연대 병력에 가세한 프랑스 대대의 지휘자는 몽클라르 중령이었다.

Ralph
Monclar

그는 제1, 2차 세계대전을 직접 겪은 역전의 용사였다.

원래 계급은 3성 장군인 중장이었으나 대대 규모의 프랑스 부대를 지휘하기 위해

파견하는 병력인 대대 급에 맞춰 계급도 중령으로 낮췄다.

몽클라르 장군은 직접 인사, 정보, 작전, 군수 등의 전문 인력을 구성해서

뚜웅

1950년 11월 29일, 부산항에 도착했다.

뚜우우

전쟁 경험이 풍부한 예비역 해병대, 공수부대를 중심으로

장교 39명, 부사관 172명, 병사 806명으로 구성된 용맹스러운 특수부대였다.

필승!

미 23연대 전투단과 함께 중공군에 대항한 몽클라르 중령의 프랑스 대대는

펙   펙   빡

목숨을 걸고 고지를 사수해 지평리 전투를 승리로 이끌었다.

팍   윽   펙

28번의 전투를 치르는 동안 많은 부상을 입은 몽클라르를 보며

끙

한국 참전을 말리는 그의 아내에게 몽클라르 장군은 이렇게 말했다.

잘 들으시오.

당시 몽클라르 장군은 생후 5개월 된 아들을 두고 있었다.

전쟁터로 향하는 나를 반대하는 당신의 마음도 이해는 해요.

하지만 공산주의 세력은 반드시 무찔러서 한국의 자유를 지켜야 합니다.

네.

이 일은 군인으로 사는 내게 주신 하나님의 명령입니다.

1951년 6월 24일, 몽클라르는 보레이 중령에게 지휘권을 넘기고

!

1951년 12월 6일, 고국 프랑스로 돌아갔다.

뚜웅

그는 귀국 후 다시 중장 계급장을 달고 원래 계급으로 돌아갔다.

진짜 군인.

6·25남침전쟁의 국가적 절명 위기에서 보이지 않는 희생을 통해

나라를 지켜낸 수많은 국내외 영웅들이 있다.

미 8군 사령관 리지웨이 장군, 프리만, 크롬베즈 대령, 몽클라르 장군 등 지평리 전투에 참여한 영웅들도 기억해야 한다.

War Heroes

지평리 전투에 몸은 바친 미군과 프랑스군 장병들의 명복을 기원한다.

충성!

"한국의 자유를 지키는 것은 하나님이 내게 주신 명령"
장군에서 중령으로 자진 강등,
전쟁 영웅 '랄크 몽클라르'와 프랑스 대대

지평리 전투에서 결코 빼놓을 수 없는 인물이 있다면, 바로 프랑스 대대를 이끈 몽클라르 장군이다. 몽클라르 장군은 6·25 전쟁에 참전하여 영웅적인 모습을 보여준 군인의 전형적인 롤 모델이자 자화상이었다.

▲ 몽클라르 장군

몽클라르 장군은 프랑스 육군사관학교를 우수한 성적으로 졸업하고, 임관 후 제1차 세계대전에도 참여했다. 이후 수많은 전투에 참전해 전과를 올린 몽클라르 장군은 제2차 세계대전 당시 나르미크 전투를 승리로 이끈 연합군의 군단장이자 3성 장군의 프랑스 전쟁영웅이다.

6·25 당시 프랑스는 UN 안전보장 이사회 상임이사국으로서 한국에 전투병을 파병해야 할 책임이 있었지만, 2차 세계대전으로 입은 심각한 피해 복구와 당시 식민지였던 베트남 문제로 한반도에 파병할 병력의 여유가 없었다. 이에 프랑스 정부는 한반도 파병을 부결했는데, 3성 장군 몽클라르 장군이 국방부 차관을 직접 설득하고 파병부대의 지휘관을 자청하여 끝내 파병부대가 결성된다. 하지만 부대의 지휘관은 '중령'이 맡아야 한다는 문제에 봉착한 것인데 몽클라르 장군은 단 망설임 없이 자진해서 5계급을 내려 참전 의사를 밝히고 이로써 프랑스대대의 파병이 결정된 것이다.

물론 프랑스의 전쟁영웅인 몽클라르가 전적으로 강등된 것이 아니고 한국전쟁 파병 기간 동안만 임시로 중령계급으로 내려 대대장을 하겠다는 것이었다. 자신보다 젊거나 경력이 짧은 장교의 지휘도 받아야했지만, 몽클라르는 개의치 않고 하달되는 명령을 충실히 수행하면서 프랑스대대를 전장에서 훌륭하게 지휘한다.

▲ UN 안전 보장 이사회 UN 한국 파병 결의안 의결

몽클라르 장군은 직접 인사, 정보, 작전, 군수 등의 전문 인력을 구성했다. 전쟁 경험이 풍부한 예비역 해병대, 공수부대를 중심으로 장교 39명, 부사관 172명, 병사 806명으로 구성된 용맹스럽고 전투 경험이 뛰어난 특수부대를 꾸렸고, 1950년 11월 29일 부산항에 도착했다.

이후 프랑스대대는 미 23연대 전투단에 배속되어 51년 1월 원주 전투, 2월 13~16일 지평리 전투에서 엄청난 전과를 올리게 된다. 그 외에도 쌍 터널 전투, 단장의 능선 전투, 화살 머리 전투, 증가산 전투, T형 능선 전투, 281고지 전투 등 약 3년간 15회 전투 수행으로 큰 활약을 보였고, 휴전 후 53년 11월 6일 제네럴 블랙호를 통해 프랑스대대는 고국 프랑스로 돌아간다.

28번의 전투를 치르는 동안 셀 수 없는 부상을 입은 몽클라르를 보며, 한국 참전을 말리는 그의 아내에게 몽클라르 장군이 한 말은 유명한 일화가 되었다. 몽클라르 장군은 생후 5개월 된 아들을 두고 전쟁터로 향하는 남편을 반대하는 아내에게 "공산주의 세력은 하나님을 대적하는 악으로, 반드시 무찔러서 한국의 자유를 지켜야 한다. 이 일이 군인으로 사는 내게 하나님이 주신 명령이다"라고 말했다고 한다.

또한 1950년 12월 23일, 6·25 전쟁 중에

크리스마스를 맞은 몽클라르 장군은 아들에 보낸 편지에서 "사랑하는 아들아, 너는 내가 한국으로 떠난 이유를 언젠가는 물을 것이다. 아버지는 너와 같은 어린 한국의 아이들이 길에서, 물에서, 눈 속에서 헤매지 않게 하기 위해 여기 있다"고 써서 큰 감동을 줬다.

몽클라르는 1951년 6월 24일 보레이 중령과 드 세즈 소령에게 지휘권을 넘기고 1951년 12월 6일 고국 프랑스로 돌아간다. 그는 귀국 후 다시 중장 계급장을 달아 원래 계급으로 돌아갔다. 그리고 1964년 72세의 나이로 프랑스 파리에서 생을 마감한다. 그는 전쟁기념관으로 쓰이는 파리 시내 앵발리드에 묻혔다.

한국전쟁 당시 한국은 세계 지도상에서 그 위치도 잘 알려지지 않은 동북아 아시아의 작고 가난한 나라일 뿐이었다. 그런 나라의 자유민주주의를 지키기 위해서 계급까지 스스로 낮춘 몽클라르 장군, 그리고 자원해서 모인 프랑스 대대원의 정신은 타의 귀감이 되어 오래도록 기억돼야 할 것이다. 그뿐만 아니다. 3년의 6·25 한국전쟁 동안 듣지도, 보지도 못했던 나라의 안위를 위해서 기꺼이 목숨을 바쳐 피 흘린 모든 분들의 고귀한 정신을 잊지 말고 후대까지 길이길이 기억해야 할 것이다.

3년의 6·25 한국전쟁 동안 듣지도, 보지도 못했던 나라의 안위를 위해서 기꺼이 목숨을 바쳐 피 흘린 모든 분들의 고귀한 정신을 잊지 말고 후대까지 길이길이 기억해야 할 것이다.

▲ 1951, 2 지평리 전투, 프랑스 병사

'지평의병 지평리 전투 기념관'

지평리 전투의 승리를 기념해 전투가 벌어졌던 경기도 양평 지평면에는 '지평의병·지평리 전투 기념관'이 함께 자리하고 있다. '오늘의 자유와 평화를 있게 한 지평의 병 정신과 지평리 전투의 희생을 기억하겠다'는 취지로 지난 2015년 1월 1일 개장한 기념관은 대한민국 역사에 절대 잊지 말아야 할 지평리 전투의 모든 것을 담아내고 있다.

이곳에는 6·25 전쟁의 타임라인은 물론이고, 지평리 전투의 세세한 기록과 여러 에피소드를 소개하고 있다. 특히 전쟁 당시 실제로 사용됐던 각 나라 군인들의 장비들이 진열되어 있어 큰 흥미를 주고 있다. 단체나 개인, 가족 등 한 번쯤은 꼭 둘러볼 필요가 있는 안보의 명소이다.

74년 전 지평리 전투에서
대한민국의 자유민주주의 수호를 위해
숭고한 피를 흘린 UN 참전 용사들-
당신들이 있었기에 우리는 자유와 평화를 만끽하며
살아가고 있습니다. 정말 고맙습니다.
영원히 당신들을 잊지 않을 것입니다.

지평의병, 지평리 전투기념관

경기 양평군 지평면 지평로 357 / ☎ 031-771-6625 / 입장시간 10:00~16:30 (월요일 휴무)

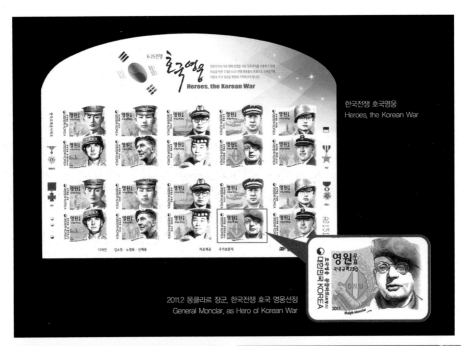

한국전쟁 호국영웅
Heroes, the Korean War

2011.2 몽클라르 장군, 한국전쟁 호국 영웅선정
General Monclar, as Hero of Korean War

프랑스 대대의 백병전

프랑스 대대를 이끈 몽클라르 중령은 중국군의 피리와 나팔 소리에 병사들이 불안해할까 봐 수동식 사이렌으로 '맞불'을 놓았다. 수동식 사이렌에서 나는 엄청난 굉음은 중공군이 불어대던 피리, 나팔, 꽹과리 소리를 순식간에 잠재웠으며 예상치 못한 상황에 중국군을 혼란스럽게 했다. 프랑스 대대는 이때를 놓치지 않고 빨간 수건을 머리에 매고 돌격해 중국군의 간담을 서늘하게 하여 야간 심리전에 능한 중국군의 전략에 맞섰다.

지평리 현장의 한국군

당시 프랑스대대에 180명(카투사 800여 명, 일반병 100명)의 한국군이 예속되어 있었다. 일반병으로 입대해 지평리에서 중국군과 치열하게 싸웠던 임웅상 참전용사는 다음과 같이 그때를 회상했다.

"2개월 동안 대구육군훈련소에서 훈련을 받은 뒤 증기엔 100명은 1951년 2월 10일쯤에 미제2사단 제23연대 프랑스 대대에 예속됐다. (중략) 우리가 이 부대에 도착해서 한여 800여 명의 한국군은 카투사라기보다는 예속병이었고 우리가 부대생활을 잘 적응하도록 도와주었음을 밝혀 두고 싶다."

별도의 한국군 중대가 아닌 프랑스 대대로 배치된 한국군들은 프랑스 병사들 사이에 섞여서 역사적인 전투를 치르게 된다.

▲ 파비안느 여사는 아버지 몽클라르 장군이 지평리 전투 직후 전장을 찾은 맥아더 사령관과 대화하는 모습을 감회 깊게 바라보고 있다.

▲ 지평리 전투 기념관을 다녀간 관람객들의 감사의 메모

중공군의 전의를 완전히 꺾어버린 전투

"지평리 전투로 모든 상황이 달라졌다."

- 중국역사가 천첸 -

6.25전쟁의 판세를 뒤집은 통쾌한 대역전의 3대 전투!
인천상륙작전, 지평리 전투, 용문산 전투

그때까지만 해도 중공군은 모든 상황이 유리하다고 믿고 있었다. 최종승리만 남았다고 생각했다. 자신만만한 확신이었다. 아주 처참한 대패로 펑더화이(인민군 지원군 총사령관)는 큰 충격에 빠졌다.

지평리 전투의 승리는 당시 중공군에 의해 미군에 만연해 있던, 패전의식으로부터의 탈출을 고하는 전환점을 마련한 획기적이고도 통쾌한 대승리였다. 지평리 전투는 6.25전쟁의 전면전 중, 전장의 판세를 완전히 뒤집는 3대 전투(인천상륙작전, 지평리 전투, 용문산 전투) 중의 하나이다. 1950년 10월 중공군이 압록강을 넘어 한국전쟁에 개입하기 시작하면서부터 유엔군과 국군은 압록강, 청천강, 장진호 전투 등의 여러 전장에서 패퇴에 패퇴를 거듭하며 남하하기 시작했고 3.7도선 이남으로까지 후퇴하게 되면서 모든 지역에서의 전황은 패색이 짙어만 갔다.

모든 전선에 이르기까지 중공군의 주된 전술, 전략은 주로 소리소문없이 야간 이동을 하여 전선에 은밀하게 침투, 매복하고 있다가 꽹과리, 호각, 나팔 등을 이용해 전장을 시끄럽고 혼란스럽게 만드는 전략이었다. 그 순간을 틈타 숨 돌릴 틈도 없이 사방팔방에서 끊임없이 몰려드는 중공군의 인해전술에 유엔군과 국군은 이렇다 할 전투 한번 제대로 못해보고 후퇴만을 거듭할 뿐이었다.

결국에는 수도 서울을 또다시 내어 줄 수밖에 없는 암담한 현실과 한 치 앞도 내다볼 수 없는 풍전등화와 같은 전황이 되풀이되고 있었다. 당시 미군은 오죽했으면 중공군의 맹렬한 대규모 공세에 한국을 포기하고 철수한다는 '한국 망명정부안'을 해외에 계획할 정도로 전선의 상황은 매우 위태롭고 다급했다.

지평리를 사수하라

지평리 전투는 1950년 10월 중공군의 개입 이후,

유엔군이 처음으로 대규모 공세를 물리치고 진지를 고수한 전투였다.

이 전투로 중공군은 막대한 손실을 보고 제4차 공세에 실패하게 되었으며,

유엔군은 재 반격의 기틀을 다지게 되었다.

이후 유엔군은 중공군의 공격에 자신감을 갖게 되었으며,

38도선 회복을 위한 반격 작전을 수행할 수 있었다.

지평리 전투는 1951년 2월 13일부터 15일까지 미 제2사단 제23연대가 배속된 프랑스 대대와 함께 지평리를 포위한 중공군 6개 연대의 집중 공격을 전면 고수 방어로 막아낸 전투이다. 당시 지평리는 국군과 유엔군의 병참선의 중심지이면서 유엔군이 한강에 진출할 수 있는 전략적인 요충지였다. 이 전투에서 미23연대는 전선의 우측의 국군 제3.8사단이 중공군의 제4차 공세에 밀려 철수함에 따라 중공군 제39군에 포위되고 말았다. 그러나 프랑스 대대와 함께 고립된 상황에서도 전면 방어 태세로 전환해 중공군의 파상공격을 3일 동안 막아냈다. 그 후, 미 제5기병대가 후방에서 적군의 포위망을 돌파하여 미 제23연대와 전선을 연결함으로써 중공군은 퇴각하였다.

지평리 전투는 1950년 10월 중공군의 개입 이후, 유엔군이 처음으로 대규모 공세를 물리치고 진지를 고수한 전투였다. 이 전투로 중공군은 막대한 손실을 보고 제4차 공세에 실패하게 되었으며, 유엔군은 재 반격의 기틀을 다지게 되었다. 이후 유엔군은 중공군의 공격에 자신감을 갖게 되었으며, 38도선 회복을 위한 반격 작전을 수행할 수 있었다.

상황

중공군의 제3차 공세로 37도 선까지 후퇴한 국군과 유엔군은 중공군의 공세가 둔화하자 이천에서부터 수원 전방에 걸쳐 위력수색 작전을 전개하였다. 1951년 1월 15일부터 시작된 작전의 결과 수원~이천 이남 지역에는 중공군의 소규모 부대만이 배치된 것을 확인할 수 있었다. 이를 토대로 국군과 유엔군은 1월 25일 기해 일제히 반격 작전을 감행하여 작전의 주도권을 만회하려 했다. 서부지역에서는 이른바 "선더볼트 작전"이 이루어

져 한강 남안까지, 중부지역에서는 "라운드업 작전'으로 강릉 선까지 진출하여 2월 초순에는 지평리~ 횡성을 연결하는 선까지 점령할 수 있었다. 국군과 유엔군으로부터 강력한 반격을 받은 중공군은 위기를 돌파하고자 중부 전선에 대한 집중 공격을 계획하였다. 제4차 공세를 준비하던 중공군은 유엔군의 지평리 지구와 국군의 횡성지구 중 전투력이 약한 국군을 먼저 공격하여 와해시킨 후 계속해서 유엔군의 지평리 지구를 공격하기로 결정하였다.

작전환경

지평리는 중앙선 열차가 통과하며 원주~문막, 여주~이천, 양평 등으로 진출할 수 있는 교통의 요충지로서 주변이 산으로 둘러싸여 있어 분지를 이루고 있는 전략적 요충지였다. 주위의 280m 내외에 이르는 여러 개의 고지를 연결하여 직격 5km의 사주방어를 편성하기에 적합했다. 그러나 당시 미 제23연대의 3개 대대 병력이 담당하기에는 너무나 방대했으므로 미 제23연대장은 진지를 축소해 마을을 중심으로 1.6km의 방어선을 구축했다. 미 제23연대는 진지를 편성하고 고지대에는 지뢰와 철조망으로 장애물을 설치했다. 작전 기간에는 기온이 영하 15C까지 내려갔으며, 강한 바람 때문에 병사들의 체감온도는 영하 20c를 넘었다.

평가

지평리 전투는 유엔군이 중공군의 공세에서 처음으로 대승을 거둔 전투로서, 그동안 중공군의 인해전술을 적절히 대응하지 못했던 유엔군의 완벽한 승리였다. 또한, 미군과 프랑스 대대가 연합하여 유엔군 상호 간의 협조로 전세를 역전시킨 최초의 전투이다. 지평리 전투의 승리는 유엔군의 사기와 전의를 진작시키는 결정적인 계기가 되었다. 지평리 전투에서 유엔군은 전사 52명, 부상 259명, 실종 42명이 발생하였으며, 중공군은 4,946명 사살, 78명이 생포되었다.

▲ 6.25전쟁 당시 유엔군의 지휘 본부로 사용되었던 지평 양조장

6.25전쟁 10대 전투
지평리 전투의 영웅들

폴 프리먼 대령(Paul L. Freeman)
- 미 2사단 제23연대장
- 박격포탄 파편으로 다리 부상 그러나 후송 거부
- 연결 작전이 필요할 때까지 부대 지휘

"내가 부하들을 이끌고 여기까지 왔다. 내가 반드시 이들을 데리고 나갈 것이다"
(투철한 군인정신 발휘)

몽클라르 중령(Ralph Monclar)
- 프랑스 대대장
- 1, 2차 세계대전에 참전하고 중장까지 진급, 스스로 중령으로 6.25전쟁에 참전

"계급은 중요하지 않다. 곧 태어날 자식에게 UN군의 한 사람으로서 평화라는
숭고한 가치를 위해 참전했다는 긍지를 물려주고 싶다."

마셜 G.크롬베즈 대령(Marcel G. Crombez)
- 미 제5기병 연대장
- 전차 위주 특수임무부대 편성 악전고투 끝에 연결 작전 성공

용문산 전투

중공 오랑캐 격파의 요지!
세계 전쟁사에서 그 유래를 찾아보기 힘든
단일 전투의 전과

중공군 1개 군단, 3개 사단을 괴멸시킨
국군 6사단 최대승리 용문산 전투

용문산 지구 전적비(신점리)

▲ 용문산 지구전적비 비문

용문산 지구 전투전적비(광탄리)

용문산 전투는 한국전쟁 중에 국군 제6보병 사단이 중공군의 '제2차 춘계공세'를 저지한 방어 전투로, 1951년 5월 18일부터 21일 사이에 있었다. 국군 제6보병 사단은 용문산 일대에 주저항선을 형성하는 한편, 경계 부대(2연대)를 용문산 전방의 홍천강과 청평강 남안(南岸)으로 후진 배치하여 방어에 임하고 있었다. 중공군 제63군 예하 3개 사단(제187,188,189사단)이 경계부대를 주요 방어 병력으로 오판하고 총공세를 감행하자, 2연대 국군 장병들은 열악한 환경에서도 물러서지 않고 중공군을 타격하였다.

이후 중공군의 전력이 약화된 기회를 포착하여 반격을 가해 이들을 격퇴하고 공격 이전 하여, 가평과 춘천을 거쳐 화천 발전소까지 진출하여 많은 전과를 획득하였다. 용문산 전투를 계기로 중공군 개입 이후 줄곧 수세에 몰렸던 UN군은 공세로 전황을 역전할 수 있었다. 용문산 전투와 관련한 기념비는 양평(광탄리, 신점리)에 각각 소재한다.

용문산 전투

1951년 중공군의 5월 공세 때 경기도 양평군 용문산 일대에서 주저항선을 형성한 국군 제6사단은 효과적인 사주 방어 작전과 막강한 화력 지원을 통해 중공군 제63군 예하 3개 사단(제187,188,189사단)의 공격을 격퇴하고 화천 발전소까지 60km를 추격하였다. 이 전투의 승리로 제6사단은 국군의 단독 전투로는 사상 최대의 전과를 올리며 4월 공세 때 사창리 전투의 패배를 설욕함과 동시에 청성 사단의 명예를 되찾게 되었다. 공산군 측은 용문산 전투의 패배에 따른 5월 공세의 실패로 마침내 휴전을 제의하게 되었다.

▲ 승전 소식 후 파로호를 찾은 이승만 대통령 (뒤에 있는 사람이 장도영 준장)

참전지휘관

제6사단장 준장 장도영

제2연대장	중령	송대후	제19연대장 대령 임익순

제1대대장	대위	홍재익	제1대대장	소령	김준고
제2대대장	소령	김덕복	제2대대장	중령	박주근
제3대대장	대위	김두일	제3대대장	소령	박종길
제7연대장	대령	양중호	제27포병대대장	소령	박정호
제1대대장	소령	인성훈	사단공병대대장	중령	박정채
제2대대장	소령	민방목	사단교육대장	소령	전동식
제3대대장	소령	송광보			

용문산 전투 지세도

1951년 5월의 용문산 전투에 대한 상세한 전황을 지형도에 옮겨 기록한 자료로, 당시의 치열한 전투 상황을 엿볼 수 있다. 이를 통해, 중공군 3개 사단의 대규모 공격 이동로와 이에 맞선 국군 제6보병사단의 방어선 구축 실태를 살필 수 있다. 자세한 전황을 효과적으로 설명하기 위하여 여러 장의 소축척 지형도를 이어 붙여 제작하였으며, 근래에 제작된 것으로 보인다.

국군 6사단의 현대판 중공군 살수대첩薩水大捷
중공군 수장처水葬處 화천 저수지

지평리 전투(1951년 2.13~15일)에서 미군과 프랑스대대에 의해서 대패당하고 전의를 상실한 중공군(제39군 6개 연대)에 이어 중공군 19병 단 63군 3개 사단이 이번엔 용문산 전투에서부터 시작, 국군 6사단(사단장 장도영 준장)에 의해서 북쪽으로 쫓기다 5월 24~30일 화천(파로호) 저수지 일대에서 전사자 24,141명, 포로 7,905명 등 중공군 1개 군단, 3개 사단의 대병력 3만 2천46명이 전사하거나 포로가 되는 막대한 전력손실을 입었다. 실종자는 집계가 불가할 정도였다.

▲ 6사단 장도영 사단장

남의 땅에 와서 수많은 우리 국민의 피를 흘리고 이 땅을 유린하고 짓밟았으니 이 정도의 대가는 조족지혈에 불과한 것이다. 파죽지세로 노도처럼 밀고 내려오던 중공군 제19병 단 제63군 3개 사단(제187, 제188, 제189사단)의 현 경기도 양평군 용문산 전투에서의 대패는 중공군 전사에 길이길이 불명예로 회자될 정도로 대량 몰살(수장水葬) 당한 참담한 전투였다.

현대판 살수대첩

고구려 영양왕 23년(612년) 살수(지금의 청천강)에서 수나라 30만 대군을 전부 몰살시켜 강대했던 수나라를 멸망에 이르게 한 을지문덕 장군의 살수대첩이 일어난 지 1,400년이 지난 1951년 5월, 중공군은 국군 6사단에 의해서 현대판 살수대첩이라고 불릴 정도로 화천호에서 거의 몰살당했다.

▲ 중공군 포로

중공군은 유엔군의 막강한 화력 지원과 국군 6사단의 치밀한 작전, 공격에 휘말려 엄청난 사상자와 낙오병, 패잔병이 연이어 발생하면서 사기가 완전히 꺾인 채, 보급품, 무기 등을 전부 버리다시피 하며 지리멸렬, 꽁지 빠지게 도망하기에만 급급했다. 설상가상, 패주 중인 중공군은 화천 저수지 앞에서 오도가도 못하는 배수의 진을 치는 모양새가 되었고 결국, 미군의 항공 포격과 국군 6사단의 맹공격으로 화천저수지에 대량 수장당하는 참사를 당했다. 결국, 화천호는 중공군 대병력의 수장처가 되었다.

전투가 끝나고 며칠 후인 6월 2일부터 파로호에 가라앉았던 중공군의 사체들이 부패하면서 수면 위로 떠오르기 시작했는데, 시체가 너무 많아 별도의 인력을 동원해서 수거해야만 했으며, 어찌나 많은 중공군의 사체들이 화천 저수지에 수장당했으면 중공군의 시체들로 인하여 식수원이 오염되자 외부에서 급수를 해 와야 할 정도였다. 그 후 정전 10년 가까이 시체를 뜯어먹고 자란 물고기라는 이유로 화천 저수지의 고기를 잡지도, 먹지도 않았다고 한다.

용문산 전투는 한국군 1개 사단이 중공군 군단 병력을 짧은 기간에 완전히 궤멸시킨 우리 국군의 최대 승리요 쾌거였다.

이런 일방적인 단일 전과는 세계 전사에서 그 유래를 찾아볼 수 없는 기적의 승전이기도 하다. 이로 인해 중공군은 부득불 3.8 이북으로 퇴각할 수밖에 없었고, 이 전투로 인해 문산, 연천, 양구, 간선까지 전선을 위로 끌어 올렸다. 이후 중공군의 대규모 공세는 더 이상 발생하지 않았다.

▲ 국군 6사단 2연대 1대대

실로 막대한 병력 손실과 피해를 입은 중공군은 원래 계획의 목적을 달성하지도 못한 채 이 전투의 참패로 전의를 완전히 상실, 적화통일을 포기할 수밖에 없었다. 이에 따라 휴전을 제안하는 전환점 마련의 계기가 되었고, 이후 한 뼘의 땅이라도 더 차지하고자 지리하고도 치열한 고지 쟁탈전이 무려 2여 년 동안 벌어지는 전황의 변화로 이어진다.

용문산 전투는 6.25전쟁 초반 1년간의 치열했던 전면전을 승전으로 마무리 지은 빛나는 전투로 평가된다. 6.25전쟁은 이 전투 이후로 전면전에서 전선 교착 전으로 전쟁의 양상이 바뀌게 될 정도로 용문산 전투는 중공군에게 있어서 씻을 수 없는 굴욕적인 섬멸 수준의 패배였다.

국군 6사단의 불세출의 뛰어난 과감한 작전과 필사의 정신으로, 인해전술로 막강한 공세를 취하던 중공군 3개 사단을 격파, 섬멸시켜 대승을 거둔 세계 전사에 길이 남는 빛나는 전투였다. 6.25전쟁 중, 수세에 몰리던 UN군과 우리 국군에게 지평리 전투에 이어서 6.25전쟁 중에 남아있는 국군 6사단 병력의 무려 10배에 달하는 중공군의 대병력을 완벽하게 전멸, 무력화시킨 전투이다.

당시 용문산 전투의 연장선상인 중공군 63군을 궤멸시킨 파로호는 원래 명칭이 대붕호, 화천 저수지였다. 용문산 전투 이후 이승만 대통령이 오랑캐를 깨트린 호수라며 파로호 破虜湖라고 명명해 현재까지 파로호로 불리고 있을 정도이니

이 전투의 전과와 의의를 짐작할 만하다.

이 전투가 얼마나 치열했으면 한 발짝 전진에, 피 한바가지였다고 할 정도로 중공군의 피로 산야를 적시었다. 후일담이지만, 중공군의 시체들로 인하여 추격하는 우리 국군의 군화 바닥이 중공군의 사체에서 흘러나오는 피로 미끈거릴 정도였다고 하니 그때 그날의 전투가 피아간에 얼마나 치열했는지를 가늠할 수가 있다.

사창리 전투에서 중공군에게 대패하여 유엔군들에게 여러모로 조롱거리가 되었었던 6사단 장병들의 필생즉사必生則死 결사항쟁의 필사적인 정신 무장이 대승리로 이끌었고, 전사에 길이 남을 기념비적인 빛나는 전과였다.

용문산 전투에서부터 파로호 전투까지의 국군 6사단의 전사자는 불과 107명인 반면에 중공군 전사자는 무려 20,000명에 이른다. 6·25전쟁 중, 중공군의 전체 전사자는 약 116,000명, 포로가 8,000명인 점을 감안한다면 중공군은 용문산 전투에서 시작, 파라호 전투까지 막대한 희생자를 냈다. 1개 연대병력으로 중공군 63군을 와해시킨 장도영 장군(당시 6사단장)은 전쟁사에 길이 남을 명장이 되었고, 육군 참모 총장에까지 오르게 되었다.

특히, 지평리 전투와 용문산 전투 두 전투에서의 중공군 전사자는 약 25,000여 명에 이른다. 6.25전쟁에서의 중공군 전체 전사자 대비 약 20%가

▲ 결사 철모

용문산 전투에서 국군 제6보병사단 장병이 사용한 군용 철모로 죽을힘을 다하여 싸우겠다고 다짐하며 '결사(決死)'라는 글자를 쓴 것이 특징적이다.

결사 철모決死 鐵帽

용문산 전투에 나섰던 국군 제6보병사단(청성부대) 장병이 사용한 군용 철모이다. 용문산 전투 직전 사창리 전투에서 굴욕적인 패배를 당한 국군 제6보병사단 예하 2연대 장병들은 치욕을 씻기 위해 필사의 항전을 다짐하며, 철모에 붉은색 페인트로 '결사'라는 글자를 쓰고 전투에 나섰다고 한다. 종군기자의 기록 사진에는 흰 천에 '決死'라고 쓰고 이를 군용 철모에 두른 채 전장에 나서는 청성부대 장병들의 모습이 담겨 있다.

▲ 파로호에 세워진 기념비

이 두 곳의 전투에서 발생한 셈이다. 불과 3~4개월의 짧은 두 전투에서 중공군은 궤멸 수준의 사상자가 발생했고 전투 회복 불능의 치명타를 입었다.

이로써 중공군은 더 이상 계속 한반도에서 전쟁을 수행할 명분과 능력이 한계에 부딪혔다.

글을 마치며 질문 하나

현, 중국의 입장에선 용문산 전투에서 파라호 전투까지 돌이킬 수 없는 치욕적인 대패 중 하나이기에 호수 이름을 개명해달라고 한국 정부에 요청해 논란이 되기도 했다. 중국 측은 자국 관광객들이 불쾌하다는 이유를 대고는 있지만 진짜 목적은 설욕적인 패전의 기록을 지우기 위함일 것이다.

만약, 지평리 전투와 용문산 전투의 승리가 없었다면 자유대한민국은 과연 어떻게 되었을까?

그런데, 우리 자유대한민국을 지켜낸 이런 기적의 대승 전투지인 용문산에 제대로 된 전투 기념관 하나가 없다는 것이 이해가 안 가는 부분이다. 피 흘리며 나라를 지킨 선혈들에게 너무나 부끄럽고 죄송스럽기만 하다. 〈kojy〉

1950년, 북한의 불법 남침으로 6.25전쟁이 발발했다.

돌격 하라!

전쟁 초기엔 북한이 승리하는 듯 보였다.

그러나 유엔군과 국군의 방어로 전세가 역전됐다.

북한

1950년 9월 5일, 연합군 총사령관인 맥아더 장군은 인천상륙작전을 감행해 9월 28일에 서울을 수복했다.

9.28 서울 수복

인천상륙작전 이후 국군과 연합군은 반격에 나서 압록강 유역까지 진격해 전쟁이 곧 끝날 것 같았다.

그러나 10월부터 엄청난 수의 중공군이 개입하자 국군은 다시 38선 이남으로 철수했다.

1951년 1월 4일에는 서울마저 포기하고

후퇴!

38선

서울

평택과 삼척을 잇는 북위 37도선 지역까지 물러났다.

삼척

평택

37선

울진

그러나 곧 다시 반격을 시작해 3월 15일 서울을 탈환했으며

4월에는 기존의 38선 지역까지 진출했다.

38선

국 군

중국군과 북한군은 4월 말에 대공세를 펼치며 남하해 왔으나

국군과 유엔군은 공세를 저지하고 서울을 지켜냈다.

용문산 전투는 1951년 5월 17일부터 22일까지의 중공군 공습에 맞선 국군 제6사단이

타타타

타타타타

탕!

용문산과 가평 일대에서 중공군 3개 사단을 격멸한 전투이다.

국군

중공군

한국전쟁 당시 국군의 물자와 장비는 매우 열악했고 훈련도 부족했다.

그래서 인민군의 지원 병력으로 참전한 중공군은 1951년 4월부터

콰앙

콰앙

UN군 보다 상대적으로 만만한 국군의 방어 라인인 동부전선을

집요하게 노리는 전략을 취했다.

고성

인제

양양

강릉

평창

정선

이로 인한 대표적인 전투가 6.25 전쟁 최악의 패전 중 하나인

콰앙

현리전투이다.

1천 명의 사상자와 행방불명자를 냈다.

모택동은 김일성의 요청을 받고 6.25 전쟁에 참전하기로 결정한 후

毛澤東

중공군 사령관 팽덕회에게 명령했다.

彭德懷

유엔군보다는 약한 한국군을 집중 공격하라!

넷! 알겠습니다.

팽덕회가 이끄는 중공군은 파죽지세로 국군 방어선을 무너뜨리고 남한으로 내려왔다.

중공군의 집중 공격을 받은 국군은 정신없이 후퇴할 수밖에 없었다.

콰앙

한국군은 강원도 화천군 사창리까지 남하했다.

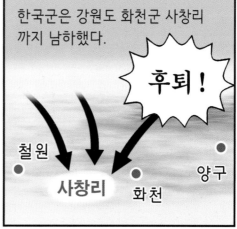

후퇴!

철원

사창리

화천

양구

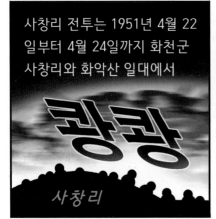

사창리 전투는 1951년 4월 22일부터 4월 24일까지 화천군 사창리와 화악산 일대에서

사창리

중공군 4개 사단의 공격을 받은 국군 제6사단이 패배한 싸움이다.

화악산

인천상륙작전 이후 가장 먼저 압록강에 도달한

위험하다 후퇴하라!

국군 내에서 가장 우수하다는 제6보병사단도 이때 치욕적인 패배를 경험했다.

제대로 된 전투도 없이 사단 전체가 도망치기에 바빴다.

후퇴!

병사들은 장비와 무기도 버리고 무질서하게 후퇴했다.

달려!

갑자기 전선이 무너지자 미군 포병부대도 급히 후퇴해야만 했다.

6사단이 사창리 전투에서 패배한 이후 미군은 겁쟁이들이라고 비웃었다.

겁쟁이 블루스타! 당신들 전쟁할 줄 알아?

블루 스타'는 제6사단의 심벌 마크였다.

제6사단 장병들은 분노의 눈물을 흘렸다.

분하고 화가 난다!

반드시 복수해 주겠다!

장도영 준장이 지휘하는 제6사단
장병들은 설욕을 벼르고 있었다.

가자!

반드시 블루 스타의
명예를 회복해야 한다!

필승!

제6사단은 청성부대란 명칭처럼
철모 양측에 푸른색 별 마크가
있었다.

그 위로 머리띠를 감았는데 결사
란 두 글자가 선명했다.

決

용문산에서 뼈를 묻겠다는
각오였다.

목숨을
바치겠다!

決

決

決

오욕을 씻지
않고서는

살아오지 않겠
습니다!

決死

決死

決死

決死

決死

6사단은 부대를 급히 재편했다.

다시 공격한다 준비하라

6사단에게는 경기도 양평군의 용문산 일대를 방어하라는 명령이 하달됐다.

STOP

용문산 일대는 적의 공격을 방어하기에 유리한 곳이었다.

중 공 군

북한강

6 사 단

용문산

남한강

홍천강, 북한강, 남한강 등 3면이 중공군의 공격 막아주는 역할을 했다.

꿍.

기복이 심한 높은 산들이 중공군 접근을 막아준다.

이겨야 한다!

공격하기가 매우 까다로운 지형이다 그러나 포기할 수는 없다!

용문산을 점령하라 6사단을 파괴하라!

꺅

1951년 5월 17일, 중공군은 3개 사단을 투입하여 대대적인 공격을 시작했다.

타타타타

돌격!

타타

탕탕탕

와아아아

북한강은 춘천-화천-양구로, 남한강은 여주-충주로 이어지는 뱃길이 되었고

또한 홍천-인제 방면과 횡성-원주 방면의 도로가 교차하는 육상 교통로의 요지였다.

화천 양구
인제
춘천
홍천
용문산
횡성
여주 원주
강릉
충주

용문산 고지를 점령 해야 남부 공격에 성공 할 수 있다!

돌격!

쾅

와아아아아

와

중공군은 3개 사단 27,000명을 투입했다.

중공군은 국군 6사단의 10배에 달하는 엄청난 군대였다.

공격에 나선 병력은 사창리 전투에서 승리한 중공군 3개 사단이었다.

우리는 이전 전투에서도 승리했다.

이길 수 있다 공격하라!

중공군은 후방의 예비 사단 까지 끌어들여 총공세에 나섰다.

와아아

중공군의 돌격에 소대장은 전사했고 중대장은 후퇴하고 말았다.

비상 사태다!

콰쾅

대부분의 병력이 참호에 몸을 숨기고 있을 때

서기종 일병이 소총 사격과 함께 빼앗긴 진지로 달려 가며 외쳤다.

탕

탕탕

물러서면 전부 죽는다!

지원부대가 곧 온다! 돌격 앞으로!

탕탕

탕

그때 중대의 나팔수가 나팔을 울렸고

빰빠라밤!

중대원들이 일제히 참호를 뛰쳐나갔다.

돌격~

이제부터 백병전이다!

서기종 일병의 외침에 중대원들은 큰 용기를 얻었다.

두려워하지 말라! 적군을 물리치자.

와 와 와아아

국군이 갑자기 반격하자 중공군들이 당황하기 시작했다.

?

이거 뭐지? 후방에 더 많은 병력이 있었나?

돌격하라! 후퇴는 없다.

큰일 났다. 우리 보다 더 많은 병력이 반격하는 것 같다!

국군들은 용기를 되찾아 강력하게 반격했다.

돌격 앞으로!

중공군은 기세에 눌려 퇴각하기 시작했다.

후퇴하라!

6사단은 용문산 전투에서
승리했고

사창리 전투에서 패배한 불명예를
씻게 되었다.

6사단의 피해는 전사 107명.
중공군은 2만 명이 사망했다.

기회를 잡았다!
돌격 앞으로.

6사단은 미 9군단 예하 각 사단과
함께 북상하면서 추가적인 작전을
벌였다.

끝까지 따라
잡아라!

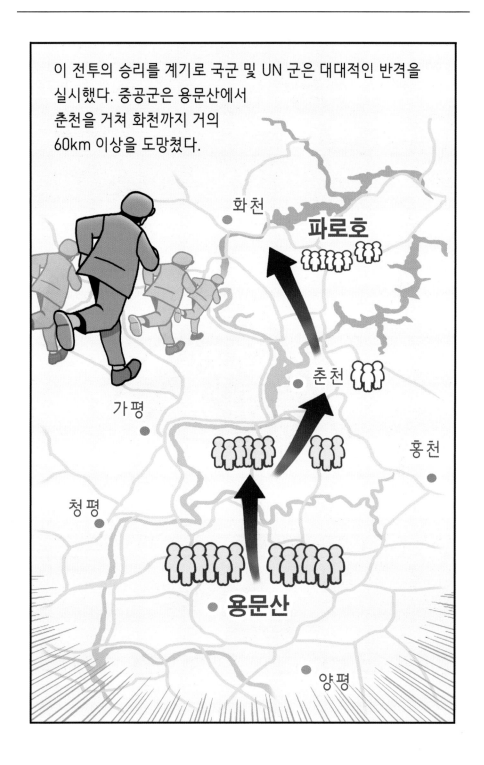

이 전투의 승리를 계기로 국군 및 UN 군은 대대적인 반격을 실시했다. 중공군은 용문산에서 춘천을 거쳐 화천까지 거의 60km 이상을 도망쳤다.

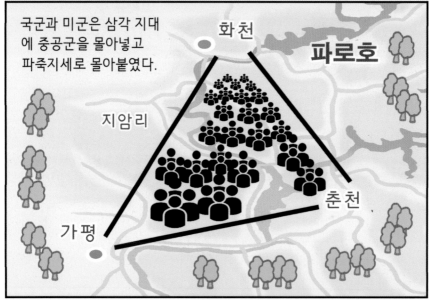

푸른 저수지는 붉게 물들었고 시체가 둥둥 떠다녔다.

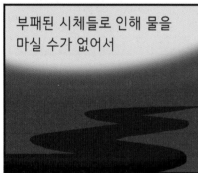

부패된 시체들로 인해 물을 마실 수가 없어서

다른 마을의 우물을 이용할 정도였다.

화천 저수지 일대가 중공군의 시신 썩는 냄새로 진동했다.

냄새가 심해서 코에 마늘을 넣고 행군하기도 했습니다.

461번 도로에도 중공군의 시체가 좁은 킬을 메우고 있었고

능선과 계곡마다 시체들이 널려 있었다.

....

중공군은 도주 과정에서 2만 4천여 명이 사망했고

항복.

8천여 명이 포로로 잡혔다.

6사단의 강인한 의지는 용문산 일대를 방어했고

전례 없는 대승으로 사창리 전투의 불명예도 씻을 수 있었다.

중공군을 몰아내고 대승을 거뒀다는 소식이 알려지면서

이승만 대통령이 화천 저수지를 직접 방문했다.

끽~

수고들 많았습니다.

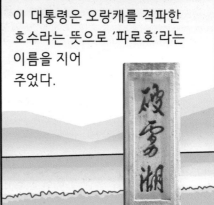

이 대통령은 오랑캐를 격파한 호수라는 뜻으로 '파로호'라는 이름을 지어 주었다.

破虜湖

그들을 깨뜨렸다는 점에서 '파'라고 하고

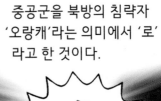

破

중공군을 북방의 침략자 '오랑캐'라는 의미에서 '로'라고 한 것이다.

虜

중공군 수만 명을 격파해 수장한 파로호 전투는

'현대판 살수대첩'이라고 할 수 있다.

1.4후퇴 이후 UN은 지속적으로 휴전 협정을 요청했는데

휴전합시다.

싫다

용문산 전투가 정말 중요한 역할을 하게 됐다.

이겼다!

용문산과 파로호 전투로 큰 손실을 입은 중공군은

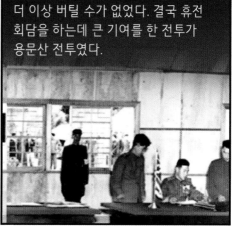

더 이상 버틸 수가 없었다. 결국 휴전 회담을 하는데 큰 기여를 한 전투가 용문산 전투였다.

용문산 전투는 북한강 이남 전선을 60km 북상시켰고

60km

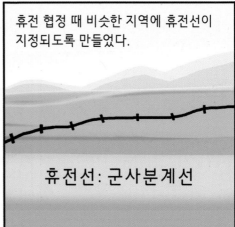

휴전 협정 때 비슷한 지역에 휴전선이 지정되도록 만들었다.

휴전선: 군사분계선

6사단의 강인한 의지는 용문산 일대를 막고 중공군을 격퇴했다.

6사단은 더 이상 '겁쟁이 블루스타' 가 아니고 빛나는 별이 되었다.

필 승!

멸공의 횃불

아름다운 이 강산을 지키는 우리 사나이 기백으로 오늘을 산다
포탄의 불바다를 무릅쓰면서 고향 땅 부모 형제 평화를 위해
전우여 내 나라는 내가 지킨다 멸공의 횃불 아래 목숨을 건다

조국의 푸른 바다 지키는 우리 젊음의 정열 바쳐 오늘을 산다
함포의 벼락불을 쏘아 붙이며 겨레의 생명선에 내일을 걸고
전우여 내 나라는 내가 지킨다 멸공의 횃불 아래 목숨을 건다

자유의 푸른 하늘 지키는 우리 충정과 투지로서 오늘을 산다
번갯불 은빛 날개 구름을 뚫고 찬란한 사명감에 날개를 편다
전우여 내 나라는 내가 지킨다 멸공의 횃불 아래 목숨을 건다

조국의 빛난 얼을 지키는 우리 자랑과 보람으로 오늘을 산다
새 역사 창조하는 번영의 이 땅 지키고 싸워 이겨 잘 살아가자
전우여 내 나라는 내가 지킨다 멸공의 횃불 아래 목숨을 건다

1. 개전 직전 국군과 북한군의 대치상황

(1950. 6. 24 현재)

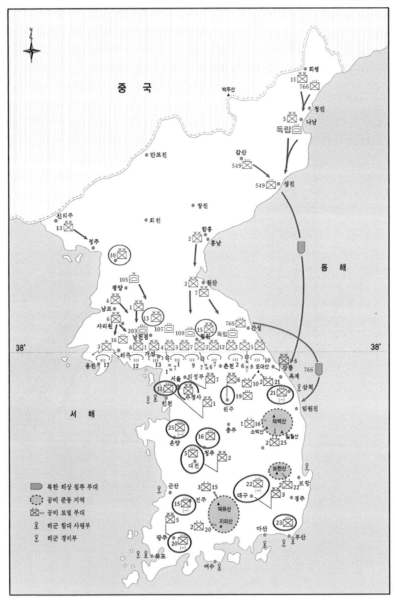

2. 북한의 남침과정

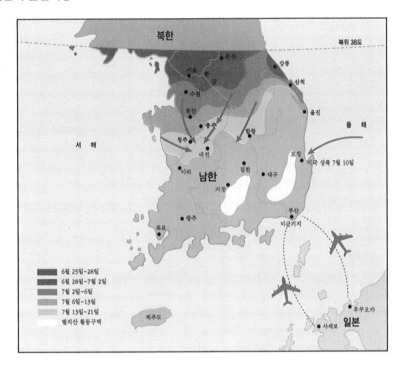

3. 중공군 참전 초기 전개상황

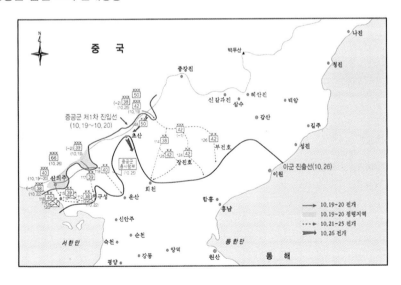

인명 피해

○ 국군 전/사망 및 실종자

(단위: 명)

구분	계	전사/사망	부상	실종	포로
한국	621,479	137,899	450,742	24,495	8,343

÷ 전사/사망에는 부상, 실종, 포로 중 사망 포함.
÷ 포로 수는 교환포로와 추가 송환포로를 포함, 송환거부포로는 제외한 수치.

• 자료: 국방부 군사편찬연구소 홈페이지(2013년 현재).

○ 유엔군 전/사망 및 실종자

(단위: 명)

구분	참전현황		피해현황				
	연인원	참전군	계	전사/사망	부상	실종	포로
	1,938,330		154,878	40,667	104,280	4,116	5,815
미국	1,789,000	육·해·공군	137,250	36,940	92,134	3,737	4,439
영국	56,000	육·해군	4,908	1,078	2,674	179	977
캐나다	25,687	육·해·공군	1,557	312	1,212	1	32
터키	14,936	육군	3,216	741	2,068	163	244
오스트레일리아	8,407	육·해·공군	1,584	339	1,216	3	26
필리핀	7,420	육군	398	112	229	16	41
태국	6,326	육·해·공군	1,273	129	1,139	5	–
네덜란드	5,322	육·해군	768	120	645	–	3
콜롬비아	5,100	육·해군	639	163	448	–	28
그리스	4,992	육·공군	738	192	543	–	3
뉴질랜드	3,794	육·해군	103	23	79	1	–
에티오피아	3,518	육군	657	121	536	–	–
벨기에	3,498	육군	440	99	336	4	1
프랑스	3,421	육·해군	1,289	262	1,008	7	12
남아공	826	공군	43	34	–	–	9
룩셈부르크	83	육군	15	2	13	–	–

• 자료: 국방부, 『국방백서』, 2012.

○ 공산(중공)군 전/사망 및 실종자

(단위: 명)

구분 / 인원	전투 피해				비전투 피해
	전사	부상	실종/포로	계	
계	116,000여	220,000여	29,000여	366,000여	25,000여

• 자료:『중화인민공화국사편년』, 당대연구소, 1953, 2009, 438쪽.

■ 참전(전투병력 파견) 16개국

미국	영국	캐나다	호주	터키	필리핀	태국(타이)	네덜란드
참전연병력:1,789,000명	참전연병력:56,000명	참전연병력:25,687명	참전연병력:17,164명	참전연병력:14,936명	참전연병력:7,420명	참전연병력:6,326명	참전연병력:5,322명
전 사 자:33,642명	전 사 자:1,080명	전 사 자:516명	전 사 자:332명	전 사 자:1,002명	전 사 자:112명	전 사 자:130명	전 사 자:124명

콜롬비아	그리스	뉴질랜드	에티오피아	벨기에	프랑스	남아연방	룩셈부르크
참전연병력:5,100명	참전연병력:4,992명	참전연병력:3,794명	참전연병력:3,518명	참전연병력:3,498명	참전연병력:3,421명	참전연병력:826명	참전연병력:83명
전 사 자:213명	전 사 자:186명	전 사 자:43명	전 사 자:122명	전 사 자:106명	전 사 자:269명	전 사 자:35명	전 사 자:2명

■ 의료지원 5개국

노르웨이	인도	덴마크	스웨덴	이탈리아
참전연병력:5,100명	참전연병력:4,992명	참전연병력:3,794명	참전연병력:3,518명	참전연병력:3,498명
전 사 자:213명	전 사 자:186명	전 사 자:43명	전 사 자:122명	전 사 자:106명

■ 물자 및 재정지원국 39개국

아르헨티나	오스트리아	버마(미얀마)	캄보디아	칠레	코스타리카	쿠바	도미니카공화국
1952. 5. 이전	1952. 5. 이전	1951.	1951.	1953. 12. 이전	1951.	1951.	1953. 6.

에콰도르	이집트	엘살바도르	콰테말라	아이티	온두라스	헝가리	아이슬란드
1951.	1953. 12. 이전	1953. 12. 이전	1953. 12. 이전	1954. 8. 이전	1952. 12. 이전	1952. 5. 이전1.	1951.

인도네시아	이란	이스라엘	자메이카	일본	레바논	라이베리아	리히텐슈타인
1952. 12. 이전	1952. 5. 이전	1951.	1951.	1951.	1952. 12. 이전	1951.	1956. 6. 이전

멕시코	모나코	파키스탄	파나마	파라과이	페루	자유중국	사우디아라비아
1951.	1954. 8. 이전	1951.전	1953. 12. 이전	1954. 8. 이전	1954. 8. 이전	1952. 5. 이전	1952. 12. 이전

스위스	시리아	우루과이	바티칸(교황청)	베네수엘라	베트남	서독
1953. 6. 이전	1953. 12. 이전	1954. 6. 이전	1956. 6. 이전	1951.	1952. 12. 이전	1954. 8. 이전

■ 지원 의사 표명국 3개국

볼리비아	브라질	니카라과

6·25 전쟁으로 인한 교회(인명)의 손실

6·25 전쟁을 겪으면서 받은 국민 전체의 손실과 참화는 말로 다 할 수 없지만, 기독교가 받은 참상 또한 이루 말할 수가 없다. 교회는 800개 이상이 파괴되었고 손양원 목사와 저명한 부흥강사 김익두 목사, 문준경 전도사 등 수많은 목회자들과 성도들이 북괴에 의해서 처참하게 죽임(순교)을 당했다.

파괴된 교회 수만 해도 남한에서만 장로교 514교회, 감리교 239교회, 성결교 106교회, 구세군4영문, 기타 교파에서도의 손실은 막심했다. 순교 납치당한 교역자는 장로교 177명, 감리교 44명, 성결교 11명, 성공회 6명 등 이외에 알려지지 않고 목숨을 잃거나 납북된 기독교 지도자들이 수없이 많다.

일례로 원산에서는 후퇴하던 인민군이 기독인과 지식인 500여 명을 방공호에 몰아 놓고 산채로 흙을 덮어 산매장 시켰다. 전북 옥구의 원당교회에서도 78명의 교인 중 75명이 학살당했다. 전남 영광의 염산교회 김방호 목사 가족은 8명 중 7명이 동시에 살해당하고, 교인77명이 함께 순교 당했다. 또한, 야월교회 69명이 모두 순교 당한 사건 등, 잔악한 좌익들과 북괴 공산당에 의한 기독교의 피해는 이루 헤아릴 수가 없을 정도이다.

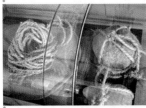
▲ 좌익들이 교인들을 돌에 산 채로 매달아 죽임

▲ 염산교회와 야월교회 교인들이 수장되는 모습

▲ 좌익들의 죽창 찌르기

우리는 전 세계에 피로 갚아도 모자랄
빚을 안고 있다.
한국인보다 한국을 더 사랑한 이방인들!
그들이 없었다면 우리 또한 없다.

• •

이름 없이 빛도 없이
17년을 하루 같이 이어온
새에덴교회와 소강석 목사의
보훈행전!

· · · · · · · ·

한국전 참전용사 초청행사 17년째 개최

험한 세상 다리가 된
새에덴교회와 소강석 목사

'보은이 한 사람의 인격을 보여준다면
보훈은 국가의 품격을 보여준다.'

새에덴교회의 참전용사 초청행사는
공식적인 정부 행사를 제외하고는 종교 및 민간 단체로는 최대,
한국교회로는 최초의 행사다.

제17회 참전용사 초청행사를 맞아 새에덴교회 프라미스 홀에서
'제73주년 6.25 전쟁 상기 및 한미동맹 70주년 기념
한.미 참전용사 초청 보은과 전몰장병 추모예배'가 열렸다.
6월 18일에 열린 이 행사에는 미국 참전용사 6명과 전사자 및 실종자 가족 41명 등
미국에서 온 47명의 참전용사 및 참전용사 가족, 그리고 한국인 참전용사 150명 등
총 2000여 명의 참전용사 및 참전용사 가족을 초청하여 진행되었다.

참전용사 초청행사가 시작된 계기

새에덴교회의 참전용사 초청행사는 공식적인 정부 행사를 제외하고는 종교 및 민간 단체로는 최대, 한국교회로는 최초의 행사다. 참전용사 초청행사를 시작하게 된 계기는, 소강석 목사가 2007년에 마틴 루터킹 국제평화상을 수상하기 위하여 '마틴 루터킹 퍼레이드' 전야제에 참석하게 되었다. 그런데 한 흑인 노병이 나에게 다가와 더듬거리는 말투로 "동두천, 의정부, 수원, 평택..."이라고 말하는 것이다. 그리고 왼쪽 허리의 총상 흉터를 보여주면서 한국전쟁 이후 한 번도 한국에 가 보지 못했다고 울먹이면서 한국에 가 보고 싶은데 형편이 어려워 못 간다는 것이다.

그 말을 듣고 소강석 목사는 그 자리에서 엎드려서 절을 하면서 "제가 꼭 한국으로 초청하겠다"고 약속을 했다. 그 흑인 노병이 바로 리딕 나다니엘 제임스라는 참전용사였다. 소 목사가 처음 초청을 할 때는 그분이 친구분들 대여섯 명이나 데리고 올 줄 알았는데 50명이나 와 버린 것이다. 그렇게 해서 제1회 참전용사 초청행사가 시작되었고 지금까지 한 번도 빠짐 없이 17회를 맞게 되었다. 심지어 코로나19로 인하여 도저히 행사를 할 수 없는 상황에서도 화상 줌과 메타버스를 활용한 온라인 참전용사 초청행사를 하기도 하였다.

참전용사 1명과 가족에 통역 봉사자 1명이 수행

2007년부터 시작하여 16년간 8개국 6,000명이 넘는 참전용사와 가족을 한국으로 초청하거나 혹은 참전국 현지에서 보은 행사를 했다. 참전용사 초청행사는 보통 5박 6일 정도의 일정으로 진행한다. 참전용사와 전사자, 실종자 가족들이 인천공항에 도착하면 한 명, 한 명 환영 꽃목걸이를 걸어주며 환영행사를 한다. 참전용사 1명과 가족에 통역 봉사자 1명이 수행하여 소통 및 필요한 도

움을 제공한다.

숙소인 호텔로 이동하면 교회 또는 지자체에서 주관하는 환영 만찬을 갖고 다음 날부터 한국 관광에 나선다. 그들은 여의도 유람선을 타고 런치 크루즈를 즐기며 한강과 서울의 발전된 모습을 보고, 한국전으로 폐허가 된 땅이 경제 대국으로 발전된 모습에 놀라움을 감추지 못하면서도 자신들의 희생이 절대 헛되지 않았음을 느끼면서 보람을 느낀다.

수도방위사령부의 오토바이 콘보이를 받으면서 현충원, 미8군, 판문점, 안보견학관, JSA 부대, 도라 전망대 등을 견학한다. 서울 타워 전망대, 삼성전자, 용산 전쟁기념관 등도 방문한다. 서울 타워나 삼성전자 등을 방문할 때는 한국의 발전상에 놀라서 연거푸 '원더풀'을 연발한다. 젊었을 때 이름도 모르고 어디에 있는지도 모르는 낯선 나라에 와서 싸웠던 기억을 떠올리며, 그 나라가 지금 눈앞에 있음에 한동안 어리둥절해한다. 전쟁기념관 기념비에서 전사한 친구들의 이름이나 가족을 발견할 때는 그들은 잠시 주체할 수 없는 슬픔에 잠기기도 한다.

참전 국가 국기를 흔드는 어린이들의 환영 세레모니

특별히 한 번도 빠지지 않는 일정은 새에덴교회에서 드리는 '한국전쟁 상기 및 평화 기원 예배'이다. 한국전 참전용사들이 새에덴교회에 도착하면 태극기와 성조기(참전 국가 국기)를 흔드는 어린이들의 환영 세레모니를 받는다. 아이들은 한복을 곱게 입고 환영 노래를 부르며 반갑게 맞이한다. 참전용사들은 마치 친손녀와 친손자들이 자신들을 환영하는 듯한 착각에 빠질 정도로 아이들의 진심 어린 환영에 감동한다.

참전용사들이 새에덴교회 예배당에 들어서면온 성도들과 국내 참전용사와 귀빈들이 기립박수를 보낸다. 한미 양국 대통령과 장관, 국회의원, 각국 대사 등 많은 귀빈들의 축하 메시지와 격려사, 영어 감사 연설, 감사패 수여가 이어지고, 전체 기념 촬영으로 마무리된다. 떠나는 날에는 봉사자들이 공항까지 환송하며 그동안 한국에서 수행했던 여러 일정을 앨범으로 제작하며 한분 한분에게 전해준다. 참전용사와 봉사자들은 서로 얼싸안고 눈물을 흘리며 헤어짐을 아쉬워한다.

새에덴교회가 참전용사 초청행사를 하는 이유

새에덴교회가 참전용사 초청행사를 하는 이유는, 첫째 지난날의 고난의 역사를 기억하며 한반도의 자유와 평화를 지

▲ 제16회 참전용사 초청행사(2022)

키기 위해서이다. 둘째, 우리 스스로 보은의 신앙과 보훈의 정신을 새기고 그 신앙과 정신을 자녀들에게 가르치며 목회적 대형교회로서의 사회적 환원을 하기 위함이다. 셋째, 한미관계를 증진하기 위한 민간외교 차원에서 하는 것이다.

올해 역시 제17회 참전용사 초청행사를 맞아 새에덴교회 프라미스 홀에서 '제73주년 6.25 전쟁 상기 및 한미동맹 70주년 기념 한.미 참전용사 초청 보은과 전몰장병 추모예배'가 열렸다. 6월 18일에 열린 이 행사에는 미국 참전용사 6명과 전사자 및 실종자 가족 41명 등 미국에서 온 47명의 참전용사 및 참전용사 가족, 그리고 한국인 참전용사 150명 등 총 200여 명의 참전용사 및 참전용사 가족을 초청하여 진행되었다.

미국 참전용사 대표 폴 커닝햄 전 미 한국전 참전용사회장의 답사

윤석열 대통령의 메시지를 대통령실 강승규 시민사회수석이 대독하였고, 김진표 국회의장이 직접 참석하여 격려사를 하였으며, 국가보훈처에서 국가 보훈부로 승격한 박민식 장관이 참석하여 기념사를 하였다. 박민식 장관은 미국 참전용사 전원에게 평화의 사도 메달을 수여하며 일일이 참전용사와 포옹하며 감사의 마음을 전했다. 이채익 국회조찬기도회장, 이상일 용인특례시장, 김창준 미래한미재단이사장 등이 참석하여 환영사를 하였으며 미국 참전용사를 대표하여 폴 커닝햄 전 미 한국전참전용사회장이 답사를 하였다. 그는 "자신들을 초청하여 준 새에덴교회와 소강석 목사님께 감사드리며 새에덴교회를 세우신 하나님께 감사드린다."고 했다.

지난 17년간의 한미동맹과 민간외교의 퍼스트 무버 (First Mover)

새에덴교회

마지막 한 분의 참전용사가 살아계실 때까지 참전용사 초청행사를 지속하겠다는
소강석 목사와 새에덴교회의 사랑과 섬김의 정신은
한국교회를 넘어 우리 사회의 빛과 소금이요, 험한 세상의 다리 역할을 하고 있다.

새에덴교회는 지난 17년간 한미동맹과 민간외교의 퍼스트 무버(First Mover)가 되어 한국과 해외 8개국의 참전용사와 가족 등 6천여 명을 초청하거나 참전국을 방문해 감사하고 보은의 마음을 전했다. 이런 값진 헌신으로 미국 현지에서 "참전국에 진심으로 감사할 줄 아는 세계 유일의 국민"이라는 평가를 받았다.

새에덴교회와 소강석 목사의 보은을 향한 뜨거운 심장은 역사 속에서 계속 살아서 보은의 신앙과 보훈의 정신의 이정표가 될 것이다. 새에덴교회의 참전용사 초청행사는 나라와 민족을 섬기는 신앙의 품격, 교회의 품격, 애국의 품격을 보여주는 역사에 남는 의미 있는 발걸음이다. 마지막 한 분의 참전용사가 살아계실 때까지 참전용사 초청행사를 지속하겠다는 소강석 목사와 새에덴교회의 사랑과 섬김의 정신은 한국교회를 넘어 우리 사회의 빛과 소금이요, 험한 세상의 다리 역할을 하고 있다.

문제는 세월이 아쉽다. 참전용사들이 초고령화되면서 한 해 한 해, 아니 한 달, 한 달 떠나는 분들이 많다. 그래서 그분들이 살아계실 때 새에덴교회뿐만 아니라 다른 교회들도 보훈 행사에 관심을 갖고 참여해야 할 것이다. 보은이 한 사람의 인격을 보여준다면 보훈은 국가의 품격을 보여준다. 그래서 선진국일수록 보훈의 시스템이 잘 되어 있다. 우리나라가 선진국으로 승화하기 위해서라도 참전용사들의 희생을 기리고 보은의 마음을 표현하는 행사는 계속되어야 할 것이다.

**보은이 한 사람의 인격을 보여준다면
보훈은 국가의 품격을 보여준다.**

새에덴교회
참전용사 초청행사 연혁
제1회~17회 (2007년~2023년)

전쟁기념관에서

기 간	2007. 6. 23.~6. 27(4박 5일)
장 소	한국
참가인원	한국전 참전용사 리딕 등 미국 한국전참전용사 50명

주요내용 아이젠하워 미국 대통령으로부터 최고 무공훈장을 받은 일본계 미국인 미아무라를 비롯하여 80대 전후의 한국전 참전용사 50명 참석하였다. 소강석 목사가 초청 약속한 흑인 리딕도 참석하여 감격의 눈물을 흘렸다. 소강석 목사의 설교, 이필섭 전 합참의장의 격려사, 장상 전 국무총리 서리와 서정석 용인시장의 축사가 있었으며, 그랜트 래리 마틴 루터킹 퍼레이드 재단 총재와 마카피갈 칼슨시 부시장의 답사가 있었다.

2회

기 간	2008. 6. 22.~6. 26(4박 5일)	
장 소	한국	
참가인원	미국 한국전 참전용사 30여 명	

주요내용   미국 참전용사 30명, 한국 참전용사 70명 등 100여 명의 참전용사들과 미8군 소속 미군 군인 70여 명 등이 함께하며 6 · 25전쟁 속에서 나라를 위해 목숨을 바쳐 싸웠던 이들의 희생과 헌신을 위로하였다. 한미 양국 대통령(이명박, 부시)이 축하 메시지를 보내왔으며 미국 관계자, 재향군인회, 사회 각계각층 인사, 새에덴교회 성도 등 5,000여 명 참석하여 예배를 드렸다. 미국 참전용사 로렌조 오르테카 씨와 한국 참전용사 김영환 씨가 57년 만에 재회하는 감동의 만남을 가졌으며, 두 사람의 이야기는 KBS와 MBC에 소개되었다.

기　　간	2009. 6. 21.~6. 22(1박 2일)
장　　소	미국 라스베이거스
참가인원	미국 한국전 참전용사 450여 명과 가족 1,000여 명, 재미교민 참석자 100여 명

주요내용　미국 현지에서 한국전 참전용사 450여 명과 가족 그리고 국내외 인사 등 총 1,100여 명을 초청해서 최대규모의 보은행사로 진행하였다. 미국 CNN의 앵커 '소피아 최'의 사회로 진행되었으며, 한.미 양국 국기 입장, 양국의 국가를 제창한 후에 공동대회장인 '한국전 참전용사의 벗" 대표 조응규 씨의 환영사 그리고 소강석 담임목사의 메시지의 순으로 행사가 진행되었다. 행사 후 한덕수 주미대사와 김재수 총영사 등은 민간외교 차원에서 새에덴교회가 대규모의 보은행사를 주최함으로써 미국 내 한국의 위상을 높여주고, 미국 교민들에게 자긍심을 심어준 것에 대해 깊은 감사를 표명하였다. 행사에 참석한 참전용사들은 지속적인 한.미 간의 우호 증진과 한반도에 더 이상 6.25와 같은 전쟁이 일어나지 않기를 기원하는 뜻을 전하는 친필 사인을 남겼다. 그들의 SIGN은 동판에 새긴 기념물로 제작하여 한,미 양국 대통령에게 전달되었다.

기 간	2010. 6. 22.~6. 27(5박 6일)
장 소	한국
참가인원	6.25전쟁 60주년을 맞아 미국 참전용사와 가족 87명(새리토스 42, 미시간 23, 버지니아 22명)

주요내용   이명박 대통령의 메시지를 대독하고, 스티븐스 주한 미 대사, 국회의원, 국가조찬기
도회 회장, 재향군인회 부회장이 참석하여 격려사와 축사를 하였다. 한국전 당시 중
공군의 포로가 되는 등 40개월을 한국에서 보낸 90세 고령자 엘리스 앨런(Ellis Allem-
버지니아 거주)씨와, 아들, 손녀 등 3대가 함께 온 아트 클락씨, 미국 캘리포니아주 LA
카운티 새리토스 조세프 조(조재길) 시장이 선발한 해당 지역 참전용사 40명 참석하
였다. KBS, MBC, SBS, 조선일보, 중앙일보, 동아일보, 한국일보, 문화일보, 서울신
문, 연합뉴스 등 한국의 주요 언론이 모두 보도하였다. 특히, 조선일보와 문화일보는
소강석 목사와 새에덴교회의 역사적 민간외교 사역을 집중 조명하였다.

기　간	2011. 6. 15.~6. 21(5박 6일), 한국
장　소	2011. 6. 22. 미국 워싱턴 DC
참가인원	한국 : 미국 참전용사와 가족 40여 명, 한국 참전용사 1700여 명
	미국 : 미국 참전용사와 가족 30명, 재미 한국인 참전용사 10여 명

| 주요내용 | 김문수 경기도지사와 국회의원, 용인시장, 재향군인회장, 데이비드 콘 보이 미 8군 부사령관이 참석하였다. 한미 양국의 대통령(이명박, 오바마) 메시지를 대독하였다. 국내 보은행사에 이어 미국 워싱턴 DC 국회의사당 레이번 홀에서 초청행사를 했다. G20 정상회의 미국 의회 대표 에니 팔레오마배가 의원, 에드워드 로이스, 찰스 렝겔 외 5명의 연방하원의원이 참석하였다. |

6회

기　　간	2012. 6. 22.~6. 28(6박 7일)
장　　소	한국
참가인원	필리핀 참전용사 20명과 미국 참전용사 25명

주요내용　6회 행사에는 미국뿐만 아니라 필리핀 참전용사들과 가족 등을 초청하여 필리핀군참전기념비와 국립현충원, 판문점과 전쟁기념관, 서울타워와 삼성전자, 한미연합사와 평택 해군 2함대 방문 등 6박 7일간 다양한 일정과 보은행사를 했다. 60년 전 한국을 지키기 위해 참전해서 같은 부대에서 싸웠던 안토니.토마스 베조스카(Bezouska)형제가 참석하여 조선일보에 소개되었다. 새에덴교회 참전용사 초청행사가 공중파 방송을 비롯하여 조선, 동아, 한국일보 등 일간지에 소개되면서 나라와 민족을 섬기는 교회의 사회적 역할이 선양되었다.

기　간	2013. 7. 25.~7. 30(5박 6일)
장　소	한국
참가인원	미국, 캐나다, 호주, 태국, 터키 등 참전용사와 가족 100여 명, 국내 한국인 참전용사 250여 명

주요내용　정전협정 체결 60주년을 맞아 경기도와 함께 7월에 공동 행사하기로 합의함에 따라 6월에는 한국인 참전용사들을 초청하여 보은행사를 했다. 7월에 경기도와 함께 한 참전용사 초청행사에는 미국, 캐나다, 호주, 태국, 터키 등 참전국 참전용사와 가족 100여 명이 참석하였다. 경기도지사, 국회의원, 재향군인회장, 신효범 미국 워싱턴주 상원의원, 크리스 젠트리 주한 미8군 부사령관 등이 참석하였다.

8회

기간및장소 2014 .6. 14.(미국 시카고), 2014. 6. 22.(한국)

참가인원 한국전 참전용사 220명과 가족 400명, 시카고 한인회 등 관계자 500여 명(6.14), 한국인 참전용사 300여 명(6. 22).

주요내용 일리노이주 출신 전사자 1,806명의 명패를 동판으로 제작하여 일리노이 주지사에게 전달하였다. 펫 퀸 일리노이주지사는 행사일인 6월 14일을 '한국전쟁 참전용사의 날'로 선포하였다. 소강석 목사를 비롯한 20명의 새에덴교회 참전 행사 요원들이 한국전 참전용사 16명이 치료받고 있는 시카고 그린베이의 연방보훈병원을 방문하여 감사를 표했다. 병원 관계자와 참전용사들은 "33년 동안 병원에서 일했는데 이런 일은 처음이다. 매우 영광스럽고 기쁜 날이다. 멀리 한국에서 여기까지 몸소 찾아와 줄 줄은 생각조차 하지 못했다. 정말 감사하다. 미국은 많은 나라에서 자유와 평화를 지키기 위해 전쟁을 했지만, 고맙다고 이곳까지 찾아온 나라와 교회는 소강석 목사와 새에덴교회가 처음이다. 기억해 주어서 감사하다."라고 말하며 감격해했다. 한국에서는 국내 참전용사 300여 명을 초청하여 선물 및 위로금 전하였다.

9회

기 간	2015. 7. 25.~7. 30(5박 6일)
장 소	한국
참가인원	미국, 캐나다, 콜롬비아에서 36명, 참전용사 자녀인 주한미군 장병 15명, 국내 한국인 참전용사 150명
주요내용	MERS(중동호흡기증후군) 바이러스 질병의 유행으로 6월에서 7월로 순연하여 실시 하였다. 1953년 중부 전선 강원도 철의 삼각지대 올드 밸리 전투에 투입되었던 당시 미 7사단 31 연대소속 존 햄필 중대장(예비역 소장)과 콜롬비아 출신 밸라스코 병장 이 62년 만에 재회하였다. 용인시장의 환영사, 찰스 랭글 미 하원 의원의 축하 동영 상, 국회의원들의 축사, 박희모 6.25 참전유공자회 회장의 축사, 보훈처의 매달 수 여식 등이 있었다.

10회

기　　간　2016. 6. 18.~6. 23(5박 6일)

장　　소　한국

참가인원　참가인원 : 미국 참전용사와 가족 18명, 전사자 가족 13명, 실종자
　　　　　가족 8명, 포로자 가족 14명, 참전용사 직계 가족인 주한미군
　　　　　장병 10명, 한국계 안내자 등 총 69명, 국내 한국인 참전용사 300명

주요내용　인천상륙작전과 장진호 전투의 영웅 Richard. E. Carey 예비역 해군 중장과 초대 8군
　　　　　사령관 Walton H. Walker 대장의 손자 Sam S Walker 3세 예비역 육군 중령 부부와 증
　　　　　손자 2명, Larry C. Kinard 미국 한국전참전용사협의회(KWWA) 회장과 Thomas W.
　　　　　Stevens 차기 회장이 참석하였다. 2016년 7월 27일에 KBS 1TV에서 '다시 코리아로,
　　　　　그들의 마지막 귀환' 이 방영되어 큰 반향을 일으켰다. 이 다큐멘터리는 2007년부터
　　　　　2016년까지 10년간 한국전 참전용사들을 초청해 보은행사를 개최한 새에덴교회의
　　　　　스토리를 바탕으로 제작되었다.

기 간	2017. 6. 17.~6. 18(1박 2일)
장 소	미국 휴스턴
참가인원	한국전 참전용사와 가족 500명, 휴스턴 거주 한국인 참전용사 20명, 연방 하원의원 존 컬버슨, 쉴라 잭슨 리 2명과 텍사스 주의원 휴버트 보, 휴스턴 한국 총영사 김형길 외 600명

| 주요내용 | 대통령(문재인)의 축하 메시지를 휴스턴 총영사(김형길)가 대독하였다. 한국전 참전용사들의 나이가 90세 전후의 고령이 되면서 한국을 방문하기 어려워져 미국 휴스턴에서 보은행사를 실시하였다. 연방 하원의원 존 컬버슨, 쉴라 잭슨 리 2명과 텍사스 주의원 휴버트 보 등이 참석하였다. 연방상원의원 존 코닌, 연방하원의원 테드 포드, 휴스턴 시장 실베스터 터너 등이 영상메시지 보내왔다. 소강석 목사 외 새에덴교인 5명과 장진호 전투 참전용사, 재미 한인 재한군인회원들이 휴스턴 베어 크리크파크 해리스 컨트리 워 메모리얼에 위치한 참전용사 기념탑에 헌화하였다. SBS에서 한국전쟁 다큐멘터리를 '전쟁과 기억' 1, 2부로 제작하여 6월 18일과 6월 25일에 방영되었다. 지난 10여 년간 한국전 참전용사들을 초청해 보은행사를 개최한 새에덴교회의 스토리를 바탕으로 제작되었다. |

기　　간	2018. 6. 16.~6. 21(5박 6일)
장　　소	한국
참가인원	흥남철수작전 시 10만 명의 피난민을 구출했던 알몬드 군단장과 에드워드 포니 대령, 통역관 현봉학 박사 자녀 14명, 장진호 전투 참전용사와 가족 12명, 실종자 및 전사자 가족 14명 등 미국인 참전용사와 가족 52명, 캐나다 참전용사와 가족 4명, 참전용사 자녀인 주한미군 장병 20명, 국내 한국인 참전용사 300명

주요내용　한.미 양국 대통령(문재인, 트럼프)대통령의 축하 메시지가 낭독되었다. 흥남철수작전 시 제10군단장 에드워드 알몬드 중장, 상륙전 참모장 에드워드 포니 대령, 설득공로자인 현봉학 박사, 2척의 수송선(Meredith Victory, Lane Victory호) 선장 등 자녀들 총 14명을 주빈으로 초청하였다. 장진호 전투 참전용사 스테펜 옴스테드 해병 중장 외 5명과 가족 등 12명, 전사자 및 실종자 가족 12명, 캐나다 사스카룬 거주 참전용사 2명과 가족 4명 등 총 56명을 초청하였다. 흥남철수작전 당시 배에 타고 있던 로버트 러니 제독과 피난민이었던 김영숙 수녀가 68년 만에 만나서 함께 평화의 춤을 추는 감동적인 장면이 연출되었다. 참전용사 자녀들인 주한 미군장병 20명이 초청되었다. 문희상 국회의장, 국가보훈처장, 국회의원, 경기도지사, 용인시장이 참석하여 축사하였다.

13회

기　　간	2019. 6. 15.~6. 20(5박 6일)
장　　소	한국
참가인원	장진호 전투 참가 및 미 예비역 해병 중장 필립 디킨슨 셔틀러, 인디언 참전협회 회장 등 참전용사 14명과 그의 가족, MOH(Medal of Honor) 및 그 가족, 봉사위원 Susan Kee 부부, 흥남철수작전의 주역 에드워드 포니 대령의 손자인 네드 포니 부부 등 50명

주요내용	장진호 전투 희생자 하비 스톰스의 유해가 북한에서 발굴되어 69년 만에 고국의 땅으로 돌아왔다. 이 뜻깊은 소식은 미국 언론에서도 기사화되었다. 하비스 톰스 자녀들은 새에덴교회에서 개최한 한국전 참전용사 행사에 참석하여 더 큰 의미가 있었다. 2019년 11월 2일 미국 텍사스주 플루저빌 제일교회에서 거행된 하비 스톰스(Harvey Storms)소령의 추모식에 김종대 장로가 참석하여 소강석 담임목사의 추모사를 낭독하여 위로하였다.

14회

기 간	2020. 6. 24
장 소	한국 및 미국, 캐나다, 필리핀, 태국(최초 Zoom 온라인 행사)
참가인원	코로나19 사태로 대면 행사가 불가함에 따라 대면 행사를 대체하기 위해 참전용사 150여 명을 온라인 Zoom으로 초청.

주요내용   세계 최초로 온라인으로 국내외 참전용사를 초청하여 보은행사를 가졌다. 한국과 미국, 캐나다, 태국, 필리핀 등 5개국 참전용사와 가족 등 130여 명이 화상회의 플랫폼 줌(Zoom)을 통해 참여하였다. 대부분 구순을 넘은 참전용사들은 미국 샌디에이고, 포틀랜드, 피닉스, 댈러스, LA, 워싱턴 DC 등 6곳과 캐나다 오타와, 필리핀 마닐라, 태국 방콕에 있는 자택에서 온라인 플랫폼에 접속하였다. 행사에서는 문재인 대통령과 도널드 트럼프 미국 대통령의 영상 축하 메시지를 비롯해 박병석 국회의장과 해리 해리스 주한 미국 대사, 한미 양국 군 관계자 등의 축사가 있었다. 새에덴교회는 온라인으로 행사를 전환하면서 참전용사들에게 코로나19 감염 예방을 위한 마스크를 비롯해 참전용사 메달과 스카프, 모자, 국영문 관련 책자 등을 미리 전달하였다. 방송과 일간지 등 수많은 언론에 보도되면서 코로나 팬데믹 기간에 상처 입은 한국교회의 사회적 이미지를 보호하고 회복하는 선순환을 일으켰다.

자유는 공짜가 아니다!   439

15회

기　간	2021. 6. 23
장　소	한국 및 미국, 캐나다, 필리핀, 태국(최초 메타버스와 가상현실(VR)을 이용한 ZOOM 온라인 행사)
참가인원	코로나 팬더믹 상황으로 말미암아 비대면 온라인 추세가 가속화되면서 해외 참전용사 및 유가족 참석자 150여 명을 온라인 Zoom으로 초청.

주요내용　시대변화에 부응하면서 전사자와 실종자를 위한 추모식에 세계 최초 가상현실을 결합한 메타버스(Metaverse) 서비스를 적용하여 첨단과 감동이 넘치는 추모행사를 진행하였다. 후두암으로 인해 목소리를 낼 수 없는 김종대 장로의 과거 목소리를 복원하였다. 기존 유튜브 채널 외에 360도 카메라로 촬영하여 이를 유튜브 채널로도 송출하여 해외 참전용사들이 VR(가상현실)을 통해 현장의 모습을 전후좌우 상하로 볼 수 있게 진행하였다. 소강석 목사는 해외 참전용사들의 과거 한국전 참전 당시의 모습을 복원한 메타버스를 활용한 가상현실 속에서 해외 참전용사들에게 시상식을 거행하며 참전용사와 가족들을 격려하였다. 한.미 양국 대통령(문재인, 트럼프) 메시지가 낭독되었다.

기간및장소   2022. 6. 19. 한국
            2022. 7. 26. 미국 워싱턴 DC

참가인원   한국전 참전용사 300여 명과 에티오피아 참전용사 한국 거주 후손 10명(6.19).
            미국인 참전용사 200명과 워싱턴 수도권 거주 한국인 참전용사 및 그 가족 200명
            (7.26)

주요내용   한국 대통령(윤석열) 축하 메시지를 대독하였으며, 국회의원, 지자체 단체장의 축사,
            국가보훈처장 영상메시지 등이 있었다. 코로나 팬더믹을 빠져나온 시기에 지체하지
            않고 대면 행사로 진행해서 진정성을 보여주었다. 이를 언론에서 대대적인 보도를 하
            였다. 특히 7월 27일 미국 워싱턴 DC 한국전 참전용사 기념공원에서 이루어진 '한국
            전 전사자 추모의 벽' 준공식에서는 새에덴교회가 10만 불을 후원한 후원자 자격으
            로 참가하여 소강석 목사가 추모 시를 낭독하였다.

기　간	2023. 6. 17~22(5박 6일)
장　소	한국
참가인원	미국 참전용사 6명과 전사자 및 실종자 가족 41명, 한국인 참전용사 150명 등 총 200여 명

주요내용　폴 헨리 커닝햄 전 미국 한국전 참전용사회 회장을 비롯하여 인천상륙작전의 영웅이며 적과의 격전에서 기관총에 맞아 부상한 채 끝까지 대항하다 수류탄을 자신의 몸으로 덮쳐 12명의 부하 생명을 지켜내고 전사한 Baldomero Lopez 미 해병대 중위의 유가족, 실종자인 할아버지(Joseph August Blissenbach 미 육군 중사), 아버지와 아들 3代가 한국에 근무한 한국전 실종자 가족 등이 참석하였다. 윤석열 대통령의 메시지를 대통령실 강승규 시민사회수석이 대독하였고, 김진표 국회의장의 격려사, 박민식 국가보훈부장관의 기념사가 있었다. 박민식 장관은 미국 참전용사 전원에게 평화의 사도 메달을 수여하며 일일이 참전용사와 포옹하며 감사의 마음을 전했다.

'Freedom is not free'

'자유는 공짜가 아니다'

평화를 원하거든 전쟁을 준비하라!

6 2 5 를 기 억 하 는 사 람 들
6·25역사기억연대

중공 조심

우리는 북한과 손잡은 중국이 또다시 남침할 수 있다는 것을 절대 간과해서는 안 된다.
중국은 미국 중심의 동맹에서 가장 중요한 동맹인 "한국"을 중국의 손에 넣는다면
미국이 구상 중인 아시아-태평양 전략을 망가뜨릴 수 있다는 생각을 하고 있다.

중국은 한국을 집어삼키려고 끊임없이 욕심을 드러내고 있기에 우리의 영원한 적일 뿐
우방이 될 수가 없다. 아울러, 북한 또한 핵을 절대 포기하지 않을 것이다.
그러기에 공포의 균형을 맞추기 위해서라도 우리 자유 대한민국도 핵이 답이다.
언젠가 중국과의 전면전도 각오해야 할 때가 올 수도 있다는 점도 소홀히 해서는 안 된다.
우리 자유 대한민국을 수호하려면 핵무장은 필수이고 그 어떤 우방국에도
우리의 자주권을 담보로 기대해서도 안 된다.
미래를 보장하는 안보는 자주국방이 탄탄해야 지킬 수 있다.
러시아가 우크라이나를 침공하듯이 중국 또한 언제든지 우리 자유대한민국을
노릴 수가 있기에 항시 중국을 조심해야 한다.

우리는 어느 쪽이든 불시의 공격에 항시 대비해야 한다.
실제로 중국은 지금도 한국으로 상정한 군사작전을 수립하고 이것을 위한 군사 훈련을
꾸준히 진행해 오고 있다.
여러 가지 경우의 수가 존재하겠지만 '북한'이라는 변수가 한국과 중국으로 하여금
무력 충동을 일으킬 수 있는 유력한 집단이다.

북한은 명실상부한 대한민국의 적법한 영토이자 주민들도 모두 대한민국 국민이기 때문에
중국이 북한의 김씨 정권이 무너지면 언제라도 북한을 점령할 계획을 세우고 있기에
중국과의 전쟁이 불가피하다.

중국이 제멋대로 정세안정이라는 이유(명분)로 군대를 끌고 와 이북 지역에 주둔시킬 그것은
대한민국에 대한 선전 포고와 다를 바 없다.
그래서 우리는 항상 지금 당장이라도 중국과의 전쟁을 할 가능성을 염두에 두고
철저한 안보 의식과 타의 추종을 불허하는 든든한 자주 국방력을 키우고 있어야만 한다.

화보로 보는 6.25전쟁

6.25전쟁의 영웅(은인)

이승만 대통령

백선엽 장군

트루먼 대통령

맥아더 장군

딘 애치슨 국무장관

스미스 장군

워커 장군

리지웨이 장군

밴 플리트 장군

▲ 대한민국 정부 수립을 축하하는 국군의 행진 장면(1948. 8. 15)

▲1949년 4월 베이징 교외 샹산에서 함께한 마오쩌둥(왼쪽)과 장남 마오안잉
(1949. 4). 한국전쟁에 참전한 마오안잉은 1950년 11월 25일, 미군의 폭격으로
평안북도 동창군 대유동에서 사망했다.

▲1949년 북한공산군은 대한민국을 공산화시키기 위하여 소련으로부터 탱크(T-34), 대포 등을 받아 전쟁준비를 완료하였다. 그 해 8월 15일 평양에서 해방기념일을 맞아 대대적인 시가행진을 하였으며 탱크부대를 과시하고 있다.

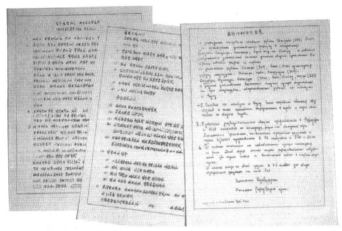

▲ 북한 제4보병사단 작전명령 제1호(1950. 6. 22)

▲ 의정부 방면으로 남하하는 북한군 오토바이 부대
중앙청에, 太極旗가 내려지고, 人共旗가 올라갔다. ▶

▲ 북괴군 보병부대 남침 모습, 1950.6.26

▲ 북괴군의 소련제 자주포

▲ 북한군 탱크부대, 1950. 6. 24 남침 명령을 기다리며

▲1950년 6월 25일 북괴군은 T-34 탱크를 앞세우고 서울을 침공하였다.(뒤에 보이는 건물은 전 조선총독부 건물)

▲ 전황을 직접 살펴보기 위해 전용기로 서울에 도착한 맥아더 원수(1950. 6. 29)

▲ 6.25전쟁 직후 유엔군의 참전을 결의하는 유엔 안전보장이사회가 열리고 있다.(소련은 스탈린의 지시에 의해 불참)

▲ 한국전쟁을 수행하기 위해 콜린스 장군(왼쪽)에게서 유엔기를 넘겨받는 맥아더 원수(1950. 7.13)

▲ 퇴각하기 전의 대전역 광장(1950. 7)

▲ 승전을 축하하는 북한군(1950. 7. 27) 북한은 1950년 7월 말, 낙동강 방어선을 제외한 남한의 90퍼센트를 점령했다.

▲ 한국전쟁 당시 파괴된 수원 화성의 장안문 (1950. 7)

▲ 인민재판으로 처형당한 가족이 오열하고 있다.

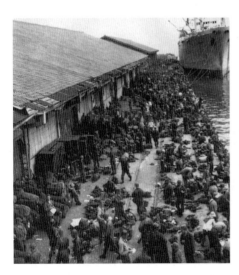

▲ 인민재판 후 사형집행을 위하여 끌려가는 양민들 모습.
◀ 부산항에 도착해 짐을 배에서 내리는 미군(1950. 8. 6)

▲1950년 7월 9일 전선을 지키던 미 제21연대 전방감시 요원 4명이 행방불명되었다. 그 중 1명이 뒤로 포승줄로 묶이고 머리에 총상관통 당한 시체로 발견되었다.(공산군의 포로 학살 모습)

▲ 1950년 8월. 남한 최후의 방어선인 낙동강 전투에서 부서진 낙동강 철교를 사이에 두고 치열한 공방전을 벌이는 아군들.

◀▲프랜시스 펜턴 미 해병대위(중대장)가 중대에 탄약이 떨어졌다는 보고를 받고 망연자실 표정을 짓고 있다. (1950.8, 낙동강 방어작전 중, 던컨 촬영)

▲ 낙동강 전투 부상병과 동료 병사.

▲ 5000 대 1의 성공확률이라 한 인천상륙작전 현장을 지휘하는 맥아더 사령관, 기함 맥켄리 호 함교.

▲ 인천상륙작전 직전 팔미도에 침투해 등대의 불을 밝힌 최규봉씨와 KLO부대 대원들이 작전 성공 후 소형 보트를 타고 기함 '마운트 매킨리' 호로 복귀하고 있다.(최규봉 대장, 사진 오른편에 작업모 쓰고 앉아있음)

▲ 해안에 병력과 장비를 양륙하는 미군의 대형 상륙함 (LST).

▲ 인천상륙작전 후 서울을 탈환하기 위해 기동하는 미 제1해병사단(1950. 9)

▲ LSMR 로켓포함이 월미도에 사격을 하고있다. (1950. 9.15)

▲ 인천 시가지 모습. (1950. 9. 17)

▲ 경인철도를 따라 서울로 진격하는 미 해병대.
(1950. 9. 17)

▲ 서울외곽 주민들의 열렬한 환영을 받고 진군하는 상
륙군들. (1950. 9.18)

▲ 시가전, 적 저격에 부상 당한 병사를 옮기고 있다.
(1950. 9.18)

▲ 영등포 지역에 도착, 적정을 살피고 있다. (9.18)

▲ 해병, 서울외곽 진입하여 북괴군을 몰아내고 있다.
(1950. 9. 19)

▲ 행주나루를 도강하는 LVT-3C
(Landing Vehicle Tracked,1950. 9. 20)

▲ 서울 외곽에 진입한 해병대.
"잠시만..... 쉬었다가....."(1950. 9. 21)

▲ 서울 점령기간 동안 벌어진 정치 선동행사 (출처-동아일보) 숨어서 지낸 3개월이 마치 30년 같았다는 이야기도 흔하게 찾아 볼 수 있을 정도다. 그만큼 무차별 학살과 탄압이 자행되던 이른바인공(人共)통치 3개월'

▲ 적치 3개월, 가족을 잃은 여인의 통탄

국군과 유엔군 반격노선
※1950년 9월 15일 인천상륙작전 뒤 상황

········ 북한군 주력

미 10군단
인천 서울
수원
화천   속초
강릉
국군
1군단   삼척
(수도사단,
3사단)
원주
국군
2군단
(6사단,
8사단)
청주
대전
미 1군단
(미 1기병사단,
24사단, 국군 1사단)
대구
광주   미 9군단
(2사단, 25사단)
부산

부산 교두보

▲ 1950.9.15 이후 국군과 UN군의 반격노선 요도

▲ 낙동강 전선을 뚫고 북으로 진격하는
미 제1기병사단 병사들. (1950. 9)

▲ 낙동강을 도하하는 UN군, 미 제24사단. (1950. 9)

▲ 낙동강 대반격을 개시하기 전 부대 점검을 하고있는
미군들. (1950. 9. 18, 미 국립기록문서보관청)

▲ 잔류한 적을 소탕하기 위해 종로 일대를 수색하는
미 해병대(1950. 9)

▲ 서울 연희고지 근방 시가전 모습, 미해병대.
(1950. 9. 23)

▲ 인천에 상륙하는 국군 보병 제17연대 장병들.
(1950. 9. 24)

▲ 북괴군이 쌓은 바리케이트를 방패막이로 · · ·

▲ 고전하는 미군들. (1950. 9. 22)

▲ "저 저격병을 잡아라 !"

▲ 서울 수복전투 : 시가, 지하, 도랑 속에 적군이 숨어
있는지 수색 중 (1950. 9. 24)

▲ 연희고지를 탈환하고, 서울시가지를 내려다 보는
해병들. (1950. 9. 25)

▲ 서울 탈환 전투 중인 미 해병대원들의 모습.
(1950. 9. 25)

▲ 수복당시 숭례문 주변 모습.(1950. 9)

▲ 아주머니들이 땔감 등을 찾고 있다.
(미군 촬영, 서울 중심지역,1950. 9. 29)

▲ 미국 대사관에 성조기를 올리는 미 해병
(1950. 9. 27. 15시 37분)

▲ 서울 수복을 위하여 미 해병대가 진격, 시가전 모습
(AP Photo/Max Desfor, 1950. 9. 28)

▲ 서울에 남았던 북괴군을 비롯해 체포된 사람들이
손을 들면서 연행되고 있다.

▲ 평정된 수도 거리로 국군이 입성하고 있다.
(고 임응식 씨 촬영, 9. 28)

▶ 미군 칼 파워 상사와 그의 사랑으로 미국에서
공부를 한 빌리 김(장환) 소년.

자유는 공짜가 아니다!

▲ 평양 탈환 후 대동강 물을 수통에 담아
후에 이승만 대통령께전달했다.

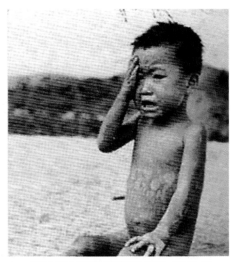

▲ 길을 잃고 도움을 청하며 울고 있는 전쟁 고아

▲ 인천기계공업주식회사 앞에서 부모를 찾다가 지쳐버
린 소녀

▲ 서울에 3개월간 남겨졌던 전쟁고아, 대표적 사진
(9. 28)

▲ 국기 계양자: 해병 박정모 소위, 최국방 일병

▲ '9. 28 서울수복' 대표 사진 중앙청 광장에
다시 태극기가 한국 해병대의 손으로 계양되고 있다.

▲ 서울 환도식 모습. (중앙청 홀,1950. 9. 29)

▲ 환도식을 거행하는 중앙청 홀 모습

▲ 삼각산과 중앙청이 보인다.(미군 촬영, 파손된
서울 중심 주택지역, 1950. 9. 29)

자유는 공짜가 아니다! 459

▲ 1950년 9월 대전 형무소 마당에 약 400명의 양민이 후퇴하는 북괴군에게 학살당한
모습. 증언에 의하면 죄수들에게 자기가 묻힐 구덩이를 파도록 강요당했다고 한다.

▲ 두 소년들 : 하우스 보이로 일하면서 미군들의 사랑
을 받고 있다. 이들 중 미국으로 입양된 아이들도 많다.

▲ 미국의 가수이자 배우인 마를린먼로가 유엔군을
위문코자 내한했다.(1950. 10월)

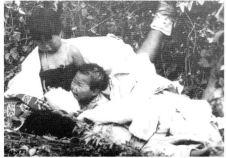

▲ 포격에 의해 엄마가 사망하자 그 옆에서 누나와 동생
이 울고 있다.
◀ 전선을 따라 미군은 북으로 향하고 피난민들은 남으
로 향하고 있다.

▲ 부산을 중심으로 경상남도 일대, 제주도 등에서
피난생활하는 우리 국민들

▲ 38도선을 넘어 북으로 진격하는 국군 행렬
(1950. 10. 8)

▲ 평양 시내에 입성하는 국군(1950. 10. 25)

▲ 이승만 대통령의 평양 탈환 경축 연설(1950. 10. 27)

자유는 공짜가 아니다!　461

▲ 우리 국군이 평양에 입성하자 시민들이 태극기를 흔들며 거리로 뛰쳐나와 환영하며 시가지를 누비고 있다.

▲ 군우리(현재의 개천) 지구에서 반격을 전개하는 중공군(1950. 11).

▲ 미 제8군사령관 워커 중장의 철수 명령에 따라 대동강을 건너 남하하는 유엔군(1950. 12. 4)

▲ 6 · 25전쟁이 발발하자 중국 내에서는 출병을 주장하는 벽보가 난무했다.
(1950년 겨울 베이징 교외 난위안전)

▲ 흥남부두에서 남하 배를 타고자 모여든 함경도 피난민들, 1950.12

▲ 찰수하는 유엔군 수송선에 오르기 위해 흥남부두로 몰려든 피란민들(1950. 12. 19)

▲ 흥남항 폭파 장면(1950. 12. 24).

▲ 민둥산이 된 백마고지에서 적의 공격을 막기 위한 참호를 파고 있는 국군 병사들.

▲ 하선망을 타고 배에 오르는 피난민들,
1950년 12월

▲ 12월 24일 평택에 있는 한 고아원에서 고아들과
함께 성탄절을 보내는 미군병사 아저씨들.

끊어진 대동강 철교를 타고 넘는
북한 피난민들 모습

▲ 통일을 앞둔 1950년 10월 중순 중공군이 참전하였으며, 이에 UN군이 후퇴하기에 이르렀다.
1950년 12월 4일 끊어진 대동강 철교를 타고 넘는 북한 피난민들 모습.(퓰리처상 수상)

▲ 1951년 1월, 폭격으로 무너진 한강 다리 : 임시 가설된 부교를 타고 피난길에 오르는 서울 시민들.

▲ 한강을 넘어 남으로 피난을 떠나는 모습

▲ 1.4후퇴 당시의 피란민 대열.

▲ 중공군의 인해전술 모습. 1951년

▲ 남진하는 중공군 행렬(1951. 1).

▲ 중공군의 인해전술 모습. 1951년

▲ 1월 25일 유엔군의 재반격으로 잃어버린 지역을 회복했으나, 2월 11일 중공군의 제4차 공세로 다시 어려움을 겪었다. 미군의 행군 대열(1951. 2).

▲ 1951년 1월 4일 비어있던 서울을 다시 점령하고 중앙청에서 함께 승리의 기쁨을 만끽하며 춤을 추고 있는 북한군과 중공군

▲ 열차로 남쪽으로 가려는 피난민들

▲ 군수물자를 지게로 져서 나르는 노무자들(1951. 2. 4).

▲ 포탄같은 중량물도 이 분들의 보급 수송에 절대
의존하였다.

▲ 미군들은 보급물자를 나르는이 분들을 A특공대라고
불렀다.

▲ A특공대(지게부대)

▲ 보급물자를 실어 나르는 기차를 엄호하는
중공군 고사포 부대

▲ 전선으로 향하는 리지웨이 미 제8군사령관(뒤족)과
맥아더 원수(1951. 4. 3).

▲ 공산군 측 휴전회담 대표로 가운데가 수석대표 남일
(1951. 7. 16)

▲유엔군 측 휴전회담 대표로 가운데가 수석대표
터너 조이(1951. 8. 13)

▲ 급수차에서 물을 공급받는 부산 피란민(1951. 7)

▲ 휴전회담 중임을 표시하기 위해 띄우는 헬륨 가스 기
구(1952. 3. 22)

▲ 산비탈에 형성된 파주의 피란민촌(1952. 9. 26)

▲ 미 제1해병사단을 방문한 아이젠하워. 자신의 선거
공약을 이행하기 위해 한국을 방문했다.(1952. 12)

▲ 점호하는 중공군(1953년 봄)

▲1953년 춘계공세를 준비하는 중공군

▲ 밥 짓는 아이들(1953. 3)

▲ 마포로 진격하는 한국군. 1951년 3월

▲1951년 3월 16일 경복궁 앞 모습

자유는 공짜가 아니다! 469

▲1951년 3월 16일 서울 명동 일대 모습

▲ 고아원 어린이에게 줄 선물을 트럭에서 내리는 미군
(1953. 5. 5)

▲ 교실이 불에 타 운동장에서 수업을 받는 서울의
한 초등학교(1953. 6. 5)

▲ 문산에서 정전협정문에 서명하는 유엔군사령관
클라크(1953. 7. 27)

▲ 평양에서 정전협정문에 서명하는 조선인민군
총사령관 김일성(1953. 7. 27)

▲ 개성에서 정전협정문에 서명하는 중공군사령관 펑더
화이(1953. 7. 27)

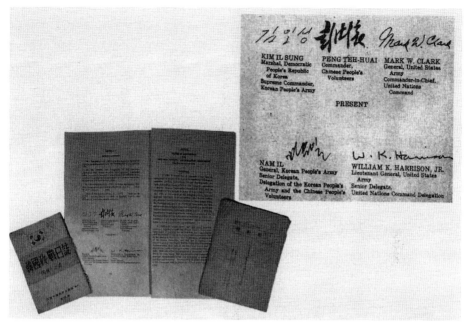

▲ 정전협정 원문

▲ 야전 참호에서 휴전 소식을 전달받는 미군 병사
(1953. 7. 27)

▲ 1953년 7월 27일 정전협정에 규정된 군사분계선. 이를 기준으로 남북 양쪽 2km를 비무장지대로 설정했다.

"공산주의와 민주주의 싸움에서
중립은 없다."
"공산주의와는 전염병과
싸우는 것처럼 싸워야 한다."
"치명적인 바이러스 공산주의 퇴치 투쟁,
미루면 재앙"

- 이승만 대통령의 1954년 7월 방미 연설 초록 중 -

평화는 쇼도, 놀이도 아니다.
평화는 피를 품은 꽃이다.

한국인보다 한국을 더 사랑한 이방인들!
미국은 약 450명의 장성 이상 고위직 자녀들이 6.25전쟁에 참전해서 35명이 전사했다.

아이젠하워 미 대통령의 아들 존 육군 중위는 미 3사단 중대장으로 참전하고, 워커 8군 사령관 아들 샘 중위는 미 24사단 중대장으로 참전했다. 밴플리트 사령관의 아들 지니는 B-52 폭격기로 평남순천작전에서 전사했다. 미 해병 1항공단장 필드 해리슨 장군의 아들 윌리엄 소령은 장진호 전투에서 전사했다.

하버드 대학교의 교내 예배당 벽에는 한국전쟁에서 전사한 20명의 이름이 새겨져 있다. 월터리드 미 육군 병원에는 6.25에서 중상을 입은 용사 수십 명이 아직도 병상에 누워있다. 1895. 4. 5. 한국 최초의 선교사로 연세대학교를 설립한 언더우드 집안은 한국전쟁이 터지자 3명의 손자가 모두 자원하여 참전하고 그중 원일한은 인천상륙작전에 해병 중위로 투입되어 서위럼 대위와 서울 탈환까지 함께했다.

한남 대학교 설립자인 윌리엄 린튼의 아들 휴 린튼은 미 해병 대위로 인천상륙작전에 참전했고 평양신학교를 설립한 마펫 선교사의 아들 하워드는 공군 군의관으로 참전했다. 한국에서 태어난 선교사의 자녀들은 한국을 내 나라라고 여겼고 전쟁 때 나라를 지키지 않고 전쟁이 끝난 다음에 한국에 온다는 것을 부끄럽고 무책임한 일이라고 생각했다. '한국 땅에 묻히기를 소원한다.'는 한국인보다 한국을 더 사랑한 이방인들이었다.

자유 대한민국을 목숨 바쳐 지켜낸 수없는 유엔 참전용사, 선교사 가족들, 국군장병, 무명용사, 군번 없는 학도병 등 모든 전, 사상자들의 값진 희생은, 자유대한민국을 여기까지 피로 다져 쌓아 올린 초석들이다. 이름조차 들어보지도 못했을 생소한 나라에서 수많은 젊은이들이 전혀 상관없을 동토의 땅 대한민국의 자유민주주의를 수호하기 위해서 공산주의와 싸우다 고귀한 청춘을 이 땅에 묻었다. 우리 대한민국은 그들의 나라와 그들에게 평생 갚아도 다 갚을 수 없는 자유의 빚을 안고 있다는 것을 잊어서는 안 된다. 이름도 얼굴도 모를 수많은 젊은이들의 얼룩진 피로 지켜진 고귀한 나라이기 때문이다.

◈ 취지

1. 본 연대는 전후세대에 6·25전쟁의 참상과 잔악상의 진실을 바로 일깨우며, 투철한 국가 안보 의식과 그 중요성을 고취시키는 데 있다.
1. 자유민주주의 대한민국의 평화와 안녕을 파괴(붕괴)키 위하여 호시탐탐 기회를 엿보며, 적화통일의 망상에 빠져있는 주적이 우리 눈앞에 도사리고 있다는 현실을 상기시키며, 총력 안보의 초석인 애국심과 호국정신을 배양하는 데 있다.
1. 불행하게도 우리 자유 대한민국은 아직도 총성 없는 6·25전쟁이 진행 중이며, 때에 따라서는 동족상잔의 비극인 제2의 6·25전쟁이 발발할 수 있다는 것은 부정할 수가 없다. 이에 본 연대의 목적과 사업, 결의문을 기준으로 하여 투철한 국가안보의 당위성을 주지시키는데 그 취지를 둔다.

◈ 목적

자유민주주의 초석 위에 세워진 대한민국의 건국이념과 신념, 애국심을 고취, 함양케 하고 올바른 국가관의 정체성을 확립시켜 국가 발전과 국가 안위에 이바지할 수 있도록 튼튼한 안보(반공, 멸공) 정신 확립의 토양을 저변에 확대함으로 자유와 정의, 법치를 수호케 하며 평화 증진에 동참케 한다.

◈ 다음과 같이 애국 후원에 동참하실 수 있습니다.

1. 본 연대에서 출간하는 도서들을 구입하시거나 주위에 홍보

2. 교회나, 단체, 개인별로 구입하여 필요한 곳에 나눔으로 애국 함양에 직, 간접적으로 동참하실 수 있습니다.

3. 도서 구입 시 본 연대를 통하여 군부대나, 군목, 군 선교사님들에게 전달케 함으로 군 안보 역량에 도움을 주실 수 있습니다. 본 연대의 비전은 출간되는 안보 도서들이 모든 군부대교회의 군목, 군종, 군 선교사님들에게 전달되어 그들을 통하여 병사들의 안보 교육에 조금이나마 도움이 되게 하려 함입니다. 후원하신 곳은 문자로 자세한 사항을 안내해 드립니다.

4. 전국 중, 고등학교, 대학(미션스쿨 기준)에 안보 도서(만화, 잡지) 보내기 운동에 참여하실 수 있으며 후원하신 곳은 후원하신 분의 문자로 자세한 사항을 안내해 드립니다.

5. 기도와 관심을 두시는 것만으로도 애국 운동에 동참하시게 됩니다.

◈ 자발적 물질 후원으로 애국 운동에 참여할 수 있습니다.

본 연대의 안보(반공) 도서는 애국 도서 출간 후원과 판매수익으로 출간하고 있습니다. 판매용과 보급용 등 두 가지로 배포되고 있으며, 꼭 필요한 곳에 안보 홍보를 위해 약 50% 정도는 무료로 배포되고 있어서 제작 비용이 항상 필요한 상황입니다. 특히, 격월간지는 100% 무료 배포이기 때문에 자발적 애국 도서 후원이 절실히 필요합니다.

※ **자발적 애국 도서 후원 / 신협 132 104 440443 (예금주 : 고ㅇ양)**

◈ 보너스 꿀 팁

본 연대의 도서를 구입하시는 모든 분께는 본 연대에서 출간하는 계간지 창과 방패(a spear and a shield)를 무료로 3개월에 1회씩 보내 드립니다.(택배비는 착불) 단, 전국기독교 서점과 각, 온라인에서 구입하시는 분들은 구입 영수증과 받으실 주소를 문자로 보내 주시면 계간지'창과방패'를 보내 드리겠습니다.

◈ 공지

본 연대에서는 안보 반공 도서(만화 포함)를 계속해서 출간 준비를 하고 있습니다. 본 연대 블로그를 방문하시면 팜플릿에 없는 출간 도서들은 차후에라도 확인하실 수 있습니다.

블로그 주소 / https://blog.naver.com/625history

* 도서 구입 및 연대에 관한 문의 / 010 6642 4131

　입금과 함께 문자로 주소, 성명을 정확하게 보내시면 됩니다. (신협 / 132 104 440443 / 고*양)

* 안보 강연 및 안보 설교 문의 / 010 9415 5727 이범희 목사 (본 연대 부대표,6.25역사위원장)

6.25전쟁을 겪지 못한 청소년, 젊은 세대, 또한 기성세대에 이르기까지
6.25전쟁 당시의 상황을 **자료 사진과 만화**로 이해를 돕고
6.2전쟁의 진실을 알리는 최적의 가이드 Book

안보의 보루 한국교회의 필독서

한국교회 700만 기독교인들을 위해 국가 안보의 중요성과 애국심 함양을 위해 6.25역사기억연대에서 그동안 발행해 온 안보 계간지 '창과방패'와 이미 출간된 여러 관련 도서의 내용들을 다시 일목요연하게 정리하여 6.25전쟁의 잔악상과 그 진실을 전후세대에 알리고 전쟁의 참상을 돌아보는 기회를 나누기 위해 약 1년의 준비기간을 통해 824쪽(A4컬라)에 달하는 분량으로 출간하였습니다.

우선 일차적으로는 김일성 집단의 남침 야욕으로 인한 1950년 6.25전쟁 발발 일부터 1951년 6월 30일(371일 차) 전황까지, 1년간의 모든 전투 상황과 관련 기록을 일일 단위로 수록(사진 자료 약 900장)했습니다.

아울러 6.25 전황 이외에 3.1운동, 임시정부, 일본 항복, 8.15 해방, 대한민국 건국,

6·25역사기억연대 발행!
'창과방패'
- 기독교 안보 도서 -

칼라 824쪽 / A4사이즈 / 값 59,000원 10%할인 53,100원

이승만과 박정희, 한미동맹, 한일관계, 한국교회 교단들의 안보관, 그 외 현 안보 전문가들의 주옥같은 글들과 자료, 풍부한 정보들과 약 100쪽 분량의 6.25 전쟁 요약 만화도 수록하였습니다.

휴전선은 아직도 한반도를 가로지르며 선명하게 그어져 있고 우리는 항상 북 핵의 위험을 머리 위에 얹은 채 살아가고 있다는 점을 절대 간과해서는 안 됩니다. 지금 대한민국은 마치, 좌우 이념 (사상) 등으로 첨예하게 갈라져 대립하고 있었던 1945년 8.15 해방정국과 같이 혼란한 상황입니다. '창과방패'는 이럴 때일수록 우리 기독교인들에게 더없이 필요한 안보, 애국 필독 도서임을 확신합니다. 구입처 / 전국 기독교 서점 및 온라인(교보, 영풍, 갓피플 몰 등)

끝나지 않은 전쟁 6 · 25
컬러 / 180x215 /164P
정가 / 12,000원

잊혀진 전쟁 6 · 25
컬러 / 180x215 /128P
정가 / 10,000원

지평리 전투
컬러 / 180x215 / 80P
정가 / 7,700원

계간지 창과방패

참고문헌

-6.25전쟁 자료 다수/(사)6.25진실알리기본부
-6.25란 무엇인가?/김순욱
-찾아가는 6.25/김순욱
-대한민국 근현대사(4) 휘선 박윤식 2021.5
-이것이 한국전쟁이다/21세기 군사연구소 노병찬
-한국전쟁 전투사 인천상륙작전/국방부군사편찬연구소 1983
-6.25전쟁과 소년병연구/국방부 군사편찬연구소 2011
-6.2전쟁사/국방부군사편찬연구소
-인민군 4일만에 서울점령/현대사 포룸. 이선교 2016
-구원산부대/구월산 유격부대 전우회
-몽클라르 장군과 프랑스대대 /김성수 2016.10
-6.25전쟁으로의 진실여행/ 배영복 2017
-한미동맹60주년 & 전전60주년/한미동맹미술대제전 2013
-6.25전쟁1129일/우정문고 이중근편저 2014.11.
-6.25전쟁 비하(3)/한국사진문화원
-학도병아 잘 싸웠다/기독신보. 김만규 2016
-이름없는 별들/(사)한국안보교육협회
-군번 없는 용사들/형문출판사
-건국 대통령이승만 이야기/(사)대한민국사랑회 2011.12
-건국 대통령 이승만의 분노/퓨리탄. 2015.6
-대한민국 건국 전후사 바로 알기/ 대추나무 양동안 2019.2
-독일에서 파리까지/말벗. 배병휴 2012.8
-자유 통일을위한 국가 대 개조 네트워크/김학성 2023
-지평의병 지평리 전투 기념관
-인천상륙작전 기념관 팜플릿 등 전시관 게재 내용 참조
-용산전쟁기념관
-KBS 명작다큐 '한국전쟁'
-나의 신앙 유산답사기(전남편)/에셀나무. 황규학
- 엄마가 들려주는 이승만 건국 대통령 이야기/보담.정현채

참고 영화

-인천상륙작전
-포화속으로
-장사리/잊혀진 여웅들
-고지전
-태극기 휘날리며
-동막골

참고 방송

-이제 만나러 갑니다(497회)
-KBS 스페셜/한국전쟁의 최대 미스터리

만화전도지공회 제공

오직 **말씀**과 **성령**의 지시에 **순종**하며,
오늘의 **고난**은 미래의 비교할 수 없는 고귀한 **상급**으로 알아
인내하고, 주어진 **사명**에 **충성**을 다 하는 **새중앙총회**

증경총회장
최영순 목사

총회장
김교원 목사

행정부총회장
김교원 목사

대외부총회장
정증자 목사

재정부총회장
김정순 목사

선교부총회장
손연희 목사

서기
김미령 목사

부회계
김신숙 목사

총무
구자충 목사

전권위원장
서울동지역부총회장
최경희 목사

경기동남지역부총회장
정찬남 목사

경인서북지역부총회장
김옥기 목사

군산지역부총회장
호순영 목사

고시위원장
임웅빈 목사

발전위원장
정길순 목사

재판국장
박선례 목사

건축위원장
김순옥 목사

상조부장
김정숙 목사

대한예수교장로회
새중앙총회

서울 송파구 가락로36길 7 전화 : 02) 421-1690~1 팩스 : 02)421-1692
홈페이지 / www.새중앙.com

365 에스더 철야기도회

시간

매일 밤 10:30 (금요일 밤 11:30)

▶ YouTube 에스더기도운동 채널 생방송

요일별 기도 주제

주일 - 북한구원 복음통일

월 - 북한, 지하교회와 성도

화 - 성(性), 생명, 가정, 다음세대

수 - 세계선교 (이슬람권, 이스라엘, 열방)

목 - 대한민국 (정치, 사회, 문화 등)

금 - 에스더금요철야
(거룩한 대한민국, 복음통일, 세계선교)

토 - 한국교회와 주일예배

 ▶ YouTube (에스더기도운동 🔍) **검색 후 실시간으로 참여!**

한국상담개발원 평생교육원
심리상담전문연구원

뇌 심리상담사 자격과정

21세기는 뇌과학의 시대이다.

뇌 과학을 통한 불안, 우울, 분노, 충동조절, 중독 등의 다양한 정서적, 정신적 문제의 회복을 위한 뇌 치유상담과정을 제도화하여 자격증을 수여하는 과정이다. 기본과 심화과정이 있으며 이수하면 해당 자격증을 수여한다. 이 과정은 미국의 대학과 연계되어 학위를 취득할 수 있다.

원장 **손매남** 박사(Ph.D., H.D)

한국상담개발원 원장, 美코헨대학교 상담대학원 장/국제총장, 교수자격협회 교수 자격, 국제뇌 유상담학회장, 뇌치유상담학 외 40여 권의 저자

심리상담자격교육과정

- 심리상담사(기본)
- 인지행동심리상담사
- 에니어그램 강사
- 정신건강심리상담사
- 중독심리상담사
- 스마트폰심리상담사
- 디지털심리상담사
- 뇌심리상담사
- 부부심리상담사
- 미술심리상담사
- 집단심리상담사

※ 상기 자격증은 자격기본법 규정에 따라 등록된 민간자격입니다.
국가로부터 인정받은 공인자격이 아닙니다.
자세한 것은 민간자격정보조회서비스(www.pqi.or.kr) 참고하십시오.

협력기관

- 미국 코헨대학교(석·박사)
- 경기대 뇌심리상담전문연구원
- 국제뇌치유상담학회
- 한국에니어그램상담학회

KCDI 한국상담개발원
Korea Counseling Developmental Institute

전화 02)888-7590 | 팩스 02)885-0675

홈페이지 www.kcdi.co.kr

교육문의 1544-7509

성 명 서

광복 79주년을 맞이하면서

광복절 노랫말이 떠오릅니다.
'흙 다시 만져보자 바닷물도 춤을 춘다...

어둠의 일제 강점기에 눈물의 기도와 독립의 의지를 불태운 애국선열들께 다시 머리 숙여 감사를 표합니다. 또 아이러니 하지만 인류 최초의 원폭과 미국군대의 도움이 결정적 기여를 한 점을 인식하지 아니할 수 없습니다.

물론 북한의 역사에는 민족의 태양 김일성이 일제를 몰아내었고, 6.25 남침도 민족의 해방을 위한 피치 못할 전쟁일 뿐입니다. 전쟁 전 고령의 민족주의자 김구는 남북 평화회담을 통해 새파란 김일성과 대화를 시도했지만 당연히 희롱 당했을 뿐입니다. 사회주의자 김일성의 최고가치는 평화가 아니라 남조선 해방에 있었습니다.

지금도 그들의 입에는 민족과 평화가 있지만 학습과 세뇌에 물든 그들의 뇌리에는 무산계급의 혁명과 공산 유토피아가 신념과 확신으로 자리 잡고 있을 뿐입니다. 지금도 이 민족은 계속된 도전을 받고 있지만 역사의 주인은 하나님이십니다. 대한민국은 역사적 사명을 지니고 있고 우리는 주님을 위해 그 길을 걸어갈 것입니다.

하나님이 보우하사 대한민국 만세 !!

2024년
시민미래연합

'나라를 지키는데
안보 이상의 가치는 없습니다.'

담임 **최하은** 목사

성경영성아카데미

성경영성아카데미는 종교적인 교리는 배제하고 오직 성경만을 통해 영성을 가르치고 배우고 실천하는 곳으로 12주 과정을 통하여 고린도전서 3장 11절에서 말씀하신 "예수님의 터" 위에 세워진 사도들의 신앙을 이어나가 하나님의 기뻐하시는 자로 쓰임 받게 됩니다. 또한 '살아 역사하시는 하나님의 말씀'이라는 사실을 경험하고 하나님의 말씀이 내 생각과 마음과 생활을 변화시키며, 나의 삶 속에서 예수님의 이름의 권세와 권능이 함께하고 계심을 체험하게 될 것입니다.

· **모집 대상** : 목사님부터 성도까지 말씀과 능력이 따르기를 원하시는 분
· **일　　시** : 매주 목요일 오전 10:00 ~ 오후 3:00(무료, 식사, 간식 제공)

"너희가 성경에서 영생을 얻는 줄 생각하고 성경을 상고하거니와
이 성경이 곧 내게 대하여 증거 하는 것이로다"(요 5:39)
"그러나 각각 어떻게 그 위에 세울까를 조심할지니라.
이 닦아 둔 것 외에 능히 다른 터를 닦아 둘 자가 없으니
이 터는 곧 예수 그리스도라"(고전 3:11)
"예수께서 모든 도시와 마을에 두루 다니사 그들의 회당에서 가르치시며
천국 복음을 전파하시며 모든 병과 모든 약한 것을 고치시니라"(마 9:35)

대표 **서종열** 목사

(사) 성경영성아카데미

대전광역시 서구 둔산동1236번지
대표전화 : 042-476-8866　김수정 간사 : 010-9410-7174

WE —————————— RUN —————————— KOREA

거룩한방파제
제4차 국토순례
2024년 3월 4일(월) ~ 4월 1일(월)

참가자 모집 　2024년 1월 2일 (화)
　　　　　　　　　　~2월 29일 (목)

진도
해남
강진
장흥
보성
고흥
벌교
순천
여수
광양
남해
사천
고성
통영
거제

구간 : 진도~거제 15개 지역 약 517km

참가자 : 전 구간 및 지역 구간 참여자

참가 대상 : 신체 건강한 성인남녀

신청 방법 : 홈페이지 loveisplus.co.kr 에서 신청서 작성 제출

문의 : 황선아 사무국장 010-6242-8414 / 02-2603-0815

loveisplus.co.kr

'거룩한방파제'

'거룩한방파제'는 하나님의 말씀과 기도로 깨어 악한 세대를 본받지 않고 이 시대를
분별하는 사람들이 포괄적차별금지법, 동성애퀴어축제, 학생인권조례, 성혁명교육과정,
국가인권정책 기본계획, 생활동반자법, 아동기본법안, 청소년성중독 등 다음세대와
우리의 가정과 학교와 교회를 파괴하는 것을 막기 위한 거룩한 연합운동 입니다.

주최 │ 거룩한방파제 국토순례 준비위원회
주관 │ 지역연합회/성시화운동본부/시민단체

대한민국 다음세대의 방주!

IMBS 국제기독스쿨

International Mission Bible School

IMBS 국제기독스쿨은 "다음세대를 주님이 쓰시는 귀한 사람으로."
라는 건학이념을 가지고 세워진 학교입니다.
성경을 기준으로한 교육을 통해 하나님 나라의 가치 구현을
최우선 목표로 삼습니다.
세계열방을 가슴에 품고 영성과 실력을 겸비한 선교사를 양성하는
IMBS 국제기독스쿨에 오신것을 환영합니다.

— IMBS 교장 고병찬

IMBS

"주는 그리스도시요 살아 계신 하나님의 아들이시니이다"
— 마태복음 16:16

공동체 훈련

무너진 생활습관을 바로 잡으며
개인만 생각하는 것이 아닌
국가와 민족을 섬기는
하나님의 리더를 양성합니다.

(부산 수학여행/ APEC house)

해외선교

글로벌 리더 육성을 위한
미국 뉴욕, 일본 도쿄 등
수준 높은 교육을 제공합니

(미주 선교대회/ Washington

창의적 인재

창의적 인재 육성을 위한
학업 뿐아니라
다양한 활동을 지향

(성탄절 기념 뮤지컬/ CTS 아트홀)

확실한 교육

전문성을 키워
각 분야의 선교사가 되기위해
초, 중, 고
최고의 강사진으로 구성된
맞춤 커리큘럼

(IMBS 수능 대비반 수업 중)

미 서부 TEXAS 교육청 승인
Kingdom International School

온라인 수업을 통해
국내에서 미국 중,고등학교 졸업장 취득!
석,박사 이상의 교육전문가로 구성된
프리미엄 영어 수업

경기도 파주시 산내로 119 | AM 10:00 ~ PM 18:00 | 상담문의 010-4753-7673
IMBS : imbs.icg21.com
Kingdom International School : kischool.com